eXamen.press ist eine Reihe, die Theorie und
Praxis aus allen Bereichen der Informatik für
die Hochschulausbildung vermittelt.

Pascal Hitzler · Markus Krötzsch
Sebastian Rudolph · York Sure

Semantic Web

Grundlagen

Erste Auflage

 Springer

PD Dr. Pascal Hitzler
M.Sc. Markus Krötzsch
Dr. Sebastian Rudolph
Dr. York Sure

Institut für angewandte Informatik
und Formale Beschreibungsverfahren – AIFB
Universität Karlsruhe (TH)
76128 Karlsruhe

hitzler@aifb.uni-karlsruhe.de
mak@aifb.uni-karlsruhe.de
rudolph@aifb.uni-karlsruhe.de
york.sure@sap.com

ISBN 978-3-540-33993-9   e-ISBN 978-3-540-33994-6

DOI 10.1007/978-3-540-33994-6

ISSN 1614-5216

Bibliografische Information der Deutschen Nationalbibliothek
Die Deutsche Nationalbibliothek verzeichnet diese Publikation in der Deutschen Nationalbibliografie;
detaillierte bibliografische Daten sind im Internet über http://dnb.d-nb.de abrufbar.

© 2008 Springer-Verlag Berlin Heidelberg

Einbandgestaltung: KünkelLopka, Heidelberg

Printed on acid-free paper

9 8 7 6 5 4 3 2 1

springer.com

Für Anja, Anne, Conny und Petra

Vorwort

Das Semantic Web wird in der nächsten Dekade schrittweise das bestehende WWW erweitern und für den Benutzer stark vereinfachte Dienste im Bereich der Informationssuche, des E-Business, des E-Government, des E-Recruiting und des Wissensmanagements anbieten. Branchen-Ontologien werden künftig die wesentlichen Begriffe und Beziehungen für eine bestimmte Branche definieren, so dass eine Interoperabilität von Webdiensten erreicht wird. Metadaten werden die Transformation digitaler Inhalte für unterschiedliche Ausgabegeräte und Nutzergruppen unterstützen.

Alles ferne Zukunftsmusik? Nein, diese Zukunft hat bereits begonnen.

Semantische Technologien, die Bausteine zur Realisierung des Semantic Web und zahlreicher weiterer Anwendungen, sind schon heute aus der modernen Informatik nicht mehr wegzudenken. Innovative Methoden und Werkzeuge zur Erstellung, Wartung und zum Einsatz von Ontologien, wie etwa Ontologie-Editoren und Inferenzmaschinen, haben die Forschungslabore verlassen und Produktreife erlangt.

Im Zuge der aktuellen Reform der Studienangebote und der Umstellung auf Bachelor- und Masterstudiengänge finden auch verstärkt die Themen des Semantic Web Eingang in Studiengänge der Informatik, um kommende Generationen von Studierenden solide auszubilden und Wissen über semantische Technologien auf dem Arbeitsmarkt verfügbar zu machen.

Dieses Buch der Autoren Pascal Hitzler, Markus Krötzsch, Sebastian Rudolph und York Sure liefert einen sehr wichtigen und wertvollen Beitrag für die Ausbildung von Studierenden und zur Fortbildung von Praktikern. In anschaulicher Weise vermitteln die Autoren ihre fundierten Erfahrungen und ermöglichen so ein einfaches Einarbeiten in die Grundlagen des Semantic Web.

Lassen auch Sie sich vom Thema Semantic Web faszinieren und begeistern. Wir wünschen Ihnen, verehrte Leserinnen und Leser, viel Spaß und vor allem Erfolg bei Ihrem Studium mit diesem Buch.

Karlsruhe, *Rudi Studer*
Juli 2007

Saarbrücken, *Wolfgang Wahlster*
Juli 2007

Inhaltsverzeichnis

Einleitung und Übersicht

Das Buch *Semantic Web – Grundlagen* ist das erste deutschsprachige Lehrbuch zum Semantic Web. Es vermittelt die Grundlagen des Semantic Web in verständlicher Weise und ermöglicht einen einfachen und zügigen Einstieg in bewährte und standardisierte Technologien des Semantic Web. Es basiert auf der Erfahrung, die die Autoren seit vier Jahren bei der Durchführung von Lehrveranstaltungen und Tutorien zu diesem Thema gewonnen haben.

Das Lehrbuch richtet sich primär an interessierte Praktiker und Studenten mit Grundkenntnissen in Informatik, welche sich im Bereich Semantic Web fortbilden möchten. Im Vordergrund stehen *Modellierung* und *logisch-semantische Grundlagen* von Semantic-Web-Technologien. Dabei wird sauber getrennt zwischen einer intuitiven Hinführung einerseits und der Erklärung formaler und theoretischer Hintergründe andererseits. Nur für Letzteres werden Grundkenntnisse in Logik vorausgesetzt, die sich bei Bedarf jedoch durch zusätzliche Lektüre und mit Hilfe des Anhangs aneignen lassen.

Ziel des Semantic Web ist es, neuartige Anwendungen und Dienste zu ermöglichen, indem Daten von Maschinen bzw. Software interpretiert und für vorher nicht notwendigerweise vorgesehene Zwecke wieder- und weiterverwendet werden. Um dies zu ermöglichen, werden Daten mit einer Struktur (Syntax) und Bedeutung (Semantik) versehen. In diesem Zusammenhang spricht man davon, Daten maschinenlesbar und -interpretierbar bereitzustellen.

Eine herausragende Rolle spielen dabei die W3C[1]-Standards (im W3C Fachjargon „Recommendation" genannt) XML, RDF(S) und OWL. Ein wichtiger Grundgedanke dabei ist es, das Semantic Web als Erweiterung des bestehenden Web zu etablieren. Daher werden Semantic-Web-Standards auf bestehende Web-Technologien, wie z.B. URIs, aufgesetzt. Die einfache und schrittweise Erweiterung von bestehenden und auf bewährten Web-Technologien basierenden Anwendungen mit neuen Semantic-Web-Funktionalitäten soll so weit wie möglich gewährleistet bleiben.

❯ Aufbau des Buches

In Kapitel 1 werden die grundlegenden Ideen dessen, was das Semantic Web ausmacht, skizziert und die dafür zentralen Begriffe erläutert.

In Kapitel 2 wird kurz und knapp die Sprache XML eingeführt. XML gehört nicht im engeren Sinne zum Semantic Web, dient aber als syntaktische Grundlage dafür. Wir erläutern auch weitere Grundbegriffe wie URIs und Namensräume.

In Kapitel 3 lernen wir die Semantik-Web-Sprache RDF kennen, die zur Modellierung einfachen Wissens dient. Die Erweiterung RDF Schema zur Mo-

---

[1]World Wide Web Consortium, `http://www.w3.org/`

dellierung von Schemainformationen in der Form von *Ontologien* wird ebenso
eingeführt. Wir besprechen detailliert die Syntax und die zugrundeliegenden
Intuitionen.

In Kapitel 4 vertiefen wir die Behandlung von RDF und RDF Schema, indem
wir deren formale Semantik besprechen. Zu Anfang des Kapitels erläutern wir
außerdem, warum formale Semantik zur Erzielung von Mehrwert im Semantic
Web notwendig ist. Außerdem gehen wir ausführlich darauf ein, wie implizites
Wissen aus RDF-Schema-Dokumenten abgeleitet werden kann. Dieses Kapitel
kann bei einem ersten Durchgang durch das Buch gegebenenfalls überblättert
werden, bis etwas Übung im Umgang mit RDF und RDF Schema gewonnen
wurde.

In Kapitel 5 wird die Web Ontology Language OWL eingeführt, die als Erweiterung von RDF Schema Möglichkeiten zur Modellierung komplexen Wissens
bietet. Wir führen OWL in diesem Kapitel intuitiv anhand von vielelen Beispielen ein und beschreiben detailliert die auf RDF basierende Syntax.

In Kapitel 6 vertiefen wir OWL durch eine ausführliche Behandlung ihrer formalen Semantik. Wir besprechen außerdem die wichtigsten Algorithmen, die
zur Ableitung impliziten Wissens aus OWL-Ontologien verwendet werden.
Dieses Kapitel kann bei einem ersten Durchgang durch das Buch gegebenenfalls überblättert werden, bis der Leser etwas Übung im Umgang mit OWL
gewonnen hat.

In Kapitel 7 besprechen wir wichtige Anfragesprachen an Ontologien. Insbesondere behandeln wir SPARQL und konjunktive Anfragen.

Abgerundet wird das Buch durch einen Anhang, in dem Grundlagen der Logik
und der Mengenlehre – wie sie z.B. in einem Informatikstudium üblich sind
– zügig und prägnant aufgearbeitet werden. Der Anhang erhebt keinen Anspruch auf Vollständigkeit, sondern fokussiert bewusst auf die für ein Grund-
verständnis wesentlichen Begriffe. Das Ziel des Anhangs ist es, ein schnelles
Auffrischen der Grundlagen oder ein zügiges Einarbeiten in diese Grundlagen
zu ermöglichen.

Angereichert werden die Buchkapitel mit Hinweisen zu weiterführender Literatur und relevanten Webressourcen, um tiefergehende Studien zu unterstützen. Der Leser hat außerdem die Möglichkeit, am Ende jedes Kapitels anhand
von Aufgaben die Inhalte zu wiederholen.

Begleitet wird das Buch von der Webseite

`http://www.semantic-web-grundlagen.de/,`

auf der z.B. ergänzende Aufgabenstellungen und Lösungen, Software und Feh-
lerkorrekturen bereitgestellt werden.

Wir wünschen unseren Leserinnen und Lesern viel Erfolg beim Erlernen und Erproben von Semantic-Web-Technologien. Wir möchten Ihnen mit diesem Buch den Einstieg erleichtern und Grundlagen für vertiefende Studien schaffen und wir hoffen, dass das Thema *Semantic Web* sie ebenso fasziniert wie die Autoren.

Karlsruhe, August 2007

PD Dr. Pascal Hitzler
M.Sc. Markus Krötzsch
Dr. Sebastian Rudolph
Dr. York Sure

Danksagungen

Es ist kaum möglich, allen Personen explizit zu danken, die ihren Beitrag zur Entstehung dieses Buches geleistet haben. Die Tatsache, dass das Thema *Semantic Web* solch große Wichtigkeit in Forschung, Lehre und Praxis gewinnt, ist auf das Engagement einer großen Zahl von Forschern und Praktikern zurückzuführen, deren exzellente Arbeiten den Mehrwert belegen, der durch semantische Methoden erzielt werden kann. Viele dieser Personen sind uns wohlbekannt und wir treffen sie regelmäßig bei internationalen Tagungen. Ihre Arbeiten bilden das Fundament dieses Buches.

Wir danken Herrn Clemens Heine vom Springer-Verlag für sein Engagement für dieses Buch und für seine wohlwollende und tatkräftige Unterstützung während der Entstehung.

Wir danken den Studentinnen und Studenten unserer Vorlesungen, auf denen dieses Buch beruht, für ihre konstruktiven Rückmeldungen.

Wir danken unseren Kolleginnen und Kollegen am Institut AIFB[2] der Universität Karlsruhe und am Forschungszentrum Informatik[3] in Karlsruhe, mit denen wir seit Jahren zum Thema *Semantic Web* forschen und arbeiten dürfen. Unser besonderer Dank gilt Professor Rudi Studer, der uns für unsere Arbeit ideale Bedingungen geschaffen hat.

Wir danken Stefan Schlobach, Sebastian Blohm und Philipp Zaltenbach für Korrekturlesungen und andere Zuarbeiten.

Wir danken unseren Familien für ihre Begleitung und ihre wohlwollende Unterstützung, ohne die dieses Buch nicht möglich gewesen wäre.

---

[2] http://www.aifb.uni-karlsruhe.de/Forschungsgruppen/WBS/
[3] http://www.fzi.de/ipe/

Kapitel 1

Die Idee des Semantic Web

1

1

1 Die Idee des Semantic Web

In diesem Kapitel werden die grundlegenden Ideen dessen, was das Semantic Web ausmacht, skizziert und die dafür zentralen Begriffe erläutert.

1.1 Das Web

Der Übergang von der Industrie- zur Informationsgesellschaft findet seine wohl markanteste Ausprägung in der rasanten Entwicklung des *World Wide Web* (auch kurz das Web genannt). Es ist aus dem heutigen Alltagsleben kaum mehr wegzudenken und beinhaltet eine das menschliche Vorstellungsvermögen längst übersteigende und ständig anwachsende Menge von Informationen. Dank seiner Organisation und der zugrundeliegenden Infrastruktur bietet das Web gegenüber herkömmlichen Methoden des Informationsaustausches eine Reihe von erheblichen Vorteilen.

Die Chance, die präsenten Informationen jederzeit auf den neuesten Stand zu bringen und die nahezu vernachlässigbare Übertragungszeit zum Empfänger bietet die Möglichkeit einer ständigen *Aktualität* der bereitgestellten Daten. Darüber hinaus besteht eine nahezu universelle *Verfügbarkeit* von Information. Prinzipiell ist es möglich, von jedem Ort aus auf die an einem beliebigen anderen Ort bereitgestellte Information zuzugreifen. Zudem wird durch diesen weniger aufwändigen und kostengünstigeren Weg der Informationsbeschaffung auch breiteren Bevölkerungsschichten mehr Information zugänglich.[1] Bereits heute ist es in manchen entlegenen Andenstädten einfacher, Mails zu lesen und die neuesten Nachrichten abzurufen, als ein Telefongespräch zu führen.

Darüber hinaus hat das Web zu einer Liberalisierung der *Bereitstellung* von Information geführt. War bisher aufgrund des damit verbundenen enormen Aufwandes und der erforderlichen Kosten eine Versorgung eines breiten Publikums mit Informationen vergleichsweise wenigen „Informationsoligopolisten" (wie beispielsweise Verlagshäusern, Fernsehsendern, großen Unternehmen) vorbehalten, bietet das Web nunmehr auch kleineren Interessengruppen bis hin zu Einzelpersonen die Möglichkeit, zu verschwindenden Kosten Informationen einer großen Masse von Menschen zugänglich zu machen.[2] Eine weitere essentielle Dimension der Entwicklung des Web stellt dessen fortschreitende Nutung für kommerzielle Zwecke im weitesten Sinne dar. Wer hat

---

[1] Eine Beherrschung grundlegender Kulturtechniken, wie z.B. Lesen, sei vorausgesetzt.

[2] Dabei sind sich die Autoren durchaus der potentiellen Probleme bewusst, die diese Entwicklung (beispielsweise hinsichtlich Qualitätssicherung und Zuverlässigkeit der verbreiteten Informationen) mit sich bringt.

etwa noch kein Buch oder keine CD über einen Internetanbieter wie Amazon bestellt? Und auch hier hat die grundsätzlich pluralistische Organisation des Web dazu geführt, die Schranken für den Marktzugang auch für „kleinere" Akteure drastisch zu senken. Virtuelle Marktplätze oder Auktionsplattformen wie Ebay legen davon ein eindrucksvolles Zeugnis ab.

1.2 Probleme des Web

Alles in allem zeichnet sich das Bild eines Web mit einer unüberschaubaren Menge präsenter Informationen, deren Repräsentation – und hierin besteht das Problem – auf den Menschen als Endnutzer ausgerichtet ist. So kann ein menschlicher Nutzer die Bedeutung einer Information auf einer Webseite problemlos erfassen, in andere Darstellungsformen transformieren und zu anderen Informationen in Beziehung setzen, während eine Maschine dies in aller Regel nicht zu leisten im Stande ist.

Ein sich daraus ergebendes Problem besteht darin, dass eine bestimmte Information, die zwar prinzipiell verfügbar ist, in der Fülle der vorhandenen Informationen nur schwer gefunden werden kann. Suchmaschinen wie Google, Yahoo etc. leisten hier durch den Einsatz ausgefeilter statistischer Methoden bereits Erstaunliches. Gleichwohl fußen auch diese Techniken letztlich auf der Lokalisierung von Zeichenketten in Text. Eine Recherche nach dem Begriff „Kohl" wird demnach gleichermaßen Fundstellen liefern, die sich mit Gemüse oder dem deutschen Altbundeskanzler befassen. Wünschenswert wäre hier natürlich eine weniger stichwortbasierte, mehr inhaltliche, eben eine *semantische Suche*.

Weiterhin bringt die dezentrale Struktur und Organisation des Web zwangsläufig eine *Heterogenität* der vorhandenen Informationen auf ganz verschiedenen Ebenen mit sich: angefangen bei unterschiedlichen Dateiformaten bzw. Kodierungstechniken (ASCII vs. Unicode...), über die verschiedenen verwendeten natürlichen Sprachen bis hin zum ganz unterschiedlichen Aufbau privater Homepages. Dies macht es schwierig bis unmöglich, über das Web verteilte Informationen zu einem Gebiet zu sammeln und einheitlich aufbereitet darzustellen bzw. weiterzuverwenden. So wäre beispielsweise eine automatische Extraktion und thematische Gegenüberstellung der Wahlprogramme von den Internetpräsenzen der Parteien (sinnvollerweise ergänzt um Informationen über die tatsächlich erfolgte Umsetzung früherer Wahlversprechen) eine wilkommene Entscheidungsgrundlage für den unentschlossenen verantwortungsbewussten Wähler. Hier haben wir es ganz offensichtlich mit dem Problem der *Informationsintegration* zu tun.

Schließlich ist es denkbar, dass Information, nach der ein Nutzer sucht, nicht explizit im Web zu finden ist, sondern lediglich aus einer Reihe von (mögli-

cherweise sogar über das Web verteilten) gegebenen Fakten folgt. So ergibt
beispielsweise die Information, dass Samaipata in Bolivien und Dresden in
Deutschland liegt, gemeinsam mit der Information, dass die Differenz der lokalen Zeiten von Bolivien und Deutschland fünf Stunden beträgt, dass man
aus Dresden möglichst nicht vor dem Mittagessen in Samaipata anrufen sollte.
Hier handelt es sich um die Problematik des *impliziten Wissens*.

1.3 Das Semantic Web

Grundsätzlich kann man zwei komplementäre Herangehensweisen zur Lösung
dieser Probleme unterscheiden.

Zum einen wäre es denkbar, Methoden der künstlichen Intelligenz anzuwen-
den, welche die kognitiven Aufgaben, die ein Mensch bei der Verarbeitung
von Informationen aus dem Web erfüllen würde, bis zu einem gewissen Grade
übernehmen und die primär für Menschen repräsentierten Informationen in
formalere, maschinenverarbeitbare Daten verwandeln. Zwar stellt die künst-
liche Intelligenz nach wie vor ein spannendes Forschungsfeld dar, die bisher
erreichten Resultate lassen jedoch eine webweite zuverlässige Anwendung als
sehr fragwürdig erscheinen – zumindest in näherer Zukunft.

Eine alternative Herangehensweise besteht im Ansatz des *Semantic Web*. Das
Semantic Web steht für die Idee, die Information von vornherein in einer Art
und Weise zur Verfügung zu stellen, die deren Verarbeitung durch Maschinen
ermöglicht. Was sind nun die Grundvoraussetzungen für ein solches Unter-
fangen?

Zum ersten ist es nötig, einheitliche, offene *Standards* für die Beschreibung
von Informationen zu vereinbaren, die es letztlich ermöglichen sollen, Informationen zwischen verschiedenen Anwendungen und Plattformen auszutauschen
und zueinander in Beziehung zu setzen, eine Fähigkeit, die *Interoperabilität*
genannt wird. Eine grundlegende Anforderung an diese Standards – neben deren formal klarer Definition – besteht in der Flexibilität und Erweiterbarkeit:
für eine auch zukünftige Etablierung muss ein Standard auch unvorherge-
sehene Anwendungsfälle möglichst gut behandeln, ohne revidiert werden zu
müssen.

Genau diesem Ziel der Schaffung solcher Standards für das Semantic Web hat
sich das sogenannte *World Wide Web Consortium*[3] (W3C) verschrieben und
bereits grundlegende Standards für XML, RDF(S) und OWL – Informations-
Spezifikationssprachen, die wir sämtlich in diesem Buch behandeln werden –
definiert. XML ist dabei nicht im engeren Sinne dem Semantic Web zuzuordnen, sondern eher dem (klassischen) Web. RDF(S) und OWL hingegen sind

---

[3]`http://www.w3.org`

sogenannte Ontologiesprachen, die speziell für die Verwendung im Semantic Web entwickelt wurden. Der Begriff *Ontologie* ist in unserem Zusammenhang als äquivalent zum Begriff *Wissensbasis* zu verstehen und beschreibt schlicht ein in RDF(S) oder OWL erstelltes Dokument, welches Wissen einer Anwendungsdomäne modelliert.

Die zweite wichtige Zutat für das Semantic Web sind zweifellos Methoden zur Schlussfolgerung von „neuen" Informationen aus gegebenen. Um größtmöglichen Nutzen aus spezifiziertem Wissen zu ziehen, muss auch implizite Information aus einer Spezifikation extrahiert werden können. Hier befinden wir uns natürlich im Fachgebiet der *formalen Logik* mit ihren vielen Ausprägungen. Wir werden in diesem Buch eine Reihe von logischen Formalismen und Schlussfolgerungsmethoden behandeln.

Ein weiterer Punkt im Hinblick auf die Idee des Semantic Web sei hier noch besprochen. Nicht selten findet man Äußerungen wie, die Grundidee des Semantic Web bestünde darin, Maschinen bzw. Computer in die Lage zu versetzen, die Bedeutung von Informationen zu „verstehen". Davon abgesehen, dass sich damit ein nicht zu unterschätzendes philosophisches Problem auftäte, würde dies Aspekte der künstlichen Intelligenz hinter der Semantic-Web-Idee aus unserer Sicht zu sehr betonen. Die Ziele des Semantic Web sind eigentlich wesentlich moderater: Finde Wege und Methoden, Informationen so zu repräsentieren, dass Maschinen damit in einer Art und Weise umgehen können, die aus menschlicher Sicht nützlich und sinnvoll erscheint. Dabei mag das entstehende Verhalten von Systemen in den Augen mancher Nutzer durchaus als intelligent erscheinen.

1.4 Semantische Technologien

Das Semantic Web basiert auf Grundlagentechnologien, die wir *Semantische Technologien* nennen. Zu diesen gehören Wissensrepräsentationssprachen für Ontologien sowie Methoden und Werkzeuge zur Erstellung, Wartung und Anwendung von Ontologien. Anwendungen dieser Technologien sind mittlerweile nicht mehr nur auf das World Wide Web beschränkt, sondern erstrecken sich über viele Bereiche der Informatik wie Wissensmanagement, Medieninformatik, Datenintegration, Kognitive Systeme, Ambiente Intelligenz, Softwaretechnik, Maschinelles Lernen, eSciende, Internetökonomie, Bioinformatik etc. Zurzeit erscheint es tatsächlich wahrscheinlich, dass kommerzielle Anwendungen Semantischer Technologien sich zuerst primär auf Bereiche beziehen werden, die nicht dem offenen World Wide Web zuzuordnen sind, sondern vielmehr industrielle Lösungen zum Wissensmanagement darstellen werden.

In diesem Buch behandeln wir das Fundament Semantischer Technologien und des Semantic Web, nämlich die Sprachen zur Repräsentation von Wissen in der Form von Ontologien.

Syntax vs. Semantik

Zwei Begriffe, die bei der Definition von Sprachen und in der Logik eine zentrale Rolle spielen und uns im Folgenden häufig begegnen werden, wollen wir hier kurz erklären.

Unter *Syntax* versteht man im Allgemeinen eine Menge von Regeln zur Strukturierung von Zeichen und Zeichenketten. In der Linguistik steht Syntax für eine Menge von Regeln, um aus Worten Sätze oder Phrasen zu bilden. In der Informatik, und auch im Sinne dieses Buches, steht Syntax für eine Menge von Regeln, um Programme oder Dokumente mit bestimmten Eigenschaften, z.B. gültige XML-Dokumente, zu erzeugen.

Semantik steht allgemein für „Bedeutung von Wörtern, Phrasen oder Symbolen". In der Linguistik steht Semantik für die Wissenschaft der Bedeutung in verschiedenen Sprachformen. In der Informatik, und insbesondere im Bereich Semantic Web, versteht man unter Semantik die Bedeutung von Worten bzw. Zeichen(-ketten) und ihre Beziehungen untereinander. Auf den Semantikbegriff in der formalen Logik gehen wir im Kapitel 4 näher ein.

Allgemein steht im Sinne des Buches Syntax für die normative *Struktur* von Daten, welche erst durch Semantik eine *Bedeutung* erhält.

1.5 Zusammenfassung

Das Semantic Web bietet Lösungsansätze für die Probleme, welche sich aus der Fülle der im Web präsenten Informationen ergeben, beispielsweise das Auffinden relevanter Informationen, die Integration von Informationen aus verschiedenen Quellen und das Problem des impliziten Wissens. Es werden Standards zur Repräsentation von Information eingeführt, die deren Austausch ermöglichen sollen. Methoden zum automatischen Schlussfolgern sollen implizites Wissen erschließen.

1.6 Weiterführende Literatur

Der vielzitierte Originalartikel, in dem der Direktor des W3C, Tim Berners-Lee, die Vision des Semantic Web vorstellt, ist [BLHL01]. Ein neuerer Artikel von ihm dazu ist [SBLH06].

Die zentrale Webseite des W3C zu Semantic Web findet sich unter `http:
//www.w3.org/2001/sw/`.

Für aktuelle Anwendungen und zu Fragen der Realisierung von Semantic-
Web-Technologien auf den in diesem Buch behandelten Grundlagen empfeh-
len wir [SS04].

Eine Anwendungsstudie findet sich in [SHES05] und ein Visionsartikel zu
semantischen Technologien und künstlicher Intelligenz ist [SAHS06].

Kapitel 2

Struktur mit XML

2

2

2 Struktur mit XML

In diesem Kapitel stellen wir mit einer überblickartigen Einführung der Sprache XML eine syntaktische Grundlage für das Semantic Web vor, auf der auch die Syntax der in den folgenden Kapiteln definierten Beschreibungssprachen beruht.

2.1 XML als Markup- und Meta-Sprache

XML steht für „eXtensible Markup Language" und ist eine sogenannte Recommendation (engl.: Empfehlung) des W3C für eine bestimmte Art maschinenlesbarer Dokumente. Diese W3C-XML-Recommendation beschreibt eine Klasse von Objekten, genannt XML-Dokumente, und (zumindest teilweise) das Verhalten von Software, die solche Dokumente verarbeitet.

Markup-Sprachen dienen in der Informatik dazu, bestimmte Teile von Text-Dokumenten mit zusätzlicher Information zu versehen. Man spricht auch davon, diese Textteile *auszuzeichnen* oder zu *annotieren*. Die durch solche Annotationen hinzugefügten Informationen nennt man gemeinhin *Metadaten* (da es sich ja um Daten handelt, die andere Daten näher beschreiben). Beispielsweise ist HTML eine Markup-Sprache, mit der zusätzliche Informationen zur Darstellung von Dokumenten spezifiziert werden können. Mit Hilfe sogenannter „Tags" (ursprünglich engl. für Etikett, Schild) werden Teile eines Text-Dokumentes ausgezeichnet. Programmen wie z.B. Web-Browsern dienen diese Tags anschließend zum Formatieren des Textes, d.h., das Erscheinungsbild am Bildschirm oder beim Drucken wird mit Hilfe der Tags gesteuert. Das folgende Beispiel zeigt die Verwendung von zwei verschiedenen HTML-Tags zur Auszeichnung des Satzes „Dieses Buch hat den Titel Semantic Web Grundlagen".

```
<i>Dieses Buch</i> hat den Titel <b>Semantic Web Grundlagen</b>.
```

Gängige Web-Browser stellen dieses Beispiel wie folgt dar:

Dieses Buch hat den Titel **Semantic Web Grundlagen**.

Das Tag `<i>` wird in HTML also verwendet, um Textteile *kursiv* darzustellen, während das Tag `<b>` dazu dient, Textteile **fett** auszugeben. Die auszuzeichnenden Textteile werden durch Start-Tag, z.B. `<i>`, und End-Tag, z.B. `</i>`, eingeschlossen.

Die HTML-Spezifikation enthält Beschreibungen einer bestimmten Menge von solchen Tags und der zugehörigen Attribute (ähnlich den etwas später behandelten XML-Attributen). Gemäß dieser Definitionen werden dann Software-Programme wie z.B. Web-Browser geschrieben, die, und auf diesen Punkt kommen wir noch öfter zurück, *genau diese* Tags für die Darstellung der Dokumente nutzen. HTML ist also eine festgelegte Menge von Tags (man spricht auch von einem *Vokabular*), die dem Zweck dienen, Texte auszuzeichnen und dadurch Hinweise zu geben, wie der ausgezeichnete Text darzustellen ist.

XML ist ebenfalls eine Markup-Sprache und benutzt ebenso wie HTML Tags zur Auszeichnung. XML legt jedoch nicht die Darstellung von Dokumenten fest, sondern, wie wir im Folgenden sehen werden, deren *logische Struktur*. Zudem ist XML deutlich allgemeiner als HTML. XML ist nämlich eine Sprache, die dazu dient, (beliebige) Markup-Sprachen zu definieren. Mit XML kann man z.B. auch die Markup-Sprache HTML definieren. Tatsächlich ist XHTML eine XML-basierte Version von HTML.

XML ist also auch eine Meta-Sprache zur Erstellung von Markup-Sprachen. XML definiert nicht eine Menge von bestimmten Tags, sondern erlaubt allgemein das Definieren von Markup-Sprachen. Während HTML eine spezielle Sprache ist mit dem Zweck, Texte zu formatieren und darzustellen, können mit XML Sprachen für Dokumente mit ganz unterschiedlichen Zwecken definiert werden.

So könnte das einführende Beispiel in XML folgendermaßen aussehen:

```
<Buch>Dieses Buch</Buch> hat den Titel
<Titel>Semantic Web Grundlagen</Titel>.
```

Dabei werden zwei frei definierte Tags `<Buch>` und `<Thema>` anstelle der HTML Tags `<i>` und `<b>` verwendet.

Generell bietet XML eine einfache und sehr universell einsetzbare Möglichkeit, Daten zu speichern. Daten in XML-Dokumenten können elektronisch verbreitet und verarbeitet werden, somit ist XML eine Art universelles Daten-Austauschformat. Selbst komplexe Datenmodelle können in eine lineare textuelle XML-Repräsentation überführt (man sagt auch *serialisiert*) werden. Eine Vielzahl von XML-Anwendungen bzw. XML-Vokabularen existiert bereits für unterschiedlichste Einsatzzwecke. Die Bandbreite reicht dabei von *Anwendungs*-spezifischen XML-Vokabularen (wie z.B. elektronische Bestellformulare oder Konfigurationsdateien) bis hin zu *Bereichs*-spezifischen XML-Vokabularen (wie z.B. Dokumenten-Austausch von Biologen oder Chemikern). Wir werden in diesem Buch verschiedene XML-Vokabulare kennenlernen, insbesondere sind das die Syntax-Definitionen von RDF(S) und OWL.

Aus historischen Gründen sei hier noch die seit über 20 Jahren existierende Meta-Sprache SGML („Standard Generalized Markup Language", ISO Standard) erwähnt, die wiederum weitaus umfangreicher als XML ist und dabei viele Sprachmittel enthält, die selten genutzt werden. Gerade der Umfang macht SGML unhandlich und führt dazu, dass Software, die SGML-Dokumente verarbeiten kann, relativ groß und kostenintensiv sein würde. XML ist eine schlanke Version von SGML (insbesondere ist auch jedes XML-Dokument ein SGML-Dokument), bei der viel Ballast über Bord geworfen wurde.

In den folgenden Abschnitten sehen wir uns die grundlegende Struktur und die wichtigen Sprachmittel von XML genauer an.

2.2 Eigenschaften und Aufbau von XML-Dokumenten   2.2

XML-Dokumente beginnen üblicherweise mit einer einleitenden XML-Deklaration, die das Dokument als XML-Dokument kennzeichnet und die Versionsnummer des verwendeten XML-Standards enthält. Optional kann noch ein Kodierungsformat zur Festlegung der Zeichenkodierung angegeben werden. Das folgende Beispiel zeigt eine solche Deklaration, in den meisten folgenden Beispielen werden wir diese jedoch aus Platzgründen weglassen.

```
<?xml version="1.0" encoding="utf-8"?>
```

XML-Dokumente können verschiedene Ausdrücke enthalten, die am häufigsten verwendeten Ausdrücke sind sogenannte *Elemente*. Elemente beginnen mit einem Start-Tag und enden mit einem End-Tag. Tags bestehen aus sogenannten *XML!-Namen* welche in spitzen Klammern eingeschlossen sind. Alle von den beiden Tags umgrenzten Daten und Elemente nennt man den *Inhalt* eines Elements. Im Beispiel ist der XML-Name **Person** und der Inhalt **Rudi Studer**.

```
<Person>Rudi Studer</Person>
```

Wie wir im Beispiel sehen, schließt das End-Tag den Start-Tag, d.h., Tags treten immer in Paaren auf. Enthalten Elemente keinen Inhalt, kann alternativ auch lediglich ein einzelner „selbstschließender" Tag verwendet werden, z.B.

`<Person />`. Elemente können Daten, aber auch andere Elemente enthalten. Im Prinzip können Elemente beliebig tief verschachtelt werden.

Jedes XML-Dokument hat genau ein *Wurzel-Element*, dessen Start-Tag in der ersten Zeile vom XML-Quellcode stehen muss, also direkt nach der Deklaration. Alle weiteren Elemente müssen innerhalb des Wurzel-Elements verschachtelt sein.

XML-Namen (also die Bezeichner für die XML-Elemente) müssen mit einem Buchstaben oder einem Unterstrich ('_') beginnen und können neben Buchstaben u.a. auch Zahlen enthalten. Sie haben keine Längenbeschränkung und es wird zwischen Groß- und Kleinschreibung unterschieden. `Person`, `person` und `PERSON` sind demnach drei voneinander verschiedene XML-Namen.

Neben Elementen gibt es *Attribute*. Sie können innerhalb eines Start-Tags oder in einem selbstschließenden Tag verwendet werden und bieten die Möglichkeit, gewissen Aspekten eines XML-Elements Werte zuzuweisen. Die Namen der Attribute werden ebenfalls als XML-Namen bezeichnet und unterliegen denselben syntaktischen Restriktionen. Die zugehörigen Werte schreibt man direkt nach den Attribut-Namen, durch ein Gleichheitszeichen davon getrennt und mit einfachen oder doppelten Anführungszeichen umschlossen. Attribute beinhalten typischerweise Informationen über die Elemente. Es gibt Situationen, in denen es unklar ist, ob besser ein Element mit Inhalt oder als Wertzuweisung zu einem Attribut verwendet wird. Das folgende Beispiel zeigt neben drei verschiedenen Arten der Modellierung mit Elementen und Attributen auch die Verwendung von Kommentaren in XML.

```
<!-- Tag mit einem verschachtelten Tag
     welches Daten als Inhalt enthält -->
  <Person>
     <Professor>Rudi Studer</Professor>
  </Person>

<!-- Tag mit einem Attribut und Daten als Inhalt -->
  <Person Titel="Professor">Rudi Studer</Person>

<!-- Selbstschließendes Tag mit zwei Attributen -->
  <Person Titel="Professor" Name="Rudi Studer" />
```

Es gibt einige generelle Richtlinien zur Benutzung von verschachtelten Elementen und Attributen. Falls Daten bereits eine Art eigene Struktur besitzen, so sind verschachtelte Elemente vorzuziehen, denn Attribute besitzen keinerlei Struktur, auf die mit XML-Mitteln sinnvoll zugegriffen werden könnte. Auch kann Attributen nichts hinzugefügt werden. Für die zukünftige Erweiterbarkeit spricht also eher die Verwendung von verschachtelten Elementen. Attribute hingegen bieten sich an, falls Informationen *über* ein Element augedrückt werden sollen. Ein wichtiger Unterschied, auf den wir später noch eingehen werden, ist, dass Element-Namen über sogenannte Namensräume modularisiert werden können, während Attribut-Namen immer nur lokal für das Element gelten, in dem sie definiert sind.

Das spezielle Attribut `xml:lang` ist vordefiniert in XML, um die Sprache des Dateninhalts eines Elements zu spezifizieren. Die Verwendung dieses Attributs zeigen wir im nächsten Beispiel. Nebenbei erweitern wir das bisherige Beispiel um das (neue Wurzel-) Element **Personen**.

```
<Personen>
   <Person Titel="Professor">
      <Name>Rudi Studer</Name>
      <Organisation xml:lang="de">
           Universität Karlsruhe (TH)
      </Organisation>
      <Organisation xml:lang="en">
           University of Karlsruhe
      </Organisation>
   </Person>
</Personen>
```

Durch den Wert „de" für `xml:lang` wird angezeigt, dass der Inhalt des Tags in deutscher Sprache ist, entsprechend wird durch den Wert „en" angezeigt, dass der Wert in englischer Sprache ist. Als Werte für `xml:lang` werden die üblichen Ländercodes verwendet.

Eine Reihe von einfachen Regeln bestimmen, ob XML-Dokumente wohlgeformt, d.h. hinsichtlich ihrer Syntax konform mit der XML-Spezifikation sind. Letztendlich sollten also alle XML-Dokumente wohlgeformt sein, z.B. auch, um eine problemlose Verarbeitung in entsprechender Software zu gewährleisten.

Zusammenfassend kann an dieser Stelle gesagt werden, dass XML als Datenmodell eine Baumstruktur verwendet, wobei jeder Tag einem Knoten mit einem Namen im Datenmodell entspricht und jedes verschachtelte Tag einem Kind-Knoten entspricht. Es gibt jedoch weitere Möglichkeiten, die Struktur einer Menge von XML-Dokumenten vorzugeben, nämlich durch DTDs oder XML-Schema-Dokumente.

2.3 DTDs und XML Schemata

Wie schon bemerkt, lässt sich XML in vielen unterschiedlichen Bereichen als Markup-Paradigma einsetzen. Oft ist es wünschenswert, für XML-Dokumente über die Wohlgeformtheit hinaus zusätzliche (sich aus semantischen Gegebenheiten des Anwendungsgebiets ergebende) syntaktische Anforderungen festzulegen. Diese Einschränkungen lassen sich beispielsweise mit Hilfe sogenannter „Document Type Definitions" (DTDs) oder Dokumente in XML Schema spezifizieren.

In einer DTD oder einem XML Schema kann also die für eine Anwendung oder einen Bereich vorgesehene Struktur von XML-Dokumenten vorgegeben werden. Wir geben damit also vor, welche Element- und Attribut-Namen überhaupt erlaubt sind, wie Tags verschachtelt und wie Elemente und Attribute verwendet werden dürfen. Mit Hilfe spezieller Parser, sogenannter validierender XML-Parser, kann zusätzlich zur Wohlgeformtheit auch überprüft werden, ob ein XML Dokument *gültig* in Bezug auf die durch eine DTD oder ein XML Schema vorgegebene Struktur ist.

DTDs bieten dabei lediglich eine einfache Möglichkeit, Struktur von XML-Dokumenten vorzugeben. Sie spezifizieren in einer Art Grammatik[1] die erlaubte Struktur der Verschachtelungen von Elementen, welche Attribute pro Element verwendet werden dürfen und die Stellen, an denen Daten (bzw. Text) als Inhalt erlaubt sind. Das nun folgende Beispiel zeigt eine DTD, gegen die das letzte Beispiel im vorherigen Abschnitt gültig validiert wird.

```
<!ELEMENT Personen (Person+)>
<!ELEMENT Person (Name?, Organisation*)>
<!ELEMENT Name (#PCDATA)>
<!ELEMENT Organisation (#PCDATA)>

<!ATTLIST Person Titel CDATA #REQUIRED>
<!ATTLIST Organisation xml:lang CDATA "de">
```

Im Beispiel sind alle wesentlichen Sprachmittel von DTDs enthalten, wir werden nun etwas genauer darauf eingehen. Im oberen Teil werden alle XML-Elemente mit ihrem erlaubten Namen aufgelistet und ihre Struktur definiert, indem die Namen aller erlaubten Kind-Elemente dieses Elements angegeben werden. Durch Anhängen der Modifikatoren +, * und ? wird spezifiziert, wie

---

[1]DTDs sind kontextfreie Grammatiken, auch bekannt unter dem Namen Backus-Naur-Form (BNF). BNFs werden z.B. auch verwendet, um die Syntax von Programmiersprachen zu definieren.

Tabelle 2.1. DTD Modifikatoren

Modifikator	Auftreten der Kind-Elemente
+	mindestens einmal
*	keinmal oder beliebig oft
?	keinmal oder genau einmal

oft diese Kind-Elemente auftreten dürfen. Details dazu sind in Tabelle 2.1
zu finden. Beispielsweise dürfen Personen gemäß der DTD keinen oder genau
einen Namen haben. Genauer gesagt gilt hier, dass das Element `Person` kein
oder genau ein verschachteltes Element `Name` enthalten darf.

Die Elemente `Name` und `Organisation` dürfen `PCDATA` enthalten; diese Bezeichnung steht für „Parsable Character DATA" und bedeutet „textueller Inhalt".
Im unteren Teil der Beispiel-DTD werden die zulässigen Attribute von `Person`
und `Organisation` spezifiziert. `Titel` darf `CDATA` (d.h. beliebige Zeichenketten) enthalten und die Angabe eines Titels ist für jedes Element `Person` ver-
pflichtend (angezeigt durch `#REQUIRED`). Alternativ kann z.B. ein Standard-
Wert vorgegeben werden, so z.B. `de` für das Attribut `xml:lang` des Elements
`Organisation`. Der Standardwert wird benutzt, falls kein anderer Wert im
jeweiligen Element angegeben wird. Der Vollständigkeit halber seien noch die
beiden anderen Varianten `#FIXED "..."` und `#IMPLIED` erwähnt, mit denen
Attribut-Werte fest vorgegeben oder offen gelassen werden können.

DTDs können als Teil eines XML-Dokuments angegeben werden oder separat in einer eigenen Datei. DTDs innerhalb von Dokumenten werden nach der
Deklaration eingefügt mit der Form `<!DOCTYPE Wurzel-Element [...]>`. Dabei bezeichnet `Wurzel-Element` den Namen des Wurzel-Elements des XML-
Dokuments und die DTD selbst stünde an Stelle von '...' innerhalb der
eckigen Klammern.

```
<?xml version="1.0" encoding="utf-8"?>

<!DOCTYPE Personen [
  <!ELEMENT Personen (Person+)>
  <!ELEMENT Person (Name?, Organisation*)>
  ...
]>

<Personen>
  ...
</Personen>
```

Wird eine separate Datei verwendet, so muss ein Verweis eingefügt werden, welcher neben dem Namen des Wurzel-Elements auch den Datei-Namen der DTD enthält (angezeigt durch SYSTEM). DTD-Dateien enden üblicherweise mit '.dtd'.

```
<!DOCTYPE Personen SYSTEM "personen.dtd">
```

Abschließend erwähnt seien an dieser Stelle noch die sogenannten *Entitäten*, die durch Angabe eines Namens und eines Werts spezifiziert werden. Nach ihrer Spezifikation kann durch Verwendung des Namens auf den Wert referenziert werden. Das Beispiel zeigt eine Entität mit dem Namen aifb.

```
<!ENTITY aifb "Institut AIFB">
```

In jedem XML-Dokument, welches diese Spezifikation beinhaltet, kann der Wert dieser Entität, Institut AIFB, durch Verwendung von &aifb; referenziert werden. Damit können lange Textinhalte, die oft in einem Dokument vorkommen, abgekürzt werden.

Der neuere XML-Schema-Standard soll mittelfristig DTDs ersetzen. Aus Gründen der Kompatibilität kann per Definition jede DTD in ein XML Schema überführt werden. XML Schema bietet ähnliche Grundfunktionalitäten wie DTDs, es hat jedoch viele Vorteile. Eine Beschreibung aller XML-Schema-Funktionalitäten geht über den Rahmen dieses Buches hinaus, daher nennen wir hier lediglich die wichtigsten Unterschiede bzw. Vorteile im Vergleich zu DTDs.

Zunächst gibt es in XML Schema reichhaltigere Möglichkeiten zur Vorgabe von Strukturen; so ist es möglich, die exakte Anzahl von erlaubten verschachtelten Elementen anzugeben oder Elemente so zu gruppieren, dass an bestimmten Stellen jeweils genau ein Element der Gruppe auftreten darf. Außerdem besteht die Möglichkeit, vorgegebene XML-Schema-Datentypen zu nutzen und selbst zu erweitern. Im Standard werden einige Datentyp-Definitionen wie integer, string usw. bereits mitgeliefert. Im Prinzip sind das viele der in Programmiersprachen gängigen Datentypen (wir gehen genauer auf die für OWL wichtigen Datentypen in Abschnitt 5.2.4 ein). Aus praktischer Sicht interessant ist der flexible Mechanismus, der es erlaubt, bereits existierende XML-Schema-Definitionen einzubinden, um die Wieder- und Weiterverwendung von häufig verwendeten XML-Schema-Definitionen zu erleichtern.

Ein wichtiger Unterschied besteht in der Syntax von XML Schema; im Gegensatz zu DTDs verwenden XML Schemata selbst XML, um die Struktur für XML-Dokumente vorzugeben. Dies hat den Vorteil, dass zur Verarbeitung von XML-Schema-Dokumenten bereits existierende Infrastruktur zur Verarbeitung von XML-Dokumenten verwendet werden kann.

2.4 Modularisierung mit URIs und Namensräumen

Oftmals ist eine Wieder- und Weiterverwendung von XML-Namen erwünscht. Anstatt immer neue (Mengen von) XML-Namen einzuführen, ist es sinnvoller, einmal definierte XML-Namen in anderen, z.B. verwandten, XML-Dokumenten wiederzuverwenden. Dabei kann es – gerade bei der Verwendung von mehreren separat definierten XML-Vokabularen in einem (neuen) Dokument – zu Namenskonflikten kommen.

Namenskonflikte entstehen meistens durch die Mehrdeutigkeit eines Begriffs, der als XML-Name verwendet wird. `Titel` wurde in unserem Beispiel verwendet als akademischer Titel von Personen, also z.B. „Professor". Genauso kann `Titel` aber auch den Titel von Publikationen bezeichnen. Aus dem XML-Namen `Titel` allein ist zunächst nicht ersichtlich, ob es sich um einen akademischen Titel oder um den Titel einer Publikation handelt. Ein Konflikt kann entstehen, wenn `Titel` im selben Dokument an mehreren Stellen mit unterschiedlichen Bedeutungen benutzt wird oder wenn `Titel` in einem anderen Dokument abweichend definiert wurde, welches wiederverwendet werden soll. Das folgende Beispiel zeigt einen solchen Namenskonflikt.

```
<Buch>
   <Titel>Semantic Web Grundlagen</Titel>
   <Autor>
      <Name>Pascal Hitzler</Name>
      <Titel>Dr.</Titel>
   </Autor>
   <Autor>
      <Name>York Sure</Name>
      <Titel>Dr.</Titel>
   </Autor>
</Buch>
```

Um Namenskonflikten vorzubeugen, wurden XML-Namensräume vom W3C standardisiert. Mit Hilfe von Namensräumen können XML-Namen in sinnvolle Untermengen aufgeteilt, also *modularisiert*, werden. Dabei werden sogenannte URIs benutzt, um eindeutige und einheitliche Bezeichner zu erzeugen, die dann in beliebigen XML Dokumenten wieder- und weiterverwendet werden können. Bevor wir näher auf Namensräume selbst eingehen, werden im Folgenden URIs erklärt.

⊙ Uniform Resource Identifiers

Ein „Uniform Resource Identifier" (URI), engl. für „einheitlicher Bezeichner für Ressourcen") ist eine Zeichenfolge, die auf einfache und erweiterbare Weise erzeugt wird und abstrakte oder auch physikalische Ressourcen bezeichnen soll. Insbesondere werden URIs im WWW benutzt, um Web-Seiten oder andere Dateien zu bezeichnen. Darüber hinaus werden sie auch für Web-Dienste oder E-mail-Adressen verwendet. Die Idee der URIs kann jedoch auch völlig losgelöst vom WWW als genereller Mechanismus zur Erzeugung eindeutiger Bezeichner genutzt werden.

Ursprünglich wurden URIs getrennt in die zwei Untermengen URLs und URNs.

— „Uniform Resource Locators" (URLs) werden benutzt, um Web-adressierbare Ressourcen zu identifizieren, also alle Ressourcen, die im Web über Zugriffsmechanismen wie HTTP („HyperText Transfer Protocol") oder FTP („File Transfer Protocol") verfügbar sind. Oft wird URL synonym zu URI gebraucht, obwohl das nicht ganz stimmt.

— „Uniform Resource Names" (URNs) werden benutzt, um Ressourcen mittels eines vorhandenen oder frei zu vergebenden Namens zu identifizieren. Ursprünglich waren URNs für weltweit eindeutige und persistente Bezeichner wie z.B. ISBN gedacht.

Die anfänglich vorgesehene strikte Trennung in URLs und URNs gibt es eigentlich nicht mehr, und einige URIs lassen sich keiner der beiden Unterarten zuordnen. Wir sollten uns an dieser Stelle einfach merken, dass URIs nicht notwendigerweise Web-Dokumente identifizieren.

Syntaktisch bestehen URIs aus mehreren Teilen. Der erste Teil, im folgenden Beispiel mit `Schema` bezeichnet, wird durch einen Doppelpunkt vom Rest getrennt und gibt den Typ einer URI an. Ein URI-Schema dient der Interpretation des folgenden Teils, im Beispiel mit `Folgender Teil` bezeichnet.

```
Schema:Folgender Teil
```

Oft gebrauchte URI-Schemata im WWW sind `http` (üblicherweise zur Bezeichnung von Webseiten, die mit Hilfe von HTTP übertragen werden können), `ftp` (im Allgemeinen zur Bezeichnung von Dateien, die mit Hilfe von

FTP übertragen werden können) und `mailto` (zur Bezeichnung von E-mail-Adressen).

```
ftp://ftp.is.co.za/rfc/rfc1808.txt

http://www.ietf.org/rfc/rfc2396.txt

mailto:John.Doe@example.com
```

Viele URI-Schemata, insbesondere auch `http` oder `ftp`, besitzen einen hierarchischen Aufbau. Die eckigen Klammern werden in folgendem Beispiel lediglich zur Strukturierung des Aufbaus genutzt, um optionale Teile und deren Verschachtelung anzuzeigen. Die eckigen Klammern sind aber nicht Teil einer konkreten URI.

```
Schema://[Benutzer[:Passwort]@]Server[:Port]/[Pfad][?Anfrage]
```

Benutzername und **Passwort** können z.B. bei der Übertragung von Dateien mit FTP zur Authentifizierung genutzt werden. **Server** gibt hierbei typischerweise den Domain-Namen oder die IP-Adresse des Servers an, **Port** gibt optional einen sogenannten TCP-Port an. Der **Pfad**, oftmals zusammengesetzt in hierarchischer Form, wird zusammen mit der nicht-hierarchischen **Anfrage** benutzt, um eine Ressource innerhalb der **Server** Domain zu identifizieren. Im folgenden Beispiel werden einige Bestandteile einer typischen URI dargestellt.

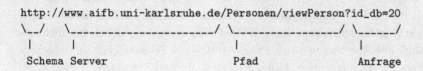

```
http://www.aifb.uni-karlsruhe.de/Personen/viewPerson?id_db=20
\__/ _____/ _____/ _____/
  |           |                             |              |
Schema      Server                         Pfad          Anfrage
```

An URIs kann, abgetrennt durch #, auch ein weiteres **Fragment** angehängt werden.

```
Schema://Server/[Pfad][?Anfrage][#Fragment]
```

Die Kombination aus URI und Fragment wird URI-Referenz genannt. URI-Referenzen werden in RDF häufig zur eindeutigen Referenzierung von Ressourcen verwendet und stellen somit eine wichtige Komponente der Semantic-Web-Schichten dar. Für dieses Buch spielt eine genaue Unterscheidung von URIs und URI-Referenzen jedoch keine wesentliche Rolle, daher wird anstatt der beiden Begriffe URI und URI-Referenz im Folgenden lediglich URI verwendet.

Erwähnt sei noch die Möglichkeit, hierarchische URIs relativ zu einer Basis-URI anzugeben. Dabei werden `Schema`, `Benutzer`, `Passwort`, `Server`, `Port` und gegebenenfalls Teile vom `Pfad` weggelassen.

⊛ **XML-Namensräume**

Ein XML-Namensraum (engl.: „Namespace") setzt sich zusammen aus einer Menge von XML-Namen, die in einem XML-Dokument verwendet werden. Namensräume werden allgemein wie folgt spezifiziert:

```
<Element-Name xmlns[:Präfix] = URI>
```

Namensräume werden also innerhalb des Start-Tags eines Elements deklariert, hier mit dem Namen `Element-Name`, und sind dann genau innerhalb dieses Elements gültig. Der Name eines Namensraums hat die Form einer URI und wird als Wert des Attributes `xmlns` deklariert. Somit werden Namensräume elegant (d.h. konform mit der XML-Syntax) unter Ausnutzung eines vordefinierten XML-Attributes in XML-Dokumente eingebunden.

Optional kann ein Präfix angegeben werden, das durch einen Doppelpunkt vom Attribut-Namen `xmlns` getrennt wird. URIs sind oft sehr lang, das Präfix kann innerhalb des Geltungsbereiches (also innerhalb des Elements) als Abkürzung für die URI benutzt werden. Weiterhin können URIs gemäß der Spezifikation Zeichen enthalten, die in XML-Dokumenten eigentlich gar nicht erlaubt sind. Die Abkürzung durch Präfixe hilft diese Schwierigkeit zu umgehen. Wird kein Präfix angegeben, handelt es sich um den Standard-Namensraum (engl.: „default namespace"). Alle Namen, die den Standard-Namensraum benutzen, können ohne Präfix (und ohne URI) angegeben werden. Zu beachten ist, dass es höchstens einen Standard-Namensraum geben kann.

Im Beispiel werden zwei Namensräume definiert. Der erste ist als Standard-Namensraum definiert, der zweite mit dem Präfix `aifb`.

```
<Buch xmlns     ="http://www.semanticweb-grundlagen.de/"
    xmlns:aifb ="http://www.aifb.uni-karlsruhe.de/">
  <Titel>Semantic Web Grundlagen</Titel>
  <aifb:Autor>
    <aifb:Name>Pascal Hitzler</aifb:Name>
    <aifb:Titel>Dr.</aifb:Titel>
  </aifb:Autor>
  <aifb:Autor>
    <aifb:Name>York Sure</aifb:Name>
    <aifb:Titel>Dr.</aifb:Titel>
  </aifb:Autor>
</Buch>
```

Die unterschiedliche Verwendung des Namens Titel ist nun über die beiden Namensräume sauber getrennt und ein Namenskonflikt wird vermieden. Zunächst wird unter Verwendung des Standard-Namensraums der Titel des Buches definiert, anschließend unter Verwendung des mit aifb abgekürzten Namensraums der akademische Titel der beiden Autoren. Wie man im Beispiel sehen kann, werden Präfixe den Namen der Start- und End-Tags vorangestellt. Üblicherweise werden Namensräume im Wurzel-Element eines XML-Dokuments definiert.

Attribute können nicht mit Namensräumen modularisiert werden. Ihr Name gilt lediglich lokal für das Element, in dem sie definiert sind. Derselbe Attribut-Name kann also mehrfach in einem XML-Dokument verwendet werden, ohne dass Konflikte erzeugt werden.

2.5 Warum reicht XML nicht aus?

XML ist eine wichtige Basistechnologie für die Erstellung strukturierter Dokumente, insbesondere durch die einheitliche und standardisierte Art und Weise, Bäume und Attribut-Wert-Paare zu erzeugen. Zudem bietet XML als Meta-Sprache die Möglichkeit, eigene Markup-Sprachen wie z.B. XHTML zu definieren. Es existieren zahlreiche Erweiterungen von XML wie z.B. XSLT zur (fast beliebigen) Transformation und Präsentation von XML-Dokumenten, XPATH zur Navigation bzw. zum Auffinden bestimmter Strukturen innerhalb von Dokumenten oder die Anfragesprache XQuery. Zusammengefasst kann man sagen, dass XML eine standardisierte und bereits weitverbreitete Meta-Sprache ist, die uns Maschinenlesbarkeit bietet.
Allerdings sind XML-Tags im Grunde nicht viel besser als die natürliche Sprache, zumindest aus Sicht des Semantic Web. Denn auch sie sind lediglich

Wörter, die – wie anfangs erwähnt – mehrdeutig sein können und deren Beziehungen zueinander nicht eindeutig definiert sind. Für Menschen haben die gewählten Tags im nächsten Beispiel eine Bedeutung, im darauf folgenden Beispiel hingegen nicht. Für eine Maschine jedoch haben beide Beispiele ganz einfach dieselbe Struktur, unabhängig von der Wahl der Tags.

```
<Buch>Dieses Buch</Buch> hat den Titel
<Titel>Semantic Web Grundlagen</Titel>.
```

```
<fdsl>Dieses Buch</fdsl> hat den Titel
<zrla>Semantic Web Grundlagen</zrla>.
```

Tags können also sehr wohl eine Bedeutung für Menschen haben, wenn sie geschickt gewählt sind. Für Maschinen jedoch sind sie nach wie vor bedeutungslos im Sinne von „ohne Semantik". Die Stärke von XML, nämlich die universelle Art und Weise für den Datenaustausch von beliebigen Text-Dokumenten, ist auch seine Schwäche. Es fehlt die Möglichkeit, die Bedeutung von Annotationen auf eine Art zu kodieren, die maschinenseitige Verarbeitung ermöglicht, bis hin zur automatischen Herleitung von nicht explizit gegebenem Wissen. Daher dient XML aus Sicht des Semantic Web primär als Grundlage, um die weiteren Sprachen RDF(S) und OWL zu definieren.

Ein weiteres Beispiel verdeutlicht den Kern des Problems. Ein Tag `<Apfel>` ist für eine Maschine ohne Zusammenhang zu dem Tag `<Birne>`. Ein Mensch begreift die Bedeutung der Worte „Apfel" und „Birne" und kann intuitiv einen Zusammenhang herstellen. Fragen Sie sich doch selbst einmal, welchen Zusammenhang Sie gerade beim Lesen hergestellt haben! Eine Maschine jedenfalls kann das zunächst nicht, egal ob Sie z.B. daran gedacht haben, dass man sprichwörtlich „Äpfel nicht mit Birnen vergleichen" soll oder dass beides Obstsorten sind. Die Bedeutung der Worte oder deren Zusammenhänge sind für Maschinen nicht in den XML-Tags enthalten oder daraus ableitbar.

Um eine Austauschbarkeit von XML-Dokumenten zwischen (beliebigen) Anwendungen zu erreichen, müssen vorher die Bedeutungen aller verwendeten Tags definiert werden, was in der Praxis oft zu voluminösen Dokumentationen führt. Diese können allerdings lediglich von Anwendungsentwicklern zur Entwicklungszeit verwendet werden, um z.B. nachzuschlagen, was mit bestimmten Tags denn nun gemeint ist. Ein Ziel des Semantic Web ist es, solche Dokumentationen bis zu einem gewissen Grade überflüssig zu machen, indem die Bedeutung der Tags soweit als möglich ebenfalls explizit formal kodiert wird.

2.6 Zusammenfassung

Einen grundlegenden Standard für das Sematic Web stellt XML dar, das im Wesentlichen zur Speicherung und zum Austausch strukturierter Informationen Verwendung findet und als syntaktische Grundlage anderer Beschreibungssprachen (RDF(S), OWL) dient.

2.7 Aufgaben

Aufgabe 2.7.1 Entscheiden Sie, ob die folgenden XML-Dokumente (bzw. Teile davon) *wohlgeformt* sind und schlagen Sie gegebenenfalls eine Korrektur vor.

— Ein vollständiges HTML-Dokument:

```
<?xml version="1.0" encoding="UTF-8"?>
<!DOCTYPE html PUBLIC
"-//W3C/DTD XHTML 1.0 Transitional//EN"
"http://www.w3.org/TR/xhtml1/DTD/xhtml1/transitional.dtd">
<html xmlns="http://www.w3.org/1999/xhtml">
<head><title>Kontrollieren Sie Ihr HTML!</title></head>
<body>
 <h3>HTML-Check des W3C</h3>
 <b>Kostenloser HTML-Check:<br/>
 <i>http://validator.w3.org/</b></i>
</body></html>
```

— Dieses Dokument hält sich nicht an die Empfehlung, alle Tags klein zu schreiben. Dadurch haben sich Fehler eingeschlichen.

```
<Liste laenge=4>
   <ListenEintrag pos=1>
     <Element/>Lorem ipsum<element/>
   </Listeneintrag>
   <listeneintrag pos=3/>
</Liste>
```

Aufgabe 2.7.2 Geben Sie eine natürlichsprachliche Beschreibung für die folgende DTD an.

```
<!DOCTYPE kochbuch [
<!ELEMENT kochbuch (rezept)+ >
<!ELEMENT rezept (rezepttyp, titel, zutat+, arbeitsschritt+) >
<!ELEMENT titel (#PCDATA) >
<!ELEMENT zutat (#PCDATA) >
```

```
<!ELEMENT arbeitsschritt (#PCDATA) >
<!ATTLIST arbeitsschritt nummer CDATA #REQUIRED >
<!ELEMENT rezepttyp EMPTY >
<!ATTLIST rezepttyp name CDATA #REQUIRED >
]>
```

2.7.3   **Aufgabe 2.7.3** Ist der folgende Ausschnitt einer XML-Datei zur DTD aus der vorigen Aufgabe konform? Begründen Sie Ihre Entscheidung.

```
<kochbuch>
  <rezept>
    <rezepttyp name="Torten"/>
    <titel>Schwarzwalder Kirschtorte</titel>
    <arbeitsschritt nummer="19">
      Schokostreusel draufmachen
    </arbeitsschritt>
    <zutat>Sahne</zutat>
    <zutat>Schokostreusel</zutat>
  </rezept>
</kochbuch>
```

2.8   ## 2.8 Weiterführende Literatur

Alle Orginaldokumente zu XML, RDF(S) und OWL des World Wide Web Consortium (W3C) sind frei im Web verfügbar. Für XML nennen wir lediglich die wichtigsten Dokumente, es existieren jedoch zahlreiche Erweiterungen (z.B. XSLT) oder auch Errata zu den Dokumenten.

- XML 1.0 (Third Edition) [YBP+] ist die Standard-Referenz für die aktuelle XML-Version, es existiert jedoch bereits die Version 1.1 [BPSM+], welche u.a. größere Freiheiten bei den Elementnamen erlaubt und damit eine Anpassung an die Unicode-Entwicklungen darstellt. Auf weitere Feinheiten wird an dieser Stelle jedoch nicht eingegangen.
- [BHL] beschreibt den Namespace-Mechanismus in XML1.0, [BHLT] ist die aktualisierte Version für XML 1.1.
- [FW] liefert einen Überblick über XML Schema.
- [TBMM] und [BPM] enthalten die komplette normative Beschreibung der Strukturen und Datentypen von XML Schema.

Einzelne XML-Begriffe sind anschaulich im Stil eines Wörterbuchs erklärt in [Ger04].

Kapitel 3

Einfache Ontologien in RDF und RDF Schema

3

3

3 Einfache Ontologien in RDF und RDF Schema

Das *Resource Description Framework* RDF [MM04] ist ein formale Sprache
für die Beschreibung strukturierter Informationen. Durch RDF sollen Anwendungen in die Lage versetzt werden, Daten im Web auszutauschen, ohne dass
ihre ursprüngliche Bedeutung dabei verloren geht. Im Gegensatz zu HTML
und XML geht es also nicht nur um korrekte Darstellung von Dokumenten,
sondern auch um die Kombination und Weiterverarbeitung der enthaltenen
Informationen. Daher wird RDF oft als grundlegendes Darstellungsformat für
die Entwicklung des Semantic Web angesehen.

Die Entwicklung von RDF hat ihren Anfang in den 90er Jahren des letzten Jahrtausends, und verschiedene Vorgängersprachen haben die Entstehung
von RDF beeinflusst. Eine erste offizielle Spezifikation wurde dann im Jahr
1999 vom W3C veröffentlicht [LS99], wobei hier die Betonung noch eindeutig auf der Darstellung von *Metadaten* über Web-Ressourcen lag. Als Metadaten bezeichnet man allgemein Daten, die über einen gegebenen Datensatz Aussagen machen. In 1999 dachte man dabei vor allem an Aussagen
über Webseiten, wie z.B. die Angabe von Autoren oder Lizenzbedingungen.
Später erweiterte sich die Vision des Semantic Web auf die allgemeine Darstellung semantischer Informationen, die sowohl über einfache RDF-Daten
als auch über Web-Dokumente als primäre Subjekte von Beschreibung hinausgehen sollten. RDF wurde dennoch als grundlegendes Darstellungsformat
bestimmt, auf dem komplexere Sprachen für die Darstellung semantischer
Informationen aufbauen sollten. In diesem Zusammenhang wurde die RDF-
Spezifikation im Februar 2004 nochmal in überarbeiteter Fassung veröffentlicht [Bec04, KC04, Hay04, BG04].

Heute sind eine Vielzahl von praktischen Werkzeugen im Umgang mit RDF
verfügbar. Praktisch jede Programmiersprache bietet Bibliotheken für das Lesen und Schreiben von RDF-Dokumenten. Diverse Systeme zur Auswertung
großer Mengen von RDF-Daten (sogenannte *RDF Stores* oder *Triple Stores*)
sind frei verfügbar, und inzwischen bieten auch kommerzielle Datenbankher-
steller entsprechende Erweiterungen ihrer Systeme an. In festen Anwendungs-
gebieten wird RDF heute auch intensiv zum Austausch von (Meta-)Daten
eingesetzt. Prominentestes Beispiel hier ist wohl das Format RSS 1.0 zum
Abonnement von Nachrichten.[1] Aber auch Metadaten in Dateien von Desk-
topanwendungen werden zum Teil schon mit RDF formalisiert, z.B. bei der
Verwendung von Adobes RDF-Format XMP zur Einbettung von Informatio-

---

[1] RSS 1.0 und 2.0 sind unterschiedliche Formate, die zwar das gleiche Ziel ver-
folgen, aber *nicht* aufeinander aufbauen. RSS 1.0 steht für *RDF Site Summary*,
während RSS 2.0 als *Really Simple Syndication* interpretiert wird.

Abb. 3.1. Ein einfacher RDF-Graph zur Beschreibung einer Beziehung zwischen diesem Buch und dem Verlagshaus Springer

nen in PDF-Dateien oder als Annotationen im XML-basierten Vektorgrafik-format SVG.

In diesem Kapitel werden wir die Grundlagen von RDF kennenlernen. Dabei steht zunächst die Darstellung einfacher Daten im Vordergrund. In den darauf folgenden Abschnitten behandeln wir verschiedene syntaktische Austauschformate für RDF und beschäftigen uns mit weitergehenden Fragen beim Einsatz dieses Formats. Im Anschluss betrachten wir einige besondere Ausdrucksmittel, die über das Beschreiben einfacher Daten hinausgehen. RDF wird dazu um die Sprache *RDF Schema* (RDFS) erweitert, mit der man auch allgemeine schematische Informationen über einen Datensatz ausdrücken kann. Im gesamten Kapitel erklären wir die Bedeutung der vorgestellten Sprachen intuitiv und anhand von Beispielen. Die offizielle formale Semantik zur korrekten maschinellen Interpretation von RDF und RDFS wird anschließend im Kapitel 4 im Detail erklärt.

3.1 Einführung in RDF

Zunächst geben wir eine grundsätzliche Einführung in das RDF-Format und gehen auf die wesentlichen Unterschiede gegenüber XML ein. Wie wir sehen werden, basiert RDF auf einem sehr einfachen graph-orientierten Datenschema.

3.1.1 Graphen statt Bäume

Ein RDF-Dokument beschreibt einen *gerichteten Graphen*, also eine Menge von *Knoten*, die durch *gerichtete Kanten* („Pfeile") verbunden werden. Dabei sind sowohl Knoten als auch Kanten mit eindeutigen Bezeichnern beschriftet. Abbildung 3.1 zeigt ein einfaches Beispiel eines Graphen aus zwei Knoten und einer Kante. Wie wir im Kapitel 2 gesehen haben, werden Informationen im XML-Format dagegen mit Hilfe von Baumstrukturen dargestellt. Bäume eignen sich hervorragend für die Organisation von Informationen in elektronischen Dokumenten, da man es meistens mit streng hierarchischen Strukturen zu tun hat. Darüber hinaus können Informationen in Baumstrukturen zumeist gezielt gesucht und effizient verarbeitet werden. Warum also setzt RDF auf Graphen?

Ein wichtiger Grund ist, dass RDF nicht für die hierarchische Strukturierung einzelner Dokumente entwickelt wurde, sondern für die Beschreibung von allgemeinen Beziehungen zwischen Ressourcen. So könnte man z.b. ausdrücken, dass das Buch „Semantic Web" erschienen ist im Verlag „Springer". Die Beziehung zwischen Buch und Verlag ist dabei eine Information, die keinem der beiden Dinge (in RDF sprechen wir von „Ressourcen") klar untergeordnet ist. In RDF werden solche Beziehungen deshalb als grundlegende Informationseinheiten betrachtet. Aus vielen solchen Beziehungen entstehen natürlicherweise Graphen, aber keine hierarchischen Baumstrukturen.

Eine weiterer Grund liegt darin, dass RDF als Beschreibungssprache für Daten im WWW und anderen elektronischen Netzen konzipiert wurde. In diesen Umgebungen werden Informationen oft dezentral verwaltet und gespeichert. In RDF ist es allerdings kein Problem, Informationen aus vielen Quellen zu kombinieren: Beispielsweise können die RDF-Graphen von der Webseite des Buches „Semantic Web" ohne weiteres mit RDF-Graphen von www.springer.com vereint werden. Man erhält einen größeren Graphen, der eventuell interessante neue Informationen liefert. Würden die Webseiten ihre Daten dagegen in eigenen XML-Strukturen bereitstellen, dann wäre eine Zusammenführung wesentlich komplizierter. Tatsächlich ist die bloße Vereinigung von Baumstrukturen kein Baum mehr, und bei unterschiedlichen Baumstrukturen sind auch verwandte Informationen oft durch die strenge Struktur getrennt: Selbst wenn zwei XML-Dateien über gleiche Dinge sprechen, finden sich diese Informationen doch an völlig unterschiedlichen Stellen des Baumes. Graphen in RDF sind also für die *Komposition* dezentraler Informationen geeignet.

❯ 3.1.2 Eindeutige Namensgebung in RDF: URIs

Wir haben behauptet, dass RDF-Graphen die einfache Komposition von verteilten Daten erlauben. Diese Aussage bezieht sich aber zunächst nur auf die allgemeine Graphstruktur, nicht unbedingt auf die beabsichtigten Informationen in den komponierten Graphen. Ein wesentliches Problem ist, dass Ressourcen wie schon in XML in verschiedenen RDF-Dokumenten unterschiedliche Bezeichner haben können. Einerseits kann es vorkommen, dass gleiche Ressourcen unterschiedlich benannt werden, z.B. weil es keinen weltweit vereinbarten Bezeichner für das Buch „Semantic Web" gibt. Andererseits könnte es vorkommen, dass versehentlich die gleichen Bezeichner für unterschiedliche Ressourcen gebraucht werden, z.B. weil „Springer-Verlag" gleichermaßen für das bekannte wissenschaftliche Verlagshaus wie auch für die Axel-Springer-AG stehen kann – eine Verwechslung, die man auf jeden Fall verhindern möchte!

Um letzteres Problem zu lösen, verwendet RDF grundsätzlich URIs zur Bezeichnung aller Ressourcen. Wie schon in Kapitel 2 beschrieben, sind URIs eine Verallgemeinerung von URLs (Uniform Resource Locators), also von Web-Addressen, die zum Zugriff auf ein Online-Dokument verwendet werden. Wenn in RDF solche Online-Dokumente (z.B. HTML-Seiten) beschrieben werden, dann verwendet man auch häufig die entsprechenden URLs. In den allermeisten Anwendungen will man allerdings keine Informationen über Webseiten austauschen, sondern ganz allgemeine Ressourcen beschreiben. Grundsätzlich kann das jedes Objekt sein, was (im Kontext der gegebenen Anwendung) eine klare Identität besitzt: Bücher, Orte, Menschen, Verlage, Beziehungen zwischen diesen Dingen, abstrakte Konzepte usw. Diese Ressourcen sind offenbar nicht online abrufbar und ihre URIs werden ausschließlich zur eindeutigen Identifizierung verwendet (d.h. als *Uniform Resource Name*, der keine URL ist).

Auch wenn Ressourcen im Allgemeinen nicht online abgerufen werden können, verwendet man doch URIs, die dem allgemeinen Konstruktionsschema aus Kapitel 2 entsprechen. So beginnen URIs z.B. immer mit einem Schema-Bezeichner wie „http". Die Tatsache, dass diese Angabe ursprünglich ein Übertragungsprotokoll für Hypertext bezeichnet, ist dabei unbedeutend. Zum Beispiel könnte man für das Buch „Semantic Web" die URI `http://www.example.org/SemanticWeb` verwenden. Dabei ist es nicht wichtig, ob die entsprechende URL existiert und ob dort relevante Informationen zu finden sind. Wie wir später sehen werden, nutzt RDF einige aus XML bekannte Mechanismen, um URIs syntaktisch effizient darzustellen.

Wie schon in Abb. 3.1 gezeigt, werden sowohl Knoten als auch Kanten eines RDF-Graphen immer mit URIs beschriftet, um sie eindeutig zu beschreiben. Die einzigen Ausnahmen von dieser Regel sind Datenwerte, bei denen man keine URIs verwendet, und sogenannte „Blank Nodes", die keinerlei Bezeichnung tragen. Beides werden wir im Folgenden genauer betrachten. Wir werden später außerdem noch einmal auf die Frage eingehen, inwieweit URIs wirklich eine einheitliche Bezeichung von Ressourcen im Web garantieren können.

❯ 3.1.3 Datenwerte in RDF: Literale

URIs bieten eine Möglichkeit, um abstrakte Ressourcen zu beschreiben, die Maschinen nicht direkt darstellen oder verarbeiten können. URIs sind dabei lediglich Referenzen auf die tatsächlich gemeinten Dinge (Menschen, Bücher, Verlage, ...). Die Interpretation der URIs hängt damit von der Anwendung ab, und ein bestimmtes Programm kann unter Umständen spezielle URIs auf besondere Weise interpretieren, z.B. indem zur URI eines Buches Einkaufsmöglichkeiten und aktuelle Preise angeboten werden. Wenn man mit konkreten Datenwerten arbeitet (Zahlen, Zeitangaben, Wahrheitswerte, ...), dann

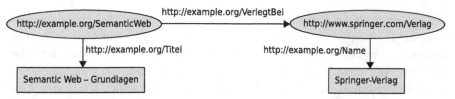

Abb. 3.2. Ein RDF-Graph mit Literalen zur Beschreibung von Datenwerten

soll die Interpretation eines Bezeichners aber oft eindeutig sein und nicht von Sonderfunktionen einzelner Anwendungen abhängen. So hat z.B. die Zahl 42 in jedem Kontext dieselbe numerische Interpretation.

Datenwerte werden in RDF durch sogenannte *Literale* dargestellt. Dies sind reservierte Bezeichner für RDF-Ressourcen eines bestimmten Datentyps. Allgemein wird der Wert eines jeden Literals durch eine Zeichenkette beschrieben, z.B. die Zeichenkette aus den Symbolen „4" und „2". Die Interpretation dieser Angabe wird durch einen *Datentyp* festgelegt. So beschreiben z.B. die Angaben „42" und „042" dieselbe natürliche Zahl, aber unterschiedliche Zeichenfolgen.

Vorläufig betrachten wir nur Literale, für die kein Datentyp angegeben ist. Diese werden immer wie Zeichenketten interpretiert. Eine etwas kompliziertere Form von Literalen, die jeweils aus einem Wertebezeichner und einem Datentyp bestehen, werden wir später genauer erklären.

Wie in Abb. 3.2 zu sehen, werden Literale in RDF-Graphen durch rechteckige Umrandungen dargestellt, um sie von URI-Bezeichnern in ovalen Umrandungen zu unterscheiden. Eine weitere Besonderheit von Literalen in RDF ist es, dass sie nie der Ausgangspunkt von Kanten in einem RDF-Graph sein können. Praktisch heißt das, dass man keine direkten Aussagen über Literale machen kann.[2] Das sollte bei der Modellierung bedacht werden. Es ist außerdem nicht zulässig, Kanten des RDF-Graphen mit Literalen zu beschriften, was allerdings kaum eine praktische Einschränkung bedeutet.

3.2 Syntax für RDF

Bisher haben wir die durch RDF beschriebenen gerichteten Graphen graphisch dargestellt. Diese Veranschaulichung ist leicht verständlich und auch

---

[2]In einer offiziellen Resolution der RDFCore-Arbeitsgruppe zu diesem Thema heißt es, dass diese Einschränkung lediglich auf Beschränkungen der existierenden RDF-Syntax zurückgeht und in zukünftigen Standardisierungsbemühungen aufgehoben werden könnte, wenn diese in ihrem Arbeitsauftrag weniger stark an die existierende Syntax gebunden wären (siehe http://www.w3.org/2000/03/rdf-tracking/#rdfms-literalsubjects).

präzise, aber sie ist für die Verarbeitung der Daten in Computersystemen denkbar ungeeignet. Zudem können auch Menschen nur sehr kleine Graphen mühelos verstehen – praktisch auftretende Datensätze mit Tausenden oder Millionen von Knoten und Kanten eignen sich dagegen nicht zur zeichnerischen Präsentation. In diesem Abschnitt werden wir daher einen Weg kennenlernen, um RDF-Beschreibungen durch Zeichenketten syntaktisch darzustellen. Dazu muss der eigentliche Graph in Bestandteile zerlegt werden, die man anschließend der Reihe nach abspeichert. Diese Umwandlung komplexer Datenobjekte in lineare Zeichenketten wird als *Serialisierung* bezeichnet.

❯ 3.2.1 Vom Graph zum Tripel

Es gibt in der Informatik mehrere gebräuchliche Wege, um einen Graphen als Zeichenkette darzustellen, z.B. mit Hilfe einer Ereichbarkeitsmatrix. Doch RDF-Graphen sind im Allgemeinen *lichte* Graphen, in denen die allermeisten der denkbaren Beziehungen nicht gelten. In einem solchen Fall ist es sinnvoll, den Graphen als eine Menge von tatsächlich vorhandenen Kanten zu betrachten, die einzeln abgespeichert werden können. Im Beispiel von Abb. 3.1 ist das genau eine Kante, die eindeutig bestimmt wird durch ihren Anfangspunkt `http://example.org/SemanticWeb`, ihre Beschriftung `http://example.org/VerlegtBei` und ihren Endpunkt `http://springer.com/Verlag`. Diese drei Bestimmungsstücke bezeichnet man als Subjekt (*subject*), Prädikat (*predicate*) und Objekt (*object*).

Es ist leicht zu erkennen, dass man jeden RDF-Graphen vollständig durch Angabe seiner Kanten beschreiben kann. Diese entsprechen immer einem *RDF-Tripel* „Subjekt-Prädikat-Objekt". Wie wir bereits gesehen haben, werden diese drei Teile zumeist durch URIs beschrieben. Nur das Objekt in einem Tripel kann gegebenenfalls ein RDF-Literal sein. Ein weiterer Sonderfall sind *Blank Nodes*, die wir später betrachten werden.

❯ 3.2.2 Einfache Tripel-Syntax: N3, N-Triples und Turtle

Es liegt nun nahe, einen RDF-Graphen einfach als eine Ansammlung von Tripeln darzustellen, die man in beliebiger Reihenfolge hintereinander schreibt. Diese Grundidee wurde tatsächlich in verschiedenen Vorschlägen für konkrete Serialisierungen aufgegriffen. Eine bereits im Jahre 1998 vorgeschlagene Umsetzung findet sich in Tim Berners-Lees *Notation 3* (N3), die allerdings auch komplexere Ausdrücke wie Pfade und Regeln beinhaltet. Die RDF-Recommendation von 2004 hat daher einen weniger komplizierten Teil von N3 unter dem Namen *N-Triples* als mögliche Syntax für RDF empfohlen. N-Triples wiederum wurde später erneut erweitert, unter anderem um einige praktische Kurzschreibweisen, was letztlich zur (inoffiziellen) RDF-Syntax *Turtle* geführt hat. N-Triple und Turtle sind im Wesentlichen Teile von N3,

die auf die Beschreibung zulässiger RDF-Graphen beschränkt wurden. Wir
werden uns daher jetzt nur die moderne Turtle-Syntax genauer ansehen.
Der Graph in Abb. 3.2 würde in Turtle wie folgt aussehen:

```
<http://example.org/SemanticWeb>
    <http://example.org/VerlegtBei>  <http://springer.com/Verlag> .
<http://example.org/SemanticWeb>
    <http://example.org/Titel>       "Semantic Web - Grundlagen" .
<http://springer.com/Verlag>
    <http://example.org/Name>        "Springer-Verlag" .
```

URIs werden also in spitze Klammern und Literale in Anführungszeichen eingefasst und jede Aussage wird durch einen Punkt abgeschlossen. Abgesehen
von diesen Besonderheiten ist die Syntax aber eine direkte Übersetzung des
RDF-Graphen in Tripel. Leerzeichen und Zeilenumbrüche spielen nur innerhalb von Bezeichnern eine Rolle und werden ansonsten ignoriert. Wegen der
langen Bezeichner sind wir leider gezwungen, jedes Tripel auf zwei Zeilen
aufzuteilen. Wie wir in Kapitel 2 gesehen haben, gibt es in XML die Möglichkeit Namensräume zu deklarieren, um URIs abzukürzen. Dieser Mechanismus
wurde in Turtle übernommen und erlaubt uns Folgendes zu schreiben:

```
@prefix ex: <http://example.org/> .
@prefix springer: <http://springer.com/> .

ex:SemanticWeb   ex:VerlegtBei  springer:Verlag .
ex:SemanticWeb   ex:Titel       "Semantic Web - Grundlagen" .
springer:Verlag  ex:Name        "Springer-Verlag" .
```

URIs werden jetzt mit Hilfe von Präfixen der Form „Präfix:" abgekürzt und
dürfen dann nicht mehr in spitzen Klammern eingeschlossen werden. Ansonsten würde Gefahr bestehen, sie mit vollen URIs zu verwechseln (es ist z.B.
zulässig, ein Präfix „http:" als Abkürzung für einen Namensraum zu verwenden). Wie schon bei XML ist die Wahl der Präfixes unabhängig vom dargestellten Namensraum, aber es empfiehlt sich trotzdem, leicht verständliche
Abkürzungen zu verwenden. Ein Bezeichner der Form „Präfix:Name" wird
auch *QName (qualified name)* genannt.
Oft kommt es vor, dass eine RDF-Beschreibung viele Tripel enthält, die sich
auf dasselbe Subjekt oder sogar auf dasselbe Subjekt und Prädikat beziehen.
Für diesen Fall hält Turtle Abkürzungen bereit und wir können z.B. Folgendes
schreiben:

```
@prefix ex: <http://example.org/> .
@prefix springer: <http://springer.com/> .

ex:SemanticWeb    ex:VerlegtBei  springer:Verlag ;
                  ex:Titel       "Semantic Web - Grundlagen" .
springer:Verlag   ex:Name        "Springer-Verlag", "Springer" .
```

Das Semikolon in der ersten Zeile beendet das Tripel und gibt gleichzeitig das Subjekt `ex:SemanticWeb` als Subjekt für das nächste Tripel vor. So lassen sich viele Tripel über ein Subjekt aufschreiben, ohne den Bezeichner des Subjektes zu wiederholen. Das Komma in der letzten Zeile beendet ebenfalls das Tripel, aber für das nächste Tripel werden Subjekt und Prädikat übernommen. Die letzte Zeile spezifiziert also zwei Tripel, die verschiedene Namen definieren. Der gesamte RDF-Graph besteht demnach aus vier Kanten und vier Knoten. Es ist möglich, Semikolon und Komma miteinander zu kombinieren, wie im folgenden Beispiel eines RDF-Graphen aus fünf Tripeln:

```
@prefix ex: <http://example.org/> .

ex:SemanticWeb ex:Autor ex:Hitzler, ex:Krötzsch, ex:Rudolph, ex:Sure ;
               ex:Titel "Semantic Web - Grundlagen" .
```

Die hier besprochenen Abkürzungen sind in der normativen W3C-Syntax N-Triples nicht enthalten: N-Triples enthält weder Namensräume, noch Komma oder Semikolon.

❯ 3.2.3 Die XML-Serialisierung von RDF

Die Darstellung von RDF mit Hilfe von Turtle können auch Menschen relativ gut lesen und schreiben, aber sie kann dennoch von Maschinen eindeutig interpretiert werden. Trotzdem sind Tripel-Darstellungen wie Turtle bei Weitem nicht die am häufigsten verwendete RDF-Syntax. Dies liegt nicht zuletzt daran, dass es für diese Schreibweisen oft keine weitverbreiteten Programmbibliotheken gibt. Dagegen bietet praktisch jede gebräuchliche Programmiersprache Unterstützung bei der Verarbeitung von XML. Die wichtigste Syntax für RDF wurde daher eine XML-basierte Schreibweise, die man leicht mit allen gängigen XML-Parsern einlesen kann.

Die Unterschiede der Datenmodelle von XML (Bäume) und RDF (Graphen) sind kein Hindernis, da mit XML lediglich die syntaktische Struktur des Dokumentes vorgegeben wird, welches einen RDF-Graphen kodiert. Da XML aber hierarchisch aufgebaut ist, muss nun auch die Kodierung der RDF-Tripel hierarchisch erfolgen. Die platzsparenden Turtle-Beschreibungen aus dem letzten Abschnitt haben uns gezeigt, dass es sinnvoll ist, einem Subjekt mehrere Prädikat-Objekt-Paare zuzuordnen. Dementsprechend werden Tripel auch in RDF/XML nach dem Subjekt gruppiert. Folgendes Beispiel beschreibt den RDF-Graphen aus Abb. 3.1:

```
<?xml version="1.0" encoding="utf-8"?>
<rdf:RDF xmlns:rdf="http://www.w3.org/1999/02/22-rdf-syntax-ns#"
        xmlns:ex ="http://example.org/">

  <rdf:Description rdf:about="http://example.org/SemanticWeb">
    <ex:VerlegtBei>
      <rdf:Description rdf:about="http://springer.com/Verlag">
      </rdf:Description>
    </ex:VerlegtBei>
  </rdf:Description>

</rdf:RDF>
```

Nach der optionalen Angabe über die XML-Version und -Kodierung beginnt das Dokument mit einem Knoten vom Typ `rdf:RDF`. Dieses Element wird im Allgemeinen als Wurzel eines RDF/XML-Dokumentes verwendet. Hier deklarieren wir auch die Namensräume `ex:` und `rdf:`, wie in Kapitel 2 erklärt. Die Abkürzung `rdf:` ist völlig beliebig und könnte auch anders gewählt werden, aber es ist sehr empfehlenswert, diese Standardbezeichung beizubehalten. Im Folgenden werden wir also alle Elemente mit einer besonderen Bedeutung in RDF an dem Präfix `rdf:` erkennen.

Innerhalb des Elements `rdf:RDF` findet sich die Kodierung unseres einzigen Tripels. Subjekt und Objekt werden dabei durch Elemente des Typs `rdf:Description` beschrieben, wobei das XML-Attribut `rdf:about` den Bezeichner des Elements angibt. Das Prädikat des kodierten Tripels wird direkt als Element `ex:VerlegtBei` dargestellt.

Um viele Tripel zu kodieren, könnte man jedes durch ein eigenes Element des Typs `rdf:Description` darstellen. Es ist nicht problematisch, wenn sich dabei mehrere Elemente auf die gleiche URI beziehen. Auch die Reihenfolge der Tripel spielt natürlich keine Rolle. Andererseits ist es auch erlaubt, Elemente von `rdf:Description` zu schachteln. Das nächste Beispiel codiert den RDF-Graphen aus Abb. 3.2:[3]

```
<rdf:Description rdf:about="http://example.org/SemanticWeb">
  <ex:Titel>Semantic Web - Grundlagen</ex:Titel>
  <ex:VerlegtBei>
    <rdf:Description rdf:about="http://springer.com/Verlag">
      <ex:Name>Springer-Verlag</ex:Name>
    </rdf:Description>
  </ex:VerlegtBei>
</rdf:Description>
```

Wie wir sehen, werden Literale einfach als Inhalte eines Prädikats-Elements dargestellt. Weitere Verkürzungen der Darstellung sind zulässig:

```
<rdf:Description rdf:about="http://example.org/SemanticWeb"
                ex:Titel= "Semantic Web - Grundlagen">
  <ex:VerlegtBei rdf:resource="http://springer.com/Verlag" />
</rdf:Description>
<rdf:Description rdf:about="http://springer.com/Verlag"
                ex:Name="Springer-Verlag"                />
```

Diese Schreibweise verlangt einige Erläuterungen. Zunächst wurden alle Prädikate mit Literalen als Objekte direkt als XML-Attribute kodiert. Diese Abkürzung ist nur für Literale zulässig – durch URIs referenzierte Objekte können nicht so kodiert werden, da sie ansonsten als bloße Zeichenketten interpretiert würden.

Weiterhin kommt im Element `ex:VerlegtBei` das Attribut `rdf:resource` zum Einsatz. Dies gibt direkt das Objekt des Tripels an, so dass kein untergeordnetes Element vom Typ `rdf:Description` mehr nötig ist. Daher hat `ex:VerlegtBei` keinen Inhalt und kann als selbstschließendes Tag kodiert werden. Diese Abkürzung ist nur für URIs zulässig, d.h., jeder Wert von `rdf:resource` wird als URI interpretiert.

Da wir die geschachtelte Beschreibung von `http://springer.com/Verlag` aufgelöst haben, gibt es nun eine weitere Beschreibung auf oberster Ebene. Das Prädikat `ex:Name` wird wiederum als Attribut dargestellt und wir

---

[3]In vielen Fällen werden wir nur die interessanten Ausschnitte einer RDF/XML-Datei angeben. Als Deklaration von `rdf:RDF` nehmen wir dann stets jene an, welche schon im ersten Beispiel auf Seite 43 verwendet wurde.

können die ansonsten leere Beschreibung mit einem selbstschließenden Tag darstellen.

Wie wir sehen, ist die Darstellung von RDF in XML sehr vielfältig. Ein Teil dieser Vielfalt wird direkt durch XML geliefert. So ist es z.B. in XML unerheblich, ob man ein Element ohne Inhalte durch ein selbstschließendes Tag darstellt oder nicht. Ein größerer Spielraum ergibt sich allerdings durch RDF, da die gleichen Tripel auf viele verschiedene Weisen kodiert werden können. Unsere letzten beiden Beispiele beschreiben sicher nicht denselben XML-Baum, aber kodieren doch denselben RDF-Graphen.

W3C Validator   Mit dem *W3C Validator* können RDF/XML-Dokumente auf ihre Gültigkeit hinsichtlich der offiziellen Recommendation hin untersucht werden. In einem einfachen Web-Formular fügt man dazu ein RDF-Dokument ein oder lädt es durch Angabe einer URL hoch. Anschließend wird das Dokument überprüft, und als Ausgabe erhält man wahlweise eine Tabelle mit allen Tripeln, den resultierenden Graphen oder beides zusammen. Bei ungültigen Dokumenten erleichtern Fehlermeldungen das Finden und die Behebung des Fehlers. Wenn Sie die Beispiele aus dem Buch ausprobieren, denken Sie bitte daran, *vollständige* RDF-Dokumente in das Web-Formular einzufügen, d.h., die Dokumente müssen auch die einleitende XML-Deklaration enthalten, die in diesem Buch aus Platzgründen meist ausgespart wird. Der Dienst ist erreichbar unter der URL `http://www.w3.org/RDF/Validator/`.

❯ 3.2.4 RDF in XML: URIs und andere Komplikationen

Bisher haben wir Namensräume in XML vor allem als abkürzende Schreibweise kennengelernt. In RDF/XML sind sie dagegen unverzichtbar, da die meisten Bezeichner URIs sein müssen. Alle URIs enthalten aber mindestens einen Doppelpunkt – und dieses Zeichen ist in XML-Tags nicht zulässig! Namensräume sind also nicht nur Abkürzung, sondern notwendiger Bestandteil der Kodierung.

Andererseits können Namensräume nur für die Abkürzung von XML-Tags und -Attributen verwendet werden. In Werten von XML-Attributen sind sie dagegen nicht zulässig. So kommt es, dass wir in unseren letzten Beispielen immer die volle URI `http://example.org/SemanticWeb` verwendet haben: eine Angabe der Form `rdf:about="ex:SemanticWeb"` ist nicht korrekt. Das liegt daran, dass `ex` hier als Schema einer URI interpretiert würde und nicht als abgekürzte Schreibweise.

Es ist daher leider unumgänglich, dieselbe URI an verschiedenen Stellen eines RDF/XML-Dokumentes unterschiedlich zu schreiben. Im nächsten Abschnitt

betrachten wir verschiedene Möglichkeiten, um URIs trotzdem überall abzukürzen. Es gibt eine Reihe weiterer syntaktischer Einschränkungen in XML,
die das Kodieren eines beliebigen RDF-Graphen erschweren können. So ist es
z.B. nicht zulässig, in einem Tag direkt nach dem Doppelpunkt einen Binde-
strich zu schreiben, auch wenn Bindestriche in URIs ohne Weiteres auftauchen
können. Es ist daher zum Teil notwendig, Hilfsnamensräume zu deklarieren,
die nur für die Darstellung eines einzelnen Elements benötigt werden.

Ein weiteres Problem ist es, dass unzulässige Sonderzeichen in URLs häufig mit Hilfe von % kodiert werden. So steht z.B. %20 für das Leerzeichen.
Dies ist in XML-Attributen unproblematisch, aber das Zeichen % ist in XML-
Tags verboten. Dadurch kann es passieren, dass bestimmte existierende URLs
nicht als URIs in RDF verwendet werden können. Glücklicherweise werden
die meisten dieser Probleme durch heute verfügbare Programmbibliotheken
für RDF berücksichtigt, ohne dass sich Programmierer oder Nutzer direkt
damit auseinandersetzen müssen.

❷ 3.2.5 Kürzere URIs: XML-Entitäten und relative URIs

Bisher haben wir als Werte der Attribute `rdf:about` und `rdf:resource` immer absolute URIs angegeben, da Namensräume in diesem Kontext nicht
zulässig sind. Eine einfache allgemeine Methode, um diese Werte dennoch abzukürzen, ist die Verwendung von XML-Entitäten, wie in Kapitel 2 erläutert.
So könnte man etwa folgende zusätzliche Deklaration einführen:

```
<!ENTITY ex 'http://example.org/'>
```

Es ist nun zulässig `rdf:resource="&ex;SemanticWeb"` zu schreiben. Auf diese
Weise lassen sich für mehrere häufig auftretende URI-Bereiche kurze Darstellungen finden. Der wichtigste URI-Bereich ist allerdings häufig eine einzige, dem Dokument zugeordnete Basis-URI. Diese kann mit Hilfe des XML-
Attributs `xml:base` festgelegt werden. Wenn man nun *relative URIs* in XML-
Attributen verwendet, dann werden diese durch die Basis-URI ergänzt, wie
im folgenden Beispiel dargestellt:

```
<rdf:RDF xmlns:rdf="http://www.w3.org/1999/02/22-rdf-syntax-ns#"
         xml:base="http://www.example.org/" >

  <rdf:Description rdf:about="SemanticWeb">
    <ex:VerlegtBei rdf:resource="http://springer.com/Verlag" />
  </rdf:Description>

</rdf:RDF>
```

Die relative Angabe `rdf:about="SemanticWeb"` wird also interpretiert als `http://example.org/SemanticWeb`. Auf gleiche Weise können die Werte von `rdf:resource` und `rdf:datatype` abgekürzt werden. Relative URIs werden allgemein daran erkannt, dass sie keinen Schemateil (wie z.B. `http:`) aufweisen. Wird eine relative URI in einem Dokument verwendet, das keine Angabe zu `xml:base` macht, so gilt die Basis-URL des Dokumentes als Basis-URI. Dies ist allerdings im Allgemeinen wenig hilfreich, da eine solche Datei ihre Bedeutung ändert, wenn man sie über eine andere Adresse aufruft oder kopiert.

Eine weitere Verwendung von `xml:base` ist das Attribut `rdf:ID`. Es kann wie `rdf:about` verwendet werden, aber es bezieht sich immer auf die Basis-URI (d.h., vollständige URIs sind nicht zulässig). Außerdem wird die vollständige URI dadurch gebildet, dass zusätzlich das Zeichen `#` zwischen Basis-URI und Attributswert eingefügt wird. Damit entsteht genau genommen eine URI-Referenz (eine URI mit einem durch `#` abgetrennten Fragment), aber wie zuvor erwähnt, verwenden wir diese Begriffe synonym.

Es ist also `rdf:ID="Name"` im Wesentlichen mit `rdf:about="#Name"` gleichbedeutend. Der wichtigste Unterschied beider Angaben besteht aber darin, dass jeder Wert von `rdf:ID` bezüglich einer bestimmten Basis-URI nur ein einziges Mal verwendet werden darf. Das betrifft allerdings nur die Verwendung von `rdf:ID` – innehalb von `rdf:about` oder `rdf:resource` darf man dennoch beliebig oft auf eine entsprechende URI verweisen.

In Turtle ist die Verwendung relativer URIs ebenfalls möglich. Da man alle URIs einheitlich durch Namensräume abkürzen kann, ist diese Möglichkeit von geringer praktischer Bedeutung. Eine explizite Angabe der Basis-URI ist offiziell nicht möglich, obgleich dafür die Deklaration `@base` vorgeschlagen wurde.

❯ 3.2.6 Woher kommen URIs und was bedeuten sie?

Erlaubt die Verwendung von URIs, die RDF so streng vorschreibt, die semantisch eindeutige Interpretation aller in RDF kodierter Informationen? Die Antwort ist ein klares Nein. Man kann nach wie vor unterschiedliche URIs für gleiche Ressourcen verwenden, ebenso wie man gleiche URIs für unterschiedliche Dinge nutzen kann. Eine mögliche Lösung für das Problem ist die Verwendung wohldefinierter *Vokabulare*. Wie schon in XML versteht man unter einem Vokabular meist eine Zusammenstellung von Bezeichnern mit klar definierter Bedeutung. Ein typisches Beispiel ist das RDF-Vokabular selbst: So hat beispielsweise die URI

`http://www.w3.org/1999/02/22-rdf-syntax-ns#Description`

eine allgemein anerkannte wohldefinierte Bedeutung, die Anwendungen berücksichtigen können.

Vokabulare werden aber nicht nur zur Definition der RDF/XML-Syntax selbst eingesetzt, sondern werden auch häufig zur Darstellung von Informationen herangezogen. Ein Beispiel für ein besonders bekanntes Vokabular ist *FOAF* (*Friend Of A Friend*), welches URIs für Beschreibungen von Personen und deren Beziehungen definiert. Auch wenn es sich hier nicht um einen offiziellen Standard handelt, sind die URIs doch ausreichend bekannt, um Unklarheiten auszuschließen. Sowohl FOAF als auch RDF selbst zeigen, dass die Bedeutung von Vokabularen oft nicht maschinenlesbar kodiert wird.

Eines der größten Missverständnisse im Umgang mit dem Semantic Web ist es vielleicht zu glauben, dass Computer dadurch tatsächlich in die Lage versetzt würden, komplexe Konzepte wie „Person" zu *verstehen*. Durch die eindeutige Zuordnung von URIs sind Konzepte tatsächlich klar identifiziert und man kann sie zur Beschreibung einer Vielzahl semantischer Beziehungen heranziehen – das inhaltliche Verständnis der kodierten Aussagen obliegt aber weiterhin dem menschlichen Nutzer. Dennoch können Vokabulare eine bestimmte Menge an komplexen Zusammenhängen zwischen den beschriebenen Ressourcen auch maschinenlesbar ausdrücken: Darin besteht die Hauptaufgabe der Ontologiesprachen RDF Schema und OWL, die wir später näher betrachten.

In vielen Fällen sind keine Vokabulare für ein bestimmtes Thema verfügbar, und offensichtlich kann niemals allen denkbaren Ressourcen eine allgemein bekannte URI zugeordnet werden. Es ist also nötig, bei Bedarf neue URIs einzuführen. Daher wurden für das Semantic Web eine Reihe von Empfehlungen und Richtlinien zur Erstellung von URIs ausgearbeitet, die auch die Beziehung von URLs und URIs genauer diskutieren.

Für manche Situationen gibt es inzwischen konkrete Richtlinien zur Erstellung neuer URIs. So existiert beispielsweise eine offizielle Beschreibung für die Konstruktion von URIs für Telefonnummern, welche das Protokoll `tel` verwenden. Ebenso gibt es Vorschläge zur allgemeinen Erzeugung von URIs aus ISSN-Kennungen von Büchern.

Oft muss man aber auch völlig neue URIs bilden. In einem solchen Fall muss man sicherstellen, dass die gewählte URI nicht versehentlich anderswo mit anderer Bedeutung zum Einsatz kommt. Eine gute Methode dazu ist es, eine URI zu wählen, die sich aus einer Webadresse ableitet, deren Inhalte man selbst kontrolliert. Eine URI, die mit `http://springer.com/`... beginnt, sollte demnach nur vom Springer-Verlag eingeführt werden. Außerdem ist es in einem solchen Fall möglich, an der entsprechenden Adresse ein Dokument abzulegen, welches die Bedeutung der URI für Menschen beschreibt. Auf diese Weise ist die Information über die Intention einer gegebenen URI weltweit abrufbar.

Ein wichtiger Aspekt ist dabei aber die Unterscheidung von Webseiten und anderen (abstrakten) Ressourcen. Die URL `http://de.wikipedia.org/wiki/Othello` z.B. erscheint zunächst als geeignete URI für das Shakespearsche Drama, da es eine klare Beschreibung dieser Ressource enthält. Wenn man aber nun in RDF dieser URI einen Autor zuordnet, dann könnte sich diese Aussage sowohl auf das Drama als auch auf das HTML-Dokument beziehen. Man könnte also annehmen, dass Shakespeare Wikipedia-Artikel bearbeitet oder dass Othello in gemeinschaftlicher Arbeit von Autoren wie *Benutzer:Flominator* verfasst wurde! Offensichtlich sollte man also niemals existierende URLs als URIs für abstrakte Ressourcen verwenden.

Andererseits wollen wir aber dennoch URIs aus existierenden URLs bilden. Für Nutzer einer RDF-Beschreibung wäre es zudem hilfreich, wenn sie mit Hilfe der URI auch eine Möglichkeit hätten, mehr über die vorgesehene Bedeutung zu erfahren. Doch wie kann das ohne die Verwendung gültiger URLs funktionieren? Eine Möglichkeit ist die Verwendung von URI-Referenzen. Schreibt man z.B. `http://de.wikipedia.org/wiki/Othello#URI`, dann zeigt dies nicht direkt auf ein existierendes Dokument (da es den Abschnitt „URI" auf dieser Seite nicht gibt). Wenn man diese URI-Referenz als URL aufruft, dann erhält man dennoch die beschreibende Seite für diese URI. Diese Lösung wird auch durch die Verwendung der zuvor besprochenen relativen URIs vereinfacht, bei denen man leicht von existierenden URLs ausgehen kann.

Eine andere Möglichkeit ist die Verwendung von Weiterleitungen: auch bei Aufruf einer nicht existierenden URL kann ein Server den Nutzer auf eine alternative Seite weiterleiten. Da das Programm des Nutzers diese Weiterleitung wahrnimmt, ist dennoch die Unterscheidung der URIs gewährleistet. Die automatische Weiterleitung hat außerdem den Vorteil, dass man entweder eine menschenlesbare HTML-Datei oder eine maschinenlesbare RDF-Datei ausliefern kann – abhängig von Informationen in der Anfrage. Dieses Verfahren ist auch als *Content Negotiation* bekannt.

Mit diesen technischen Hilfsmitteln ist es möglich, eindeutige URIs zu erzeugen, die gleichzeitig auf ihre eigene Dokumentation verweisen.

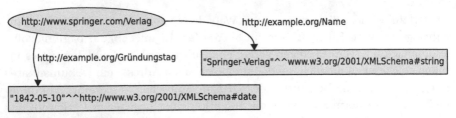

Abb. 3.3. Ein RDF-Graph mit typisierten Literalen

3.3 Fortgeschrittene Ausdrucksmittel

Wir haben bereits die wichtigsten grundlegenden Ausdrucksmittel von RDF kennengelernt. Es gibt allerdings eine Reihe zusätzlicher und abgeleiteter Ausdrucksformen, die in Anwendungen oft eine große Rolle spielen. In diesem Abschnitt diskutieren wir die wesentlichen dieser Möglichkeiten im Detail. Wir werden dabei jeweils auch die Darstellungen als Graph, in Turtle-Syntax und als RDF/XML kennenlernen.

❂ 3.3.1 Datentypen in RDF

Wir haben bereits gesehen, dass RDF die Darstellung von konkreten Datenwerten in Form von Literalen vorsieht. Bisher haben wir allerdings nur ungetypte Literale kennengelernt, welche im Prinzip als bloße Zeichenketten verarbeitet werden. In praktischen Anwendungen sind natürlich viele weitere Datentypen von Bedeutung, z.B. für die Darstellung von Zahlen oder Zeitangaben. Der Datentyp hat dabei großen Einfluss auf die Interpretation der Wertebezeichner. Eine typisches Beispiel ist das Sortieren von Datenwerten nach ihrer Größe: Die natürliche Reihenfolge der Wertebezeichner „10", „02", „2" ist eine völlig andere, je nachdem ob man sie als Zeichenketten oder als Zahlen interpretiert.

In RDF ist es deshalb vorgesehen, Literale zusätzlich mit Datentypen zu versehen. Die Datentypen werden dabei durch URIs eindeutig identifiziert, sind aber ansonsten im Prinzip sehr frei wählbar. In der Praxis sind allerdings vor allem solche Datentyp-URIs sinnvoll, die allgemein bekannt sind und von vielen Programmen erkannt und unterstützt werden. Daher empfiehlt RDF die Verwendung der Datentypen von XML Schema. In Abb. 3.3 ist ein RDF-Graph mit zusätzlichen Datentypinformationen angegeben. Dabei werden die Wertebezeichner der Literale in Anführungszeichen eingefasst, gefolgt von einer durch ^^ abgetrennten Datentyp-URI. Wir haben hier Datentypen für einfache Zeichenketten („string") und für Datumsangaben („date") verwendet. Schon an der grafischen Darstellung kann man erkennen, dass getypte Literale in RDF als einzelne Elemente betrachtet werden. Das heißt, ein solches Literal verhält sich im Wesentlichen wie ein einzelnes ungetyptes Literal. Damit ergibt sich auch die Turtle-Syntax für das Beispiel aus Abb. 3.3:

```
@prefix xsd: <http://www.w3.org/2001/XMLSchema#> .
<http://springer.com/Verlag>
        <http://example.org/Name>  "Springer-Verlag"^^xsd:string ;
        <http://example.org/Gründungstag> "1842-05-10"^^xsd:date .
```

Wie wir sehen, kann man Datentyp-URIs in Turtle mit Namensräumen abkürzen. Schreibt man sie aus, so müssen sie wie andere URIs auch in spitzen Klammern eingefasst werden. In RDF/XML wird zur Darstellung ein weiteres spezielles Attribut rdf:datatype verwendet:

```
<rdf:Description rdf:about="http://springer.com/Verlag">
  <ex:Name rdf:datatype="http://www.w3.org/2001/XMLSchema#string">
    Springer-Verlag
  </ex:Name>
  <ex:Gründungstag
          rdf:datatype="http://www.w3.org/2001/XMLSchema#date">
    1842-05-10
  </ex:Gründungstag>
</rdf:Description>
```

Hier gilt, wie überall in XML, dass Namensräume nicht auf Attributswerte angewendet werden. Wir können also die Datentyp-URIs nicht wie in Turtle abkürzen (außer durch Einführung neuer XML-Entitäten).

Um den Typ-Mechanismus in RDF besser zu verstehen, lohnt es sich, die genaue Bedeutung von Datentypen näher anzusehen. Intuitiv erwarten wir von einem Datentyp, dass er zunächst einen bestimmten *Wertebereich* beschreibt, wie z.B. die natürlichen Zahlen. Dies beschreibt mögliche Interpretationen für Literale dieses Typs. Ein zweiter wichtiger Bestandteil ist die Menge aller syntaktisch zulässigen Beschreibungen der Werte. Dieser sogenannte *lexikalische Bereich* des Datentyps ermöglicht es Programmen zu erkennen, ob ein gegebener Wertebezeichner syntaktisch zu diesem Datentyp gehört. Der dritte Bestandteil eines Datentyps ist eine wohldefinierte Abbildung vom lexikalischen Bereich in den Wertebereich. Auf diese Weise wird jeder syntaktischen Angabe ein konkreter Wert zugewiesen.

Als Beispiel betrachten wir den Datentyp *decimal* aus XML Schema. Der Wertebereich diese Datentyps sind alle rationalen Zahlen, die sich durch endliche Dezimalzahlen darstellen lassen. Der lexikalische Bereich besteht aus

allen Zeichenketten aus Ziffern von 0 bis 9, die maximal einmal das Zeichen
. enthalten, möglicherweise mit einem vorangestellten Zeichen + oder −. Die
Abbildung zwischen den beiden Bereichen ist die natürliche Interpretation
von Dezimalzahlen als rationale Zahlen. So stehen z.B. die Zeichenketten
3.14, +03.14 und 3.14000 für die Zahl 3.14. Wie man sieht, kann derselbe Wert oft durch viele verschiedene Zeichenketten dargestellt werden. Für
Anwendungen, die diesen Datentyp unterstützen, sind also die syntaktisch
unterschiedlichen RDF-Literale unter Umständen gleichwertig.

Die meisten gebräuchlichen XML-Datentypen können in RDF sinnvoll interpretiert werden, aber der RDF-Standard stellt es jeder Implementation frei,
welche der Datentypen unterstützt werden sollen. Ein Programm kann also
durchaus RDF-konform sein, ohne zusätzliche XML-Datentypen zu erkennen.
Im Allgemeinen kann eine Implementation von RDF nicht einmal feststellen,
ob eine gegebene URI einen Datentyp bezeichnet.

Als alleinige Ausnahme beinhaltet RDF einen einzigen eingebauten Datentyp: `rdf:XMLLiteral`. Dieser Datentyp erlaubt XML-Fragmente als Wertebezeichner innerhalb von RDF-Dokumenten. Das ist in erster Linie bei der
Verwendung der RDF/XML-Syntax ein besonderes Problem, da man XML-
Strukturen nicht einfach als Datenwert einbetten kann, ohne ungültiges oder
mehrdeutiges RDF zu erzeugen.

Außerdem unterstützt RDF eine Normalisierung und Vorverarbeitung solcher
XML-Daten. Dafür verwendet man das Attribut `rdf:parseType` wie folgt:

```
<rdf:Description rdf:about="http://example.org/SemanticWeb">
   <ex:Titel rdf:parseType="Literal">
      <b>Semantic Web</b>
      <br />
      Grundlagen
   </ex:Titel>
</rdf:Description>
```

Wir haben hier einen Text in HTML-Markup in das Dokument eingebettet.
Die Angabe `rdf:parseType="Literal"` normalisiert dieses XML-Fragment
intern und generiert daraus ein Literal des Typs `rdf:XMLLiteral`. Auch wenn
die so abgespeicherten XML-Fragmente keine vollständigen Dokumente sein
müssen, so wird doch zumindest die Ausgeglichenheit der öffnenden und
schließenden Tags verlangt. An dieser Stelle sollte man sich vergewissern, die
recht ähnlichen Begriffe nicht durcheinander zu bringen: (RDF-)Literale sind
allgemein alle syntaktischen Bezeichner, die einen Datenwert beschreiben,

während der Wert `Literal` des Attributs `rdf:parseType` nur eine bestimmte
Unterart von Literalen erzeugt.

🜚 3.3.2 Sprachangaben und Datentypen

Nachdem wir nun das umfangreiche Datentypsystem von RDF und XML
Schema kennengelernt haben, lohnt sich ein weiterer Blick auf die Darstellung von Datenwerten in RDF. Eine erste offensichtliche Frage ist, welchen
Datentyp eigentlich Literale ohne Typangabe haben. Tatsächlich haben diese
ungetypten Literale einfach gar keinen Typ, obgleich sie sich praktisch fast
wie *getypte Literale* mit dem Datentyp `xsd:string` verhalten.

Ein wichtiger Unterschied zwischen getypten und ungetypten Literalen kommt
bei der Einbindung von Sprachinformationen zum Tragen. Wie wir in Kapitel 2 gesehen haben, kann man Inhalte in XML mit Hilfe des Attributs
`xml:lang` mit Sprachangaben versehen. Dies ist auch in RDF-Dokumenten
möglich, aber diese Angaben beeinflussen nur ungetypte Literale. So kann
man z.B. Folgendes schreiben:

```
<rdf:Description rdf:about="http://springer.com/Verlag">
   <ex:Name xml:lang="de">Springer-Verlag</ex:Name>
   <ex:Name xml:lang="en">Springer Science+Business Media</ex:Name>
</rdf:Description>
```

Außerhalb eines XML-Dokuments werden ungetypte Literale mit Sprachinformationen mit Hilfe eines @-Zeichens dargestellt. In Turtle sieht das z.B.
wie folgt aus:

```
<http://springer.com/Verlag> <http://example.org/Name>
   "Springer-Verlag"@de, "Springer Science+Business Media"@en .
```

Beim Betrachten dieser Syntax wird auch klar, dass Sprachinformationen
wirklich ein Teil des Datenwertes sind. Das obige Beispiel beschreibt also
einen Graph aus zwei Tripeln, bei denen Subjekt und Prädikat übereinstimmen. Auch in der grafischen Darstellung würde man einfach die erweiterten
Bezeichner der Datenwerte einschließlich der Sprachangabe in den Literal-
Knoten eintragen.

Ähnlich und doch unterschiedlich

Sowohl Sprachangaben als auch Datentypen werden in RDF als Bestandteil eines Literals angesehen, und ihre An- oder Abwesenheit führt damit zu unterschiedlichen Literalen. Dies kann für Nutzer von RDF durchaus verwirrend sein. Sehen wir uns z.B. folgende RDF-Beschreibung in Turtle-Syntax an:

```
@prefix xsd: <http://www.w3.org/2001/XMLSchema#> .
<http://springer.com/Verlag>        <http://example.org/Name>
                    "Springer-Verlag",
                    "Springer-Verlag"@de,
                    "Springer-Verlag"^^xsd:string .
```

Tatsächlich wurden hier drei verschiedene Tripel mit drei unterschiedlichen Werten kodiert. Ein Literal mit Sprachangabe stellt immer ein Paar aus Wert und Sprachcode dar, so dass es niemals mit einem Literal ohne Sprachangabe übereinstimmen kann. Das ungetypte Literal `"Springer-Verlag"` stellt laut RDF-Spezifikation „sich selbst" dar, d.h., es gibt keine Unterscheidung von lexikalischem Bereich und Wertebereich wie beim Datentyp `xsd:string`. Ob der ungetypte Wert `"Springer-Verlag"` auch wirklich im Wertebereich des Typs `xsd:string` liegt, darüber macht RDF selbstverständlich auch keine Angabe – schließlich sind die Datentypen aus XML Schema nicht Bestandteil des RDF-Standards.

Die drei Literale aus dem Beispiel sind demnach unterschiedlich. Dennoch nehmen verschiedene Implementationen die Gleichheit der beiden Werte ohne Sprachangabe an, was wahrscheinlich von vielen Nutzern auch erwartet wird.

Wie schon erwähnt können Sprachangaben nur für ungetypte Literale gemacht werden. Die Begründung für diese Entscheidung bei der Entwicklung des heutigen RDF-Standards war es, dass Datenwerte eine sprachunabhängige Bedeutung haben. So sollte z.B. die Zahl 23 in jeder Sprache die gleiche Bedeutung haben. Diese Ansicht wurde auch auf Zeichenketten übertragen: Werte des Typs `xsd:string` kodieren also tatsächlich nur eine Reihe von Symbolen, nicht einen Text in irgendeiner Sprache. Bei der folgerichtigen Anwendung dieser Idee auf den speziellen Datentyp `rdf:XMLLiteral` gab es durchaus geteilte Meinungen. Ein Grund dafür ist, dass die Angaben `xml:lang` in XML auf Unterelemente vererbt werden. Bei Werten vom Typ `rdf:XMLLiteral` wird diese Vererbung allerdings unterbunden: RDF/XML ändert die allgemeine Verwendung von `xml:lang` in XML-Dialekten also ab. Dennoch hat sich diese Entscheidung letztlich durchgesetzt, so dass heute nur ungetypte Literale Sprachangaben berücksichtigen.

❯ 3.3.3 Mehrwertige Beziehungen

Wir haben bisher in RDF lediglich sehr einfache binäre Beziehungen zwischen Ressourcen dargestellt und damit letzlich einen gerichteten Graphen beschrieben. Aber erlaubt solch eine simple Graphstruktur auch die Darstellung komplexerer Datenstrukturen? In diesem Abschnitt werden wir sehen, wie man tatsächlich auch Beziehungen zwischen mehr als zwei Ressourcen in RDF kodieren kann.

Betrachten wir dazu zunächst ein Beispiel. Der folgende Ausschnitt aus einer RDF-Beschreibung formalisiert einige Zutaten eines Kochrezeptes:

```
@prefix ex: <http://example.org/> .
ex:Chutney  ex:hatZutat   "450g grüne Mango", "1TL Cayennepfeffer" .
```

Diese Darstellung ist allerdings eher nicht zufriedenstellend, da Zutaten und deren Mengen als bloße Zeichenkette modelliert wurden. So ist es z.B. nicht möglich, alle Rezepte zu finden, die grüne Mango enthalten, sofern man nicht nach der exakten Zeichenkette samt Mengenangabe sucht. Sinnvoller wäre es, Zutaten und deren Mengen durch einzelne Ressourcen darzustellen. Versuchen wir also folgende Modellierung:

```
@prefix ex: <http://example.org/> .
ex:Chutney  ex:Zutat    ex:grüneMango;     ex:Menge   "450g" ;
            ex:Zutat    ex:Cayennepfeffer; ex:Menge   "1TL" .
```

Es ist nicht schwer zu erkennen, dass diese Darstellung noch ungeeigneter ist als unser erster Versuch. Zwar werden Zutaten und Mengenangaben nun getrennt beschrieben, aber es gibt keinerlei Beziehung zwischen den einzelnen Tripeln. Es könnte sich also ebensogut um 1TL grüne Mango und 450g Cayennepfeffer handeln – eine durchaus riskante Mehrdeutigkeit! Ein anderer Ansatz könnte sein, Mengenangaben in Tripeln zu modellieren, deren Subjekt die betreffende Zutat ist, also z.B. `ex:grüneMango ex:Menge "450g"`. Können Sie erkennen, warum diese Modellierung ebenfalls zu fehlerhaften Resultaten führt?[4]

Es handelt sich hier also eher um eine echte dreiwertige Beziehung zwischen einem Rezept, einer Zutat und einer Mengenangabe – man spricht auch von ternären (und allgemein *n-ären*) Relationen. In RDF können solche drei- und

---

[4]Hilfestellung: Betrachten Sie eine Situation, in der verschiedene Rezepte dieselbe Zutat in verschiedenen Mengen erfordern.

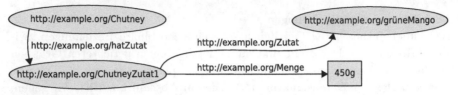

Abb. 3.4. Darstellung von mehrwertigen Beziehungen in RDF

mehrwertigen Beziehungen nicht direkt dargestellt werden, aber man kann sie durch Einführung von *Hilfsknoten* im Graphen beschreiben. Sehen wir uns dazu den Graphen in Abb. 3.4 an. Der Knoten `ex:ChutneyZutat1` dient hier als eindeutige Verbindung zwischen Rezept, Zutat und Mengenangabe. Für jede weitere Zutat könnte man nun zusätzliche Hilfsknoten einführen, um die jeweiligen Angaben eindeutig miteinander zu verknüpfen.

Wie man leicht sieht, kann man auf ähnliche Weise eine beliebige Anzahl von Objekten eindeutig mit einem Subjekt verbinden. Dazu muss man allerdings eine Reihe von zusätzlichen URIs einführen. Einerseits benötigt der Hilfsknoten selbst eine Bezeichnung, andererseits entstehen auch zusätzliche Tripel mit neuen Prädikatsnamen. So haben wir in unserem Beispiel nunmehr zwei Prädikate `ex:Zutat` und `ex:hatZutat`. Unsere Namenswahl deutet darauf hin, dass das Objekt von `ex:Zutat` eine besonders wichtige Rolle unter den Objekten spielt. Um dies besser zum Ausdruck zu bringen, gibt es in RDF ein reserviertes Prädikat `rdf:value`, so dass wir anstelle des Graphen aus Abb. 3.4 eventuell lieber schreiben würden:

```
@prefix ex:  <http://example.org/> .
@prefix rdf: <http://www.w3.org/1999/02/22-rdf-syntax-ns#> .
ex:Chutney        ex:hatZutat   ex:ChutneyZutat1 .
ex:ChutneyZutat1  rdf:value     ex:grüneMango;
                  ex:Menge      "450g" .
```

Dabei hat `rdf:value` keine besondere formale Interpretation. Es ist lediglich ein Hinweis für Applikationen, welcher Wert einer mehrwertigen Beziehung als Hauptwert anzusehen ist. Die allermeisten heutigen Anwendungen schenken dieser zusätzlichen Information allerdings kaum Beachtung.

❯ 3.3.4 Blank Nodes – Leere Knoten

Wie wir im vorigen Abschnitt gesehen haben, kann die Modellierung mehrwertiger Beziehungen die Einführung neuer Hilfsknoten in einen RDF-Graphen erforderlich machen. Diese Hilfsknoten verweisen typischerweise nicht auf Ressourcen, die ursprünglich beschrieben werden sollten, sondern auf Helfer-

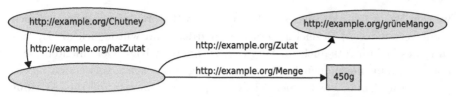

Abb. 3.5. Darstellung von Hilfsknoten als leere Knoten (Blank Nodes).

Ressourcen mit lediglich struktureller Funktion. Daher ist es oft nicht wichtig, eine solche Ressource global mit Hilfe einer speziellen URI adressieren zu können. RDF bietet für solche Fälle die Möglichkeit, Knoten ohne eigene Bezeichner zu generieren – man spricht dann von *leeren Knoten* (engl. *Blank Nodes* oder auch *BNode*).

Ein Beispiel für einen RDF-Graphen mit einem leeren Knoten sehen wir in Abb. 3.5. Im Prinzip wird dadurch die gleiche Struktur beschrieben wie durch den Graphen in Abb. 3.4. Allerdings sagt unser RDF-Dokument nun lediglich, dass an der Stelle des leeren Knotens eine entsprechende Hilfsressource existiert, gibt aber keine URI an, mit deren Hilfe man darauf verweisen könnte. Wie die Bezeichung „leerer Knoten" andeutet, ist dies nur für Subjekt- und Objektknoten zulässig – Prädikate (also Kanten) müssen immer durch URIs angegeben werden.

Leere Knoten können nicht global mit einer URI adressiert werden und tragen auch im RDF-Graph keinerlei zusätzliche Information. Dennoch ist es zur syntaktischen Serialisierung von RDF notwendig, auch leere Knoten (lokal) ansprechen zu können. Grund dafür ist, dass ein leerer Knoten in beliebig vielen Tripeln als Subjekt oder Objekt auftauchen darf. Verschiedene Tripel in einem RDF-Dokument müssen sich also auf denselben leeren Knoten beziehen können. Deshalb werden leere Knoten durch *(Knoten-)IDs* bezeichnet: anstelle von `rdf:about`, `rdf:ID` oder `rdf:resource` wird dann `rdf:nodeID` verwendet. In RDF/XML könnte Abb. 3.5 z.B. wie folgt dargestellt werden:

```
<rdf:Description rdf:about="http://example.org/Chutney">
   <ex:hatZutat rdf:nodeID="id1" />
</rdf:Description>
<rdf:Description rdf:nodeID="id1">
   <ex:Zutat rdf:resource="http://example.org/grüneMango" />
   <ex:Menge>450g</ex:Menge>
</rdf:Description>
```

Die Bezeichnung `id1` ist dabei nur für das aktuelle Dokument von Bedeutung. Im Kontext anderer Dokumente kann sie dagegen auf andere Ressourcen verweisen. Wenn man also jedes Auftreten von id1 durch einen anderen (noch nicht verwendeten) Bezeichner ersetzen würde, dann würde sich die Bedeutung des Dokuments auch im Vergleich zu anderen RDF-Dokumenten nicht ändern. Wenn man einen leeren Knoten nirgendwo sonst verwenden möchte, dann darf man bei Elementen des Typs rdf:Description das Attribut rdf:nodeID auch völlig weglassen – wenn man Beschreibungen schachtelt, dann ist das durchaus sinnvoll. Folgende Schreibweise zeigt eine weitere Möglichkeit, leere Knoten ohne Angabe einer ID einzuführen:

```
<rdf:Description rdf:about="http://example.org/Chutney">
   <ex:hatZutat rdf:parseType="Resource">
     <ex:Zutat rdf:resource="http://example.org/grüneMango" />
     <ex:Menge>450g</ex:Menge>
   </ex:hatZutat>
</rdf:Description>
```

Der Wert Resource des Attributs rdf:parseType sorgt hier dafür, dass automatisch ein neuer leerer Knoten generiert wird, ohne dass dieser überhaupt eine ID innerhalb des Dokumentes erhält. Wir haben rdf:parseType bereits in Zusammenhang mit dem Wert Literal kennengelernt. In beiden Fällen diente diese spezielle Angabe als Abkürzung für die automatische Einführung zusätzlicher Tripel (im Falle von Literal war dies ein Literal-Knoten vom Typ XMLLiteral, der nicht im ursprünglichen Dokument auftauchte).

In Tripel-Darstellungen wie Turtle werden leere Knoten durch Verwendung eines Unterstrichs anstelle eines Namensraum-Präfixes dargestellt:

```
@prefix ex:  <http://example.org/> .
ex:Chutney    ex:hatZutat _:id1 .
_:id1         ex:Zutat      ex:grüneMango; ex:Menge   "450g" .
```

Auch hier ist die vergebene ID nur lokal gültig. Turtle erlaubt eine Abkürzung durch die geschachtelte Darstellung von leeren Knoten auf ähnliche Weise wie RDF/XML:

```
@prefix ex:  <http://example.org/> .
ex:Chutney    ex:hatZutat
              [ ex:Zutat     ex:grüneMango; ex:Menge  "450g" ] .
```

Die in eckigen Klammern eingefassten Tripel beziehen sich hier auf einen neuen (nicht näher identifizierten) leeren Knoten, so dass sich dieselbe Graphstruktur wie in unseren anderen Beispielen ergibt.

❯ 3.3.5 Listen in RDF

In unserem vorangegangenen Beispiel haben wir mehrwertige Beziehungen dazu verwendet, ein einzelnes Objekt stärker zu strukturieren, indem wir seine einzelnen Bestandteile durch zusätzliche Tripel dargestellt haben. Die Struktur des mit dem Hilfsknoten verbundenen Teilgraphen war dabei spezifisch für unser konkretes Anwendungsbeispiel. In vielen anderen Fällen möchte man allerdings einfach eine Menge gleichgestellter Objekte mit einem Subjekt verknüpfen, wie z.B. die Menge der Autoren mit einem Buch. Für diese Anforderung bietet RDF deshalb besondere Konstrukte, mit denen man listenähnliche Strukturen erzeugen kann. Dies kann auf zwei grundlegend verschiedene Arten geschehen: mit *Containern* (offenen Listen) und *Collections* (geschlossenen Listen).

Bei all diesen zusätzlichen Ausdrucksmitteln muss man unbedingt beachten, dass sie lediglich Kurzschreibweisen für RDF-Graphen sind, die man ebenso direkt hätte beschreiben können. Sie haben darüber hinaus keinerlei formale Bedeutung und tragen also auch nichts zur Ausdrucksstärke von RDF bei.

❯ RDF-Container

Container erlauben es, Strukturen wie die in Abb. 3.5 einfacher zu modellieren. Wie wir bereits gesehen haben, kann man die Einführung des entsprechenden leeren Knotens in den verschiedenen Serialisierungen von RDF sehr stark abkürzen. Mit Hilfe von Containern ergeben sich zwei weitere Erweiterungen:

- Die Tripel einer Liste erhalten Standardbezeichner anstelle eigener URIs wie z.B. `ex:Zutat` in Abb. 3.5.
- Es ist möglich, der Liste eine *Klasse* zuzuweisen, die auf die gewünschte (informelle) Interpretation hinweist.

Ein Beispiel für eine Liste ist folgende Darstellung der Autoren dieses Buches:

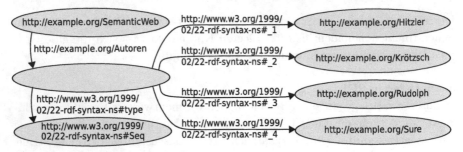

Abb. 3.6. Eine Liste des Typs `rdf:Seq` in RDF

```
<rdf:Description rdf:about="http://example.org/SemanticWeb">
   <ex:Autoren>
      <rdf:Seq>
         <rdf:li rdf:resource="http://www.example.org/Hitzler" />
         <rdf:li rdf:resource="http://www.example.org/Krötzsch" />
         <rdf:li rdf:resource="http://www.example.org/Rudolph" />
         <rdf:li rdf:resource="http://www.example.org/Sure" />
      </rdf:Seq>
   </ex:Autoren>
</rdf:Description>
```

In der XML-Struktur dieses Beispiels würde man an Stelle von `rdf:Seq` normalerweise ein Element vom Typ `rdf:Description` erwarten. Wie wir im vorangegangenen Abschnitt gesehen haben, könnte man auf diese Weise auch leicht einen leeren Knoten einführen. Im obigen Fall passiert etwas ganz Ähnliches, wie wir im entsprechenden Graphen in Abb. 3.6 erkennen können. Wir sehen hier aber auch eine Reihe zusätzlicher Besonderheiten, die eine genauere Erklärung erfordern.

Zunächst fällt uns auf, dass Abb. 3.6 mehr Knoten enthält, als wir vielleicht erwartet hätten. Zwar sind Buch, Autoren und der leere Hilfsknoten der Liste vorhanden, doch es existiert ein zusätzlicher Knoten `rdf:Seq` unten links. Dieser Knoten bezeichnet den Typ der Liste, was aus der Verwendung des besonderen Prädikats `rdf:type` hervorgeht. Dieses Prädikat ist allgemein in RDF dafür reserviert, Subjekten sogenannte *Klassenbezeichner* zuzuweisen. Diese haben eine besondere Bedeutung, die wir im Abschnitt 3.4 näher betrachten werden.

Für den Moment genügt es zu wissen, dass Anwendungen die zusätzliche Angabe `rdf:type` bei Listen verwenden können, um Rückschlüsse auf die gewünschte Verwendung der Liste zu ziehen. RDF stellt die folgenden Typen für Listen zur Verfügung:

— rdf:Seq: Die gruppierten Objekte sollten als *geordnete Liste* verstanden werden. Die Reihenfolge der Objekte ist also von Bedeutung.

— rdf:Bag: Die gruppierten Objekte sollten als *ungeordnete Menge* verstanden werden. Die in RDF inhärent vorhandene Reihenfolge ist nicht von Bedeutung.

— rdf:Alt: Die gruppierten Objekte sollten als Menge *alternativer Möglichkeiten* aufgefasst werden. Auch wenn alle Objekte in RDF formalisiert sind, ist also im Normalfall nur genau eines für die vorgesehene Anwendung relevant.

Man kann diese Klassenbezeichner beliebig wie rdf:Seq im obigen Beispiel anwenden, aber sie haben keinerlei Einfluss auf die allgemeine Struktur des RDF-Graphen. Nur bei der informellen Darstellung und Interpretation der Liste könnten diese Zusatzinformationen berücksichtigt werden.

Was uns in Abb. 3.6 außerdem auffällt ist, dass die Prädikate der einzelnen Listentripel nicht so benannt worden sind, wie in XML angegeben. Tatsächlich haben wir in allen Fällen ein XML-Element vom Typ rdf:li verwendet. Im Graphen wurden dagegen automatisch nummerierte Prädikate rdf:_1 bis rdf:_4 verwendet. Dadurch wird die Reihenfolge der Listenelemente auch im RDF-Graphen eindeutig dargestellt. Dies geschieht auch, wenn der Typ der Liste auf rdf:Bag oder rdf:Alt gesetzt wird, auch wenn die Reihenfolge in diesen Fällen nicht unbedingt von Bedeutung ist. RDF definiert Hilfsprädikate der Form rdf:_n für jede natürliche Zahl n.

Die XML-Syntax für offene Listen ist lediglich eine abkürzende Schreibweise. Es ist ebenso möglich, den entsprechenden Graphen direkt zu beschreiben. Da man leere Knoten bereits sehr einfach abkürzend einführen kann, bietet Turtle keine besondere Syntax für Listen. Man würde hier einfach die einzelnen Tripel auflisten.

⊙ RDF-Collections

Die Darstellung von Listen mit Hilfe von RDF-Containern basiert auf den Hilfsprädikaten rdf:_1, rdf:_2, rdf:_3, usw. Die entstehenden Gruppen können immer durch Hinzufügen weiterer Tripel vergrößert werden, aber man kann nicht zum Ausdruck bringen, dass die angegebene Liste vollständig und abgeschlossen ist. Daher wurden in RDF sogenannte *Collections* als Ausdrucksmittel für geschlossene Listen eingeführt.

Wie auch Container sind Collections im Wesentlichen abkürzende Schreibweisen, aber die Umsetzung in Graphen erfolgt auf eine andere Weise. Betrachten wir zunächst das folgende RDF/XML-Fragment:

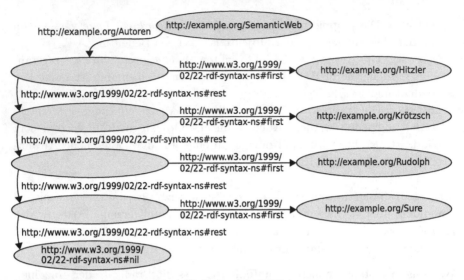

Abb. 3.7. Eine geschlossene Liste (Collection) in RDF

```
<rdf:Description rdf:about="http://example.org/SemanticWeb">
    <ex:Autoren rdf:parseType="Collection">
        <rdf:Description rdf:about="http://www.example.org/Hitzler">
        <rdf:Description rdf:about="http://www.example.org/Krötzsch" />
        <rdf:Description rdf:about="http://www.example.org/Rudolph" />
        <rdf:Description rdf:about="http://www.example.org/Sure" />
    </ex:Autoren>
</rdf:Description>
```

Diese syntaktische Darstellung einer Collection ähnelt sehr der ausführlichen Darstellung eines normalen Tripels, aber anstelle der normalerweise eindeutigen rdf:description finden sich nun mehrere Objekte. Außerdem ist wieder einmal das Attribut rdf:parseType im Spiel, diesmal mit dem Wert Collection.

Der so beschriebene RDF-Graph ist die in Abb. 3.7 dargestellte *verkettete Liste*, die sich offenbar deutlich von der Struktur unterscheidet, die wir für Container kennengelernt haben. Das zugrunde liegende Prinzip dieser Darstellung besteht darin, dass man jede nicht-leere Liste in zwei Teile zerlegen kann: in einen Listenkopf (das erste Element der Liste) und in eine Restliste. Die Restliste lässt sich dann entweder auf gleiche Weise darstellen, oder es ist die leere Liste ohne weitere Elemente.

Wir können die geschlossene Liste also eindeutig durch Angabe von Listenkopf und Restliste beschreiben. Wie in Abb. 3.7 zu sehen, verwendet man dazu in RDF dir Prädikate `rdf:first` und `rdf:rest`. Da jede Liste vollständig durch Kopf und Rest beschrieben wird, ist die URI der Listenknoten nicht von Bedeutung. Daher werden alle vier nichtleeren (Rest-)Listen in Abb. 3.7 durch leere Knoten dargestellt. Die einzige Ausnahme ist die leere Liste, die nicht in Kopf und Rest zerlegt werden kann. Sie ist in RDF durch die URI `rdf:nil` repräsentiert.

Die leere Liste schließt die Verkettung ab und zeigt an, dass keine weiteren Elemente vorhanden sind. Daher kann man tatsächlich von einer geschlossenen Liste sprechen: Durch Hinzunahme weiterer Tripel kann man höchstens einen Graphen erzeugen, der keine gültige Darstellung einer Liste ist. Man kann aber keine weiteren Listenelemente hinzufügen.

Obwohl man auch geschlossene Listen direkt mit den grundlegenden Ausdrucksmitteln von RDF beschreiben könnte, hält auch die Turtle-Syntax für Collections eine spezielle Kurzschreibweise bereit. Das obige Beispiel könnte demnach in Turtle wie folgt aussehen:

```
@prefix ex:  <http://example.org/> .
ex:SemanticWeb   ex:Autor
              ( ex:Hitzler   ex:Krötzsch   ex:Rudolph   ex:Sure ) .
```

3.3.6 No BNodes? – Probleme und Missverständnisse im Umgang mit leeren Knoten

Wie wir gesehen haben, werden bei der Darstellung von mehrwertigen Prädikaten und Listen in RDF häufig leere Knoten als Hilfsknoten eingeführt. Dadurch ist es nicht nötig, für derartige Hilfsknoten neue, global eindeutige URIs zu bilden. Ein weiterer Vorteil ist, dass die abkürzenden Schreibweisen oft zu einer kompakteren syntaktischen Darstellung führen. Dennoch gibt es zahlreiche skeptische Stimmen zum Einsatz von leeren Knoten in RDF und es lohnt sich, das Für und Wider genauer abzuwägen.

Viele Argumente gegen den Einsatz von leeren Knoten sind eher praktischer Natur. So wird z.B. argumentiert, dass die Implementierung von RDF ohne leere Knoten zum Teil einfacher und effizienter gestaltet werden könne. Dieses Argument richtet sich allerdings eher gegen die Verwendung von Collections als gegen die Verwendung von leeren Knoten: Es ist leicht zu erkennen, dass die Verarbeitung einer durch eine Collection gegebene verkettete Liste eine Rekursion im RDF-Graphen erfordert und damit aufwändiger ist als das direktere Auslesen eines Containers.

Auch wird angeführt, dass grafische Datenbrowser für RDF leere Knoten nur schwer dem Nutzer darbieten können. Dies erscheint aber ein wenig gewichtiger Punkt, da Gleiches auch auf viele URIs zutrifft. Ohne die Angabe sinnvoller, menschenlesbarer Textbezeichner sind URIs im Allgemeinen nicht nutzerfreundlich darstellbar. Eine URI hat allerdings den prinzipiellen Vorteil, dass sie als URL auf weitere Informationen verweisen kann. Wie wir in Abschnitt 3.2.6 besprochen haben, ist diese Möglichkeit jedoch nur durch die sehr sorgfältige Konstruktion von URIs sinnvoll einsetzbar. Auch muss man sich bei unseren Anwendungsbeispielen für leere Knoten durchaus fragen, ob man weitere Informationen über den gegebenen Hilfsknoten an anderer Stelle abrufbar im Web hinterlegen möchte. Die ursprüngliche Motivation für die Verwendung von leeren Knoten war ja gerade, dass sie eine rein strukturelle Bedeutung haben und nur als Bindeglied in einem RDF-Graphen fungieren.

Wichtiger als die beiden obigen Argumente erscheint daher der Verweis auf Probleme durch die unbestimmte Identität von leeren Knoten. Ein leerer Knoten kann praktisch für jede beliebige RDF-Ressource stehen, so dass Implementationen die Möglichkeit betrachten müssen, leere Knoten untereinander oder mit einer bestimmten URI gleichzusetzen. Dies scheint z.B. die Bestimmung der Unterschiede zweier RDF-Graphen zu erschweren (diese Operation wird auch als „Diff" bezeichnet). Um festzustellen, ob zwei leere Knoten für einen gegebenen Zweck unterschiedlich sind, muss man deren „Umgebung" betrachten, die allerdings wiederum leere Knoten beinhalten kann. Ein unter Umständen aufwändiger Umleitungsprozess ist erforderlich.

Um besser zu verstehen, wann und warum solche Probleme tatsächlich eintreten können, sollte man sich die offizielle Semantik von RDF genauer ansehen. Wir greifen an dieser Stelle den ausführlichen Beschreibungen in Kapitel 4 etwas vor und diskutieren die wesentlichen Auswirkungen. Eine eventuell überraschende Beobachtung ist, dass man leere Knoten fast immer durch neue URIs ersetzen kann, ohne dabei die Bedeutung der RDF-Spezifikation zu ändern. Dabei darf die eingesetzte URI natürlich nirgendwo sonst verwendet werden, muss also „global neu" sein. So eine Ersetzung ist immer dann zulässig, wenn eine RDF-Spezifikation zur Zusicherung von Informationen verwendet wird, z.B. um semantische Daten bereitzustellen.

Anders ist es, wenn man eine RDF-Spezifikation als Anfrage verwendet, also um eine gesuchte Information zu beschreiben. Wie wir in Kapitel 4 sehen werden, kann ein RDF-Graph eine semantische Schlussfolgerung aus einem anderen Graphen sein. Eine Anfrage kann nun dadurch realisiert werden, dass man prüft, ob ein gegebener RDF-Graph aus den zugesicherten Informationen folgt. So könnte man z.B. fragen, ob der Graph in Abb. 3.1 aus dem in Abb. 3.2 folgt (das ist in der Tat der Fall). Wenn nun aber im Anfrage-Graphen leere Knoten auftauchen, dann müssen diese als Platzhalter für beliebige Elemente interpretiert werden. Wenn man ihnen eine neue URI geben würde, dann würde das Ergebnis sicherlich nicht aus den gegebenen Informationen folgen, da die neue URI darin per Definition noch nicht vorkommt. Stattdessen entspricht die Verwendung leerer Knoten in Anfragen einer Fragestellung nach der *Existenz* eines passenden gefolgerten Knotens: „Gibt es eine mögliche Belegung der leeren Knoten in der Anfrage, so dass der Anfragegraph aus dem gegebenen RDF-Graphen folgt?" Man betrachtet also nicht *eine spezielle* Ersetzung von leeren Knoten durch (neue) URIs, sondern *alle möglichen* Ersetzungen von leeren Knoten mit beliebigen URIs. Wenn eine dieser Ersetzungen zu einem RDF-Graphen führt, der aus den gegebenen Informationen folgt, dann ist auch der Anfragegraph eine semantische Konsequenz aus dem gegebenen Graphen.

Zusammenfassend kann man also sagen, dass leere Knoten nur in semantischen Anfragen prinzipiell anders behandelt werden als Knoten mit URIs. In den allermeisten Fällen werden RDF-Daten aber tatsächlich einfach als zugesicherte Daten betrachtet, nicht als Anfragen. Demnach sollten leere Knoten in vielen Anwendungen also auch nicht schwerer implementierbar sein als URIs im Allgemeinen. Warum also werden leere Knoten dennoch oft als problematisch angesehen? Sofern eine Anwendung nicht direkt mit Schlussfolgerungen zwischen RDF-Graphen zu tun hat, scheint die einzige Erklärung darin zu liegen, dass einige Anwendungen eine abgewandelte RDF-Semantik implementieren, die nicht der offiziellen Vorgabe entspricht.

Tatsächlich geht RDF grundsätzlich davon aus, dass zwei URIs dieselbe gedachte Ressource beschreiben können. URIs sind also lediglich Bezeichner, die auf einen gemeinten Gegenstand verweisen, egal ob dieser Gegenstand eventuell noch andere Bezeichner hat. Dieses Prinzip ist auch bekannt als *Non-Unique Name Assumption*, also die „Annahme nicht-eindeutiger Namen"[5]. URIs könnten in der Tat sogar auf Datenwerte verweisen, auch wenn wir diese normalerweise durch Literale darstellen würden.

In RDF und dessen Erweiterung RDFS gibt es allerdings (fast) keine Möglichkeiten, die Gleichheit oder Ungleichheit verschiedener Bezeichner zuzusichern. Daher muss also jede Anwendung immer davon ausgehen, dass verschiedene URIs für gleiche oder ungleiche Ressourcen stehen könnten. Eine Anwendung, die leere Knoten in dieser Hinsicht anders behandelt als Knoten mit URIs richtet sich also wahrscheinlich nicht nach der offiziellen Semantik von RDF. Das kann in bestimmten Fällen auch durchaus sinnvoll sein. Eine Diff-Operation z.B. ist zumindest teilweise eine syntaktische Operation, bei der man eventuell bestimmte, in RDF nicht vorhandene Annahmen treffen möch-

---

[5]Tatsächlich wird der gegenteilige Begriff, die Annahme eindeutiger Namen oder *Unique Name Assumption*, häufiger verwendet. Das liegt daran, dass man Namen im Allgemeinen nie als eindeutig annimmt und nur die Ausnahmen von dieser Regel explizit bezeichnet.

te. Die Unique Name Assumption z.B. ist in abgeschlossenen Anwendungen für diesen Zweck eventuell durchaus zulässig, und diese Annhame vereinfacht den Vergleich mehrerer RDF-Dokumente natürlich deutlich.

Sind also alle Bedenken hinsichtlich leerer Knoten nur das Ergebnis einer Missdeutung der RDF-Semantik? Sicher nicht. Einerseits ist es tatsächlich so, dass man sinnvoll gewählten (Hilfs-)URIs in vielen Anwendungen den Vorzug vor leeren Knoten geben sollte. Auch wenn leere Knoten normalerweise keine wesentlichen Komplikationen auslösen dürften, erhöht das doch die Wiederverwendbarkeit der RDF-Daten in verschiedenen Software-Werkzeugen. Andererseits erzeugen leere Knoten ein nicht unerhebliches Problem bei der Kombination der ausdrucksstärkeren Ontologiesprache OWL (Kapitel 5) mit der Anfragesprache SPARQL (Kapitel 7). Im Detail diskutieren wir diese Problematik in Abschnitt 7.2.4. Auch wenn es sich hier im Kern um ein Problem der Anfragesprache SPARQL handelt, so erscheint es doch ratsam, leere Knoten zumindest im Kontext von OWL eher zu meiden, besonders da man entsprechende Aussagen in OWL oft auch auf andere Art machen kann.

3.4 Einfache Ontologien in RDF Schema

In den vorangegangenen Abschnitten haben wir behandelt, wie durch die Nutzung von RDF Aussagen über einzelne Ressourcen gemacht werden können. Im Wesentlichen kamen dabei drei grundlegende Arten von Bestimmungsstücken vor: Es wurden *Individuen* beschrieben (seien es die Autoren dieses Buches, der Springer-Verlag oder ein Kochrezept) die zueinander auf verschiedene Art und Weise in *Beziehung* gesetzt wurden. Eher am Rande haben wir die Möglichkeit kennengelernt, Literalen, aber auch Ressourcen *Typen* zuzuweisen, also anzugeben, dass sie einer Klasse von Entitäten mit gewissen Gemeinsamkeiten (beispielsweise den natürlichen Zahlen oder den geordneten Listen) zugehören.

Zur Beschreibung neuer Gegenstandsbereiche wird man normalerweise also eigene Bezeichnungen nicht nur für Individuen (z.B. „Sebastian Rudolph", „Uni Karlsruhe") und deren Beziehungen (z.B. „beschäftigt bei"), sondern auch für Typen bzw. Klassen (z.B. „Person", „Universität", „Institution") einführen. Einen Satz von Bezeichnern für Individuen, Beziehungen und Klassen nennt man – wie wir in Abschnitt 3.2.6 bereits gesehen haben – Vokabular.
Bei der Einführung und Verwendung eines solchen Vokabulars hat der Nutzer natürlich ganz konkrete Vorstellungen über die Bedeutung der verwendeten Termini bzw. Bezeichner. Beispielsweise ist ganz intuitiv klar, dass jede Universität eine Institution sein muss oder dass nur Personen bei einer Institution beschäftigt sein können.

Aus der „Sicht" eines Computersystems jedoch sind all diese vom Nutzer eige-
führten Bezeichner lediglich Zeichenketten ohne feste, von vornherein bekannte Bedeutung. Die oben angeführten Zusammenhänge müssten dem System
also in irgendeiner Form mitgeteilt werden, um es in die Lage zu versetzen,
Schlüsse zu ziehen, die auf dieser Art menschlichem Hintergrundwissen basieren.

Mithilfe von RDF Schema (kurz RDFS), einem weiteren Bestandteil der RDF
Recommendation des W3C, den wir in der Folge behandeln werden, ist es
möglich, derartige Hintergrundinformationen – sogenanntes *terminologisches*
Wissen oder auch *Schemawissen* – über die in einem Vokabular verwendeten
Begriffe zu spezifizieren.

Dabei ist RDFS zunächst nichts anderes als selbst ein spezielles RDF-Vokabular. Mithin ist jedes RDFS-Dokument ein syntaktisch korrektes RDF-
Dokument. Dies hat den Vorteil, dass es von allen Programmen, die RDF
unterstützen, gelesen und verarbeitet werden kann, wobei dann jedoch ein
Teil der speziell für RDFS festgelegten Bedeutung (die RDFS-Semantik) ver-
lorengeht.

Allerdings ist das RDFS-Vokabular – dessen Namensraum ausgeschrieben
`http://www.w3.org/2000/01/rdf-schema#` lautet und der üblicherweise mit
`rdfs:` abgekürzt wird – kein thematisches Vokabular wie etwa FOAF, worin
einfach neue Termini für eine spezielle Anwendungsdomäne bereitgestellt würden. Vielmehr ist die Philosophie bei RDFS, universelle Ausdrucksmittel bereitzustellen, welche ermöglichen, *innerhalb* eines RDFS-Dokuments Aussagen über die semantischen Beziehungen der Termini eines beliebigen nutzerdefinierten Vokabulars zu machen. Damit kann ein neues Vokabular definiert
und zumindest ein Teil seiner „Bedeutung" im Dokument spezifiziert werden, ohne dass dies eine Modifikation der Programmlogik der verarbeitenden
Software nötig macht, vielmehr wird eine Software mit RDFS-Unterstützung
prinzipiell auch jedes mittels RDFS definierte Vokabular semantisch korrekt
unterstützen.

Die Möglichkeit, solches Schemawissen zu spezifizieren, macht RDFS zu einer Wissensrepräsentations- oder *Ontologiesprache*, mit der es möglich ist,
schon eine ganze Reihe der in einer Domäne vorkommenden semantischen
Abhängigkeiten zu beschreiben.

Gleichwohl hat auch RDFS seine Grenzen, wie wir im Abschnitt 4.4 näher
beleuchten werden. Daher bezeichnet man RDFS mitunter auch als Beschreibungssprache für sogenannte *leichtgewichtige* (engl.: leightweight) Ontologien.
Für anspruchsvollere Zwecke muss dann auf ausdrucksstärkere Sprachen, wie
etwa OWL, das wir in den Kapiteln 5 und 6 behandeln, zurückgegriffen wer-

den, wobei hier in der Regel die höhere Expressivität mit einer verlängerten Laufzeit der Algorithmen zum automatischen Schlussfolgern erkauft wird.

In diesem Zusammenhang sei auch auf den Ausspruch „A little semantics goes a long way" (in etwa: „mit [nur] ein wenig Semantik kommt man schon sehr weit")[6] hingewiesen.

3.4.1 Klassen und Instanzen

Bereits in RDF haben wir die Möglichkeit kennengelernt, Ressourcen zu „typen", das heißt, sie als Elemente einer bestimmten Gesamtheit zu beschreiben. In Abschnitt 3.3.5 wurde beispielsweise eine Ressource als geordnete Liste deklariert, indem man ihr den Typ `rdf:Seq` zuordnete. Dies geschah mithilfe des Prädikats `rdf:type`. Ganz allgemein verwendet man die in RDF vordefinierte URI `rdf:type`, um Ressourcen als *Instanzen* einer *Klasse* (d.h. als dieser Klasse zugehörig) zu kennzeichnen. Im Folgenden verwenden wir den Begriff „Klasse" stets für eine Menge von Ressourcen (also Entitäten der realen Welt). Zur Unterscheidung nennen wir URIs, die eine Klasse repräsentieren oder referenzieren, *Klassenbezeichner*.

Es wäre z.B. naheliegend, für „Semantic Web – Grundlagen" anzugeben, dass diese Ressource ein Lehrbuch ist (also: zur Klasse der Lehrbücher zählt):

```
ex:SemanticWeb    rdf:type    ex:Lehrbuch .
```

Dieses Beispiel demonstriert auch, dass es natürlich möglich (und je nach Domäne auch sehr sinnvoll) ist, neue selbstdefinierte Klassenbezeichner einzuführen.

Offensichtlich gibt es keine syntaktische Unterscheidungsmöglichkeit zwischen URIs, welche Individuen repräsentieren (wie `ex:SemanticWeb`) und Klassenbezeichnern (wie `ex:Buch`). Man kann einer einzelnen URI also nicht ohne Weiteres ansehen ob sie für ein einzelnes Objekt oder eine Klasse steht. Tatsächlich ist selbst für manche Begriffe aus der realen Welt nicht klar, ob es sich eher um Individuen oder Klassen handelt; so dürfte es selbst mit menschlichem Hintergrundwissen schwer zu entscheiden sein, ob beispielsweise die URI `http://www.un.org/#URI` eher als Bezeichner für eine individuelle einzelne Organisation oder für die Klasse aller Mitgliedsstaaten der Vereinten Nationen zu sehen ist.

Um zumindest innerhalb einer RDFS-Beschreibung hier Klarheit zu schaffen und eine eindeutige Modellierungsentscheidung treffen zu können, stellt RDFS eine vordefinierte Möglichkeit zur Verfügung, Klassenbezeichner als solche zu kennzeichnen, indem man sie explizit als Klassen „typt". Mit anderen

---

[6]Jim Hendler auf einer keynote auf der International Semantic Web Conference

Worten: Man spezifiziert einfach, dass z. B. die `ex:Buch`-Klasse zur Klasse aller Klassen gehört. Diese „Metaklasse" wird mit der im RDFS-Vokabular vordefinierten URI `rdfs:Class` bezeichnet. Klassenzugehörigkeit wird konsequenterweise durch `rdf:type` ausgedrückt, so dass das folgende Tripel die URI `ex:Buch` eindeutig als Klassenbezeichner ausweist:

```
ex:Buch    rdf:type    rdfs:Class .
```

Als Kuriosität mit wenig Praxisrelevanz sei hier noch angemerkt, dass die Klasse aller Klassen natürlich per Definition selbst eine Klasse und daher in sich selbst als Element enthalten ist, folglich ist die durch das folgende Tripel gemachte Aussage immer wahr:

```
rdfs:Class    rdf:type    rdfs:Class .
```

Neben `rdf:Seq` und `rdfs:Class` gibt es noch eine Reihe weiterer im Vokabular von RDF und RDFS vordefinierter Klassenbezeichner mit einer festen Bedeutung:

- `rdfs:Resource` steht für die Klasse aller Ressourcen (also letztlich für alle Elemente des betrachteten Gegenstandsbereiches),
- `rdf:Property` bezeichnet die Klasse aller Propertys, also aller Ressourcen, die Beziehungen ausdrücken. Eine ihrer vordefinierten Unterklassen wird durch `rdfs:ContainerMembershipProperty` bezeichnet; auf diese gehen wir im Abschnitt 3.4.6 näher ein.
- `rdf:XMLLiteral` kennen wir schon als einzigen vordefinierten Datentyp in RDF(S). Gleichzeitig steht dieser Bezeichner für die Klasse aller Werte dieses Datentyps.
- `rdfs:Literal` repräsentiert die Klasse aller Literalwerte, das heißt unter anderem, dass es alle Datentypen als Unterklassen umfasst.
- Die mit `rdfs:Datatype` bezeichnete Klasse enthält alle Datentypen als Elemente, also beispielsweise auch die Klasse der XML-Literale. Es handelt sich hierbei also wieder um eine Klasse von Klassen (und damit auch um eine klassische Unterklasse der `rdfs:Class`-Klasse).
- Wie die aus RDF bekannten Bezeichner `rdf:List`, `rdf:Bag`, `rdf:Alt` sowie `rdf:Seq` dient auch der in RDFS neu hinzukommende Klassenbezeichner `rdfs:Container` zur Deklaration von Listen und wird in Abschnitt 3.4.6 gesondert besprochen.
- `rdf:Statement` bezeichnet die Klasse der reifizierten Tripel bzw. Aussagen und wird in Abschnitt 3.4.7 behandelt.

An diesen Klassenbezeichnern ist auch eine übliche Konvention der Notation zu erkennen: URIs, welche Klassen repräsentieren, werden üblicherweise mit großem Anfangsbuchstaben geschrieben, Bezeichner für Instanzen und Propertys hingegen klein. Trotzdem ist es hin und wieder naheliegend, auch für eine Eigenschaft (also ein Adjektiv) eine Klasse einzuführen, welche alle Individuen mit dieser Eigenschaft umfasst, z. B. `ex:Weiblich` für alle weiblichen Wesen oder `ex:Rot` für alle roten Dinge.

Schließlich wollen wir noch darauf hinweisen, dass Klassenzugehörigkeit nicht exklusiv ist: Eine Ressource kann durchaus zwei verschiedenen Klassen angehören, wie z.B. durch die nächsten beiden Tripel verdeutlicht wird:

```
ex:SemanticWeb    rdf:type    ex:Lehrbuch .
ex:SemanticWeb    rdf:type    ex:Lesenswert .
```

❯ 3.4.2 Unterklassen und Klassenhierarchien

Nehmen wir an, ein RDFS-Dokument enthält ein einziges Tripel, welches Bezug auf dieses Lehrbuch nimmt:

```
ex:SemanticWeb    rdf:type    ex:Lehrbuch .
```

Würden wir nun nach Instanzen der Klasse Buch suchen, wäre „Semantic Web – Grundlagen" nicht in den Ergebnissen enthalten. Natürlich folgt aus dem menschlichen Hintergrundwissen, dass jedes Lehrbuch auch ein Buch ist, mithin jede Instanz der `ex:Lehrbuch`-Klasse auch eine Instanz der `ex:Buch`-Klasse darstellt. Über diese Information allerdings kann ein automatisches System, das mit keinerlei linguistischem Hintergrundwissen ausgestattet ist, nicht von selbst verfügen. Was also tun?

Eine Möglichkeit wäre, zusätzlich zum oben genannten noch das folgende Tripel explizit dem Dokument hinzuzufügen:

```
ex:SemanticWeb    rdf:type    ex:Buch .
```

Dann jedoch würde dasselbe Problem bei jeder weiteren, möglicherweise in dem RDFS-Dokument als Lehrbuch getypten Ressource fortbestehen. Folglich müssten für *alle* im Dokument vorkommenden Tripel der Gestalt

```
uuu    rdf:type   ex:Lehrbuch .
```

auch die jeweiligen Tripel

```
uuu    rdf:type   ex:Buch .
```

explizit hinzugefügt werden. Außerdem müssten diese Arbeitsschritte für jede neu hinzukommende Information erneut durchgeführt werden. Neben dem dadurch entstehenden Arbeitsaufwand würde auch das entsprechende RDFS-Dokument unnötig aufgebläht.

Viel sinnvoller und mit weniger Modellierungsaufwand verbunden wäre doch (etwa wie bei einem „Makro") abstrakt anzugeben, dass *jedes* Lehrbuch auch ein Buch ist. Dies bedeutet nichts anderes, als dass die Klasse der Lehrbücher von der Klasse der Bücher umfasst wird; man sagt dann auch, Lehrbuch sei eine *Unterklasse* (engl.: subclass) von Buch oder gleichbedeutend, Buch sei eine *Oberklasse* von Lehrbuch. In der Tat stellt das RDFS-Vokabular eine vordefinierte Möglichkeit zur Verfügung, diese Unterklassenbeziehung zwischen zwei Klassen explizit anzugeben und zwar vermittels `rdfs:subClassOf`. Dass jedes Lehrbuch auch ein Buch ist, kann also kurz und knapp durch das folgende Tripel ausgedrückt werden:

```
ex:Lehrbuch    rdfs:subClassOf    ex:Buch .
```

Dies wird jede Software, die die Standard-RDFS-Semantik (siehe Kapitel 4) unterstützt, dazu befähigen, das durch `ex:SemanticWeb` bezeichnete Individuum auch ohne explizite Typung als Buch zu erkennen.

Mitilfe der Unterklassenbeziehung ist es möglich und üblich, nicht nur vereinzelt solche Zusammenhänge anzugeben, sondern ganze *Klassenhierarchien* zu modellieren, die den gesamten Gegenstandsbereich möglichst detailliert umfassen. So könnte man die hier begonnene *Klass*ifizierung weiter fortführen, indem man angibt, dass Buch Unterklasse von Printmedium ist und letzteres wiederum auch Zeitschrift als Unterklasse enthält:

```
ex:Buch        rdfs:subClassOf    ex:Printmedium .
ex:Zeitschrift rdfs:subClassOf    ex:Printmedium .
```

Dabei ist auch in der RDFS-Semantik verankert, dass – ganz in Übereinstimmung mit der Intuition – die Unterklassenbeziehung transitiv ist, salopp gesagt: Unterklassen von Unterklassen sind Unterklassen. Daher würde man z.B. aus den in diesem Abschnitt niedergeschriebenen Tripeln automatisch folgern können, dass folgendes Tripel gilt, auch wenn es nicht explizit angegeben ist:

```
ex:Lehrbuch    rdfs:subClassOf   ex:Printmedium .
```

Darüber hinaus wird festgelegt, dass die Unterklassenbeziehung reflexiv, also jede Klasse Unterklasse von sich selbst ist (einsichtigerweise umfasst die Klasse aller Bücher die Klasse aller Bücher). Also kann – sobald bekannt ist, dass ex:Buch für eine Klasse steht – das folgende Tripel geschlussfolgert werden:

```
ex:Buch    rdfs:subClassOf   ex:Buch .
```

Diese Eigenschaft ermöglicht auch, die Tatsache zu modellieren, dass zwei Klassen dieselben Individuen enthalten (man sagt auch: extensional gleich sind), indem man jede Klasse als Unterklasse der anderen ausweist:

```
ex:Morgenstern   rdfs:subClassOf   ex:Abendstern .
ex:Abendstern    rdfs:subClassOf   ex:Morgenstern .
```

Am bekanntesten sind detailliert ausgearbeitete Klassenhierarchien wohl aus der Biologie, wo man nach der klassischen Systematik Lebewesen in Reiche, Stämme, Klassen (hier als biologischer Terminus), Ordnungen, Familien, Gattungen, Arten und gegebenenfalls Rassen gliedert. Aus dem RDFS-Dokument in RDF/XML in Abb. 3.8 beispielsweise kann geschlussfolgert werden, dass Sebastian Rudolph nicht nur ein Mensch, sondern auch z.B. ein Säugetier ist. Durch die ebenso ableitbare Zugehörigkeit zur Klasse der Primaten macht er sich außerdem logisch konsequent zum Affen.

Abschließend sei zu Klassen und Klassenhierarchien noch angemerkt, dass diese Art der Wissensmodellierung sicher auch deshalb vergleichsweise intuitiv ist, weil sie sehr nahe am menschlichen Denken in Begriffen liegt. In den meisten Fällen kann man eine Klassenhierarchie mit Unter- und Oberklassen auch als Begriffshierarchie mit Unter- und Oberbegriffen deuten.

```
<rdf:RDF
  xmlns:rdf="http://www.w3.org/1999/02/22-rdf-syntax-ns#"
  xmlns:rdfs="http://www.w3.org/2000/01/rdf-schema#"
  xmlns:ex="http://www.semanticweb-grundlagen.de/Beispiele#">

  <rdfs:Class rdf:about="&ex;Animalia">
      <rdfs:label xml:lang="de">Tiere</rdfs:label>
  </rdfs:Class>

  <rdfs:Class rdf:about="&ex;Chordata">
      <rdfs:label xml:lang="de">Chordatiere</rdfs:label>
      <rdfs:subClassOf rdfs:resource="&ex;Animalia"/>
  </rdfs:Class>

  <rdfs:Class rdf:about="&ex;Mammalia">
      <rdfs:label xml:lang="de">Säugetiere</rdfs:label>
      <rdfs:subClassOf rdfs:resource="&ex;Chordata"/>
  </rdfs:Class>

  <rdfs:Class rdf:about="&ex;Primates">
      <rdfs:label xml:lang="de">Primaten</rdfs:label>
      <rdfs:subClassOf rdfs:resource="&ex;Mammalia"/>
  </rdfs:Class>

  <rdfs:Class rdf:about="&ex;Hominidae">
      <rdfs:label xml:lang="de">Menschenaffen</rdfs:label>
      <rdfs:subClassOf rdfs:resource="&ex;Primates"/>
  </rdfs:Class>

  <rdfs:Class rdf:about="&ex;Homo">
      <rdfs:label xml:lang="de">Mensch</rdfs:label>
      <rdfs:subClassOf rdfs:resource="&ex;Hominidae"/>
  </rdfs:Class>

  <rdfs:Class rdf:about="&ex;HomoSapiens">
      <rdfs:label xml:lang="de">Moderner Mensch</rdfs:label>
      <rdfs:subClassOf rdfs:resource="&ex;Homo"/>
  </rdfs:Class>

  <ex:HomoSapiens rdf:about="&ex;SebastianRudolph"/>
</rdf:RDF>
```

Abb. 3.8. Beispiel für die Erstellung von Klassenhierarchien in RDFS

❯ 3.4.3 Propertys

Eine besondere Bedeutung kommt denjenigen URIs zu, welche üblicherweise an Prädikatsstelle von Tripeln verwendet werden. Beispiele hierfür aus den vorherigen Abschnitten sind `ex:verlegtBei`, `ex:Autor` und `ex:hatZutat`. Obwohl diese Sprachkonstrukte durch URIs dargestellt werden und demzufolge für Ressourcen stehen, ist zunächst nicht ganz klar, was man sich unter ihnen vorstellen sollte. Ein (oder das) „Verlegtbei" wird einem im Alltag schwerlich als konkrete Wesenheit über den Weg laufen, daher erscheint eine Einordnung als Individuum oder Klasse eher problematisch. Letztlich beschreiben diese „Prädikats-URIs" ja jeweils eine Beziehung oder eine Relation, in der „echte" Ressourcen bzw. Individuen (in Tripeln kodiert durch Subjekt und Objekt) stehen. Bezeichnen werden wir eine solche Relation hier als *Property* (engl. für „Eigenschaft").

In der Mathematik wird eine Relation üblicherweise als Menge der durch sie verknüpften Paare dargestellt: Demnach würde man einfach sagen, dass die Bedeutung der URI `ex:istVerheiratetMit` einfach die Menge aller Ehepaare ist. Insofern wären also Propertys eher mit Klassen verwandt als mit einzelnen Instanzen.

Um nun aussagen zu können, dass eine URI eine Property (Relation) repräsentiert, wird bereits im Vokabular für RDF der vordefinierte Klassenbezeichner `rdf:Property` zur Verfügung gestellt, der per Festlegung die Klasse aller Propertys bezeichnet. Dass `ex:verlegtBei` für eine Property steht, kann also wiederum durch eine entsprechende Typung ausgesagt werden:

```
ex:verlegtBei    rdf:type    rdf:Property .
```

❯ 3.4.4 Unterpropertys und Hierarchien auf Propertys

Im vorigen Abschnitt haben wir argumentiert, dass sich Propertys als Mengen von Individuenpaaren auffassen lassen und demnach eine gewisse Verwandtschaft zu Klassen aufweisen. Daher liegt es nicht allzu fern, zu fragen, ob nicht Konstrukte analog zu Unterklassen bzw. Klassenhierarchien gleichermaßen für Propertys sinnvoll wären.

Dies ist tatsächlich der Fall: RDFS erlaubt die Möglichkeit, *Unterpropertys* (engl.: subproperties) zu spezifizieren. Beispielsweise wäre die durch die URI `ex:istGlücklichVerheiratetMit` bezeichnete Property gewiss eine Unterproperty der durch `ex:istVerheiratetMit` beschriebenen, da ja die glücklich verheirateten Paare eine (sicherlich sogar echte) Teilmenge aller Ehepaare sind. Dieser Zusammenhang ließe sich durch das folgende Tripel angeben:

```
ex:istGlücklichVerheiratetMit  rdf:subPropertyOf  ex:istVerhairatetMit .
```

Wiederum sind Szenarien, in denen diese Information von Nutzen ist, leicht vorzustellen. So gestattet die RDFS-Semantik mit Hilfe des oben genannten Tripels aus der Angabe

```
ex:MarkusKrötzsch   ex:istGlücklichVerheiratetMit   ex:AnjaKrötzsch .
```

abzuleiten, dass auch folgendes Tripel gilt:

```
ex:MarkusKrötzsch   ex:istVerheiratetMit   ex:AnjaKrötzsch .
```

Somit würde die Angabe einer einzigen Subproperty-Beziehung genügen, damit ein entsprechendes RDFS unterstützendes Informationssystem automatisch alle als „glücklich verheiratet" angegebenen Paare auch als „verheiratet" erkennt. Selbstverständlich sind auch für Propertys umfangreichere Hierarchien denkbar und manchmal sinnvoll, wenn auch nicht so üblich wie Klassenhierarchien.

❯ 3.4.5 Einschränkungen von Propertys

Betrachten wir folgendes RDF-Tripel:

```
ex:PascalHitzler   ex:istVerheiratetMit   ex:institutAIFB .
```

Ganz gleich, ob dieser Aussage intuitiv eine gewisse metaphorische Wahrheit zukommt oder nicht, offenbart dieses Beispiel ein mögliches Problem bei der Modellierung. Eine gewisse Ähnlichkeit zu einer „Typunverträglichkeit" in der Programmierung ist zweifellos erkennbar, die vielleicht noch stärker bei folgendem Beispiel ins Auge fällt:

```
ex:YorkSure   ex:hatAlter   "-127" .
```

Ganz allgemein besteht das Problem offensichtlich darin, dass in einem Tripel an Subjekt- oder Objektstelle eine URI oder ein Literal auftritt, das in Verbindung mit der Prädikats-URI „keinen Sinn ergibt". Positiv formuliert könnte man sagen, dass eine Property für die Ressourcen, die sie verknüpft, von vornherein bestimmte Eigenschaften fordert. So können eben nur Personen miteinander verheiratet sein und als Altersangabe wird immer eine positive Zahl erwartet.

Nun fällt es nicht schwer zu sehen, dass in beiden Beispielen diese „Forderungen" des Prädikats an Subjekt und Objekt sich durch eine Klassenzugehörigkeit beschreiben lassen: Wann immer ein Tripel der Form

```
a    ex:istVerheiratetMit    b .
```

auftritt, möchte man sichergestellt wissen, dass die durch die beiden folgenden Tripel kodierten Aussagen ebenfalls gelten:

```
a    rdf:type    ex:Person .
b    rdf:type    ex:Person .
```

Auch hier wäre ein explizites Hinzufügen all dieser Klassenzugehörigkeiten zum RDF-Dokument umständlich und bedürfte der ständigen Wiederholung nach der Eingabe zusätzlicher Tripel. Wieder würde man sich eine Art „Makro" oder „Template" wünschen, das – einmal eingegeben – die Typungen gemäß angegebener „Prädikats-Forderungen" sicherstellt.

Glücklicherweise bietet das RDFS-Vokabular zwei Sprachkonstrukte, die genau das sicherstellen:

Einschränkung des *Definitionsbereiches* mithilfe von `rdfs:domain` und des *Wertebereiches* durch `rdfs:range`. Der erste Ausdruck gestattet die Zuweisung von Typen zu Subjekten, der zweite typisiert die Objekte, die gemeinsam mit einem bestimmten Prädikat im Tripel vorkommen. Die oben dargestellten Forderungen des Prädikats `istVerheiratetMit` lassen sich dann durch die folgenden beiden Tripel darstellen:

```
ex:istVerheiratetMit    rdfs:domain    ex:Person .
ex:istVerheiratetMit    rdfs:range     ex:Person .
```

Gleichermaßen lassen sich für Literalangaben an Objektstelle bestimmte Datentypen fordern (und so beispielsweise negative Altersangaben verhindern):

```
ex:hatAlter    rdfs:range    xsd:nonNegativeInteger .
```

Es ist nicht schwer zu erkennen, dass die hier vorgestellten Sprachmittel
`rdfs:domain` und `rdfs:range` quasi das semantische Bindeglied zwischen
Klassen und Propertys darstellen, denn nur durch sie ist es möglich, deren
gewünschte terminologische Zusammenhänge zu spezifizieren.
Wir wollen hier noch eine häufige Unklarheit bei der Verwendung dieser Konstrukte ansprechen. Angenommen, in einem RDFS-Dokument finden sich die
beiden Tripel

```
ex:autorVon    rdfs:range    ex:Lehrbuch .
ex:autorVon    rdfs:range    ex:Märchenbuch .
```

Diese Aussage bedeutet gemäß RDFS-Semantik, dass jede Ressource, die im
Wertebereich einer Autorenbeziehung liegt, *sowohl* ein Lehrbuch *als auch*
ein Märchenbuch ist, und nicht etwa, dass man Autor von einem Lehrbuch
oder von einem Märchenbuch sein kann. Gleiches gilt für Konstruktionen
mit `rdfs:domain`. Jede definierte Einschränkung auf einer Property wirkt also immer global auf jedes Vorkommen dieser Property, weswegen man bei
der Angabe solcher Einschränkungen darauf achten muss, immer die allge-
meinsten denkbaren Klassen anzugeben (also diejenigen, die mit Sicherheit
alle möglichen Ressourcen, die in der fraglichen Beziehung stehen können,
enthalten).

❯ 3.4.6 Offene Listen

Die bereits in Abschnitt 3.3.5 behandelten Möglichkeiten, Listen zu modellieren, werden in RDFS durch zusätzliche vordefinierte Bezeichner erweitert:
Neu eingeführt wird `rdfs:Container` als Bezeichner für die Oberklasse der
drei RDF-Klassen für offene Listen (engl. „Container") `rdf:Bag`, `rdf:Seq` und
`rdf:Alt`. Damit ist es möglich, eine Ressource als Container zu kennzeichnen,
ohne den genauen Typ anzugeben.

Mit `rdfs:ContainerMembershipProperty` wird ein neuer Typbezeichner eingeführt, der zur Charakterisierung von Propertys dient. Er steht also für eine
Klasse, deren Instanzen *keine* Individuen im engeren Sinne (also Dinge wie
eine Person oder eine Webseite), sondern vielmehr selbst Propertys sind. Die
einzige bisher behandelte Klasse, deren Instanzen Propertys sind, ist die mit
`rdf:Property` bezeichnete Klasse *aller* Propertys. Folgerichtig gilt auch:

```
rdfs:ContainerMembershipProperty    rdfs:subClassOf    rdf:Property .
```

Was ist nun das Charakteristikum der Propertys, die in der neu eingeführten Klasse enthalten sind? Es sind all die Propertys, die das Enthaltensein einer Ressource in einer anderen kodieren, also insbesondere die durch `rdf:_1`, `rdf:_2` usw. beschriebenen. Obwohl dieses neu eingeführte Konstrukt vielleicht etwas abstrakt und von zweifelhaftem Nutzen zu sein scheint, gibt es mögliche Anwendungsfälle. Beispielsweise ist denkbar, dass man als Nutzer eine neue Art Liste oder Container (etwa für Rezepte) einführen und mit einer neuen Enthaltenseins-Property (sagen wir: `ex:hatZutat`) definieren möchte. Durch Typung dieser Property mit `rdfs:ContainerMembershipProperty` macht der Nutzer diese intendierte Bedeutung explizit:

```
ex:hatZutat    rdf:type    rdfs:ContainerMembershipProperty .
```

Wollte man in RDF herausfinden, ob die Ressource `ex:shakespeare` in einer Liste `ex:SemWebAutoren` enthalten ist, müsste man im Prinzip auf unendlich viele Tripel prüfen:

```
ex:shakespeare    rdf:_1    ex:SemWebAutoren .
ex:shakespeare    rdf:_2    ex:SemWebAutoren .
ex:shakespeare    rdf:_3    ex:SemWebAutoren .
...
```

RDFS stellt mit `rdfs:member` einen Bezeichner für eine Property bereit, die alle diese speziellen „Enthaltenseins-Propertys" als Unterpropertys enthält, so dass für o.g. Problem eine einzige Tripel-Abfrage genügt, nämlich:

```
ex:shakespeare    rdfs:member    ex:SemWebAutoren .
```

Doch damit nicht genug: Ganz exakt ist laut RDFS jede Instanz der durch `rdfs:ContainerMembershipProperty` bezeichneten Klasse eine Unterproperty der `rdfs:member`-Property. Was bedeutet das? Nun, kommen wir auf den oben angesprochenen Fall des nutzerdefinierten Container-Datentyps zurück. Selbst wenn besagter Nutzer mit seiner selbstdefinierten Property

```
ex:keks    ex:hatZutat    ex:erdnuss .
```

festlegt, kann daraus (durch die oben angegebene Typung von `ex:hatZutat` als Enthaltenseins-Property) die Gültigkeit des folgenden Tripels abgeleitet (und beispielsweise ein allergischer Anfall verhindert) werden:

```
ex:keks    rdfs:member    ex:erdnuss .
```

❯ 3.4.7 Aussagen über Aussagen: Reifikation

Häufiger als uns bewusst ist, machen wir Aussagen, in denen auf andere Aussagen Bezug genommen wird. Das Wörtchen „dass" ist hierfür ein guter Indikator. Betrachten wir als Beispiel den Satz: „Der Detektiv vermutet, dass der Butler den Gärtner ermordet hat." Ein naiver Versuch, diesen Zusammenhang zu modellieren, wäre vielleicht:

```
ex:detektiv    ex:vermutet    "Der Butler hat den Gärtner ermordet." .
```

Eines der Probleme dieser Modellierung wäre allerdings, dass auf die fragliche Aussage – als Literal modelliert – nur eingeschränkt in anderen Tripeln Bezug genommen werden kann (aufgrund der Tatsache, dass Literale nur als Objekte von Tripeln verwendet werden dürfen). Sinnvoller ist es also sicherlich, eine URI für diese Aussage vorzusehen. Doch auch ein entsprechender Versuch

```
ex:detektiv    ex:vermutet    ex:derButlerHatDenGärtnerErmordet .
```

kann schwerlich als der Weisheit letzter Schluss gelten, da der zweite Teil unseres Beispielsatzes in eine URI komprimiert und damit nicht strukturell (im Sinne einer Graph-Struktur) transparent ist. Natürlich ist es nicht schwierig, den zweiten Teil des Satzes separat als Tripel zu modellieren:

```
ex:butler    ex:hatErmordet    ex:gärtner .
```

In der Tat würde man sich wohl am ehesten eine Art „verschachtelte" Darstellung wünschen, in der das Objekt eines Tripels wiederum ein ganzes Tripel enthält. Dafür jedoch müsste die gesamte RDF-Syntax grundlegend erweitert werden.

Eine alternative Möglichkeit, *Reifikation* genannt, ist von der Grundidee ganz ähnlich der Darstellung mehrwertiger Beziehungen, wie sie in Abschnitt 3.3.3 behandelt wurde. Dabei wird für das Tripel, über welches eine Aussage gemacht werden soll, ein Hilfsknoten eingeführt, dieser jedoch über die vordefinierten Property-Bezeichner `rdf:subject`, `rdf:predicate` und `rdf:object` mit den entsprechenden Bestandteilen des betreffenden Tripels in Beziehung gesetzt. Man sagt dann, dieses Tripel (bzw. die zugehörige Aussage) werde *reifiziert* („verdinglicht" von lat. *res* „die Sache"). Unser obiger Satz würde dann also durch die folgenden vier Tripel beschrieben:

```
ex:detektiv    ex:vermutet     ex:theorie .
ex:theorie     rdf:subject     ex:butler .
ex:theorie     rdf:predicate   ex:hatErmordet .
ex:theorie     rdf:object      ex:gärtner .
```

Wichtig ist dabei, dass damit über die tatsächliche Gültigkeit eines reifizierten Tripels keine Aussage gemacht wird. Insbesondere kann also aus dem obigen Beispiel nicht das Tripel

```
ex:butler    ex:hatErmordet    ex:gärtner .
```

geschlussfolgert werden.

Zusätzlich zu den (bereits im Vokabular von RDF enthaltenen) Reifikations-Propertys gibt es im RDFS-Vokabular noch `rdf:Statement` als Klassenbezeichner, der dazu verwendet werden kann, den „zentralen" Knoten eines reifizierten Tripels zu kennzeichnen:

```
ex:theorie    rdf:type    rdf:Statement .
```

Soll auf die reifizierten Aussagen nur lokal Bezug genommen werden, ist es – wie bei der Modellierung mehrwertiger Beziehungen – möglich, diese durch leere Knoten zu repräsentieren. Natürlich können auf dieselbe Art und Weise auch mehrfach verschachtelte Aussagen modelliert werden. Beide Modellierungsoptionen sind in Abb. 3.9 beispielhaft dargestellt. Mit dem hinzugewonnenen Wissen können Sie sicher dessen Inhalt entschlüsseln.[7]

---

[7]Tipp: Auch hier handelt es sich um eine Kriminalgeschichte, s. Genesis 4, 8-10.

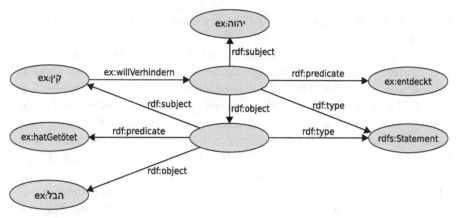

Abb. 3.9. Ein Beispiel für mehrfache Reifikation in Graphdarstellung

❂ 3.4.8 Zusätzliche Informationen in RDFS

Häufig ist es wünschenswert, zusätzliche Informationen in ein RDFS-Dokument einzubetten, die keine direkten semantischen Forderungen beinhalten, jedoch dessen Verständlichkeit für menschliche Nutzer erhöhen. Diese Möglichkeit wird in RDFS durch einen vordefinierten Satz von Property-Bezeichnern bereitgestellt. Damit kann Zusatzinformation kodiert werden, ohne dabei die grundlegende Idee aufzugeben, dass jegliches Wissen als Graph repräsentiert wird. Somit sind alle derartigen Zusatzangaben mit jeder RDF-Software les- und darstellbar.

`rdfs:label` haben wir bereits stillschweigend im Beispiel von Abschnitt 3.4.2 verwendet. Es dient dazu, für eine Ressource (die ein Individuum, aber auch eine Property oder eine Klasse sein kann) einen gefälligeren Namen anzugeben als deren URI. Diese Information könnte beispielsweise von Programmen verwendet werden, welche das RDFS-Dokument in Graphdarstellung anzeigen. Naheliegenderweise fordert man, dass das Objekt in einem Tripel mit dem Prädikat `rdfs:label` ein Literal sein muss, was sich dank der Modellierungsmöglichkeiten von RDFS natürlich auch ganz schlicht innerhalb von RDFS durch folgendes Tripel ausdrücken lässt:

```
rdfs:label    rdfs:domain    rdfs:Literal .
```

`rdfs:comment` wird verwendet, um umfangreichere menschenlesbare Kommentare zu einer Ressource zu machen. Gerade bei neu eingeführten Klassen oder Propertys bietet sich an, deren intendierte Bedeutung in natürlicher Sprache zu notieren. Dies erleichtert beispielsweise anderen Nutzern, die das Vokabular verwenden möchten, bei Unklarheiten nachzulesen und trägt so zu dessen konsistenter Verwendung bei. Auch `rdfs:comment` erfordert ein Literal an Objektstelle.

Die beiden Ausdrücke `rdfs:seeAlso` und `rdfs:isDefinedBy` werden verwendet, um Ressourcen anzugeben, die nähere Informationen über die Subjekt-Ressource bereitstellen. Das können beispielsweise URLs von Webseiten sein oder URIs, die Printmedien identifizieren. `rdfs:isDefinedBy` wird insbesondere verwendet, um zu konstatieren, dass die Subjekt-Ressource sogar durch die angegebene Objekt-Ressource (in einem nicht näher konkretisierten Sinne) definiert wird. In RDFS ist übrigens a priori festgelegt, dass `rdfs:isDefinedBy` eine Unterproperty von `rdfs:seeAlso` ist.

Ein Beispiel für die Verwendung der in diesem Abschnitt eingeführten Ausdrücke wäre folgende ergänzte Passage des RDFS-Dokuments von Abb. 3.8:

```
   :
 xmlns:wikipedia="http://de.wikipedia.org/wiki/"
   :
<rdfs:Class rdf:about="&ex;Primates">
    <rdfs:label xml:lang="de">Primaten</rdfs:label>
    <rdfs:comment>
      Eine Säugetierordnung. Primaten zeichnen sich durch ein
      hochentwickeltes Gehirn aus. Sie besiedeln hauptsächlich
      die wärmeren Erdregionen.
      Die Bezeichnung Primates (lat. "Herrentiere") stammt von
      Carl von Linné.
    </rdfs:comment>
    <rdfs:seeAlso rdf:resource="&wikipedia;Primaten"/>
    <rdfs:subClassOf rdfs:resource="&ex;Mammalia"/>
</rdfs:Class>
```

❯ 3.4.9 Ein Beispiel

Um die grundlegenden Modellierungsmöglichkeiten von RDFS darzustellen, geben wir im Folgenden eine kleine Ontologie als Beispiel. Aus Gründen der Einfachheit verzichten wir dabei auf die Verwendung von Literalen und Datentypen. Nehmen wir an, ein RDF-Dokument enthalte folgende Tripel:

```
ex:VegetableThaiCurry     ex:ThaigerichtBasierendAuf   ex:Kokosmilch .
ex:Sebastian              rdf:type                     ex:Nussallergiker .
ex:Sebastian              ex:isst                      ex:VegetableTaiCurry .


ex:Nussallergiker          rdfs:subClassOf       ex:Bedauernswert .
ex:ThaigerichtBasierendAuf rdfs:domain           ex:Thailändisch.
ex:ThaigerichtBasierendAuf rdfs:range            ex:Nussig .
ex:ThaigerichtBasierendAuf rdfs:subPropertyOf    ex:hatZutat .
ex:hatZutat                rdf:type
                               rdfs:ContainerMembershipProperty.
```

Modelliert wird damit die Existenz von „Vegetable Thai Curry", ein Thai-Gericht basierend auf Kokosmilch. Weiterhin wird die Existenz einer Ressource „Sebastian" vermerkt, die zur Klasse der Nussallergiker zählt. Das dritte Tripel sagt aus, dass Sebastian Vegetable Thai Curry isst. Soweit zum sogenannten *assertionalen Wissen*, welches Aussagen über die konkreten Dinge des Gegenstandsbereichs trifft.

Als *terminologisches Wissen* enthält unsere Mini-Ontologie, dass die Klasse der Nussallergiker Unterklasse der bedauernswerten Dinge ist, dass jedes Thai-Gericht (welches auf irgendetwas basiert) zur Klasse der thailändischen Dinge gehört sowie (und dies spiegelt die subjektive Erfahrung des leidgeprüften Autors wider) jedes Thai-Gericht nur auf Ingredenzien basiert, die zur Klasse der nussigen Dinge zählen. Schließlich wird ausgesagt, dass, wenn ein (Thai-)Gericht auf etwas basiert, es dieses „Etwas" auch als Zutat hat und, dass „etwas als Zutat haben" eine Art Enthaltenseins-Relation darstellt. Abb. 3.10 zeigt dieselbe Information in Graphdarstellung und verdeutlicht auch nochmals die Unterscheidung zwischen terminologischem (Schema-) und assertionalem (Fakten-)Wissen. Aus dem dergestalt spezifizierten Wissen ist es nun möglich, implizites Wissen herzuleiten. Die theoretischen Grundlagen hierfür stellen wir im folgenden Kapitel bereit und zeigen an einem Beispiel, wie sich aus der hier konkret vorgestellten Ontologie automatisch Schlussfolgerungen ziehen lassen.

❯ 3.4.10 Wichtige Änderungen in RDF(S)

Im Vergleich zu früheren Versionen von RDF und RDFS gibt es einige wichtige Neuerungen in der aktuell verabschiedeten und hier behandelten Version. Das Spektrum reicht dabei von kritischen bis hin zu eher kosmetischen Änderungen. Wir führen hier die wichtigsten Änderungen auf, um das Bild zu vervollständigen.

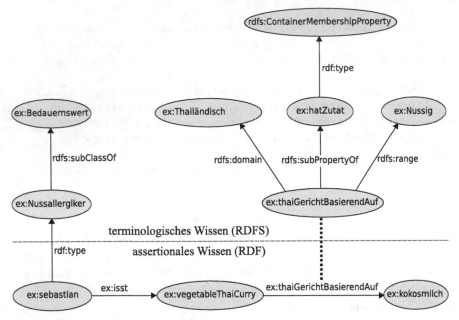

Abb. 3.10. Eine einfache RDFS-Ontologie in Graphdarstellung

Die wahrscheinlich wichtigste Änderung überhaupt war die Einführung einer formalen Semantik wie sie in Kapitel 4 vorgestellt wird. Auf die Notwendigkeit ihrer Einführung und die daraus erwachsenden Vorteile gehen wir dort detaillierter ein.

Auch einzelne Modellierungsprimitive haben sich geändert. Die wichtigsten Änderungen betrafen die syntaktischen Restriktionen für die beiden Bezeichner `rdfs:subClassOf` und `rdfs:subPropertyOf`. Ursprünglich mussten die von ihnen aufgespannten Hierarchien zyklenfrei sein. Dies hat entscheidende Nachteile bei der Implementierung und auch bei der Verwendung. Zum einen erfordert Zyklenfreiheit einen signifikanten Mehraufwand beim Parsen und Validieren von RDF-Dokumenten. Um nämlich Zyklen erkennen zu können, d.h. aufeinander referenzierende Konstrukte, wird ein zweistufiger Prozess benötigt. Zum anderen kann ohne Zyklen keine Gleichheit von zwei Klassen dargestellt werden, was für viele praktische Anwendungen eine wertvolle Eigenschaft von Wissensrepräsentationssprachen ist.

In der ursprünglichen Version war es lediglich erlaubt, genau eine `rdfs:range` Restriktion für eine `rdf:Property` zu definieren. Aus praktischer Sicht kann dies einfach umgangen werden, d.h., mehrere `rdfs:range` Restriktionen können für eine `rdf:Property` definiert werden. Dazu wird lediglich eine zusätzliche Dummy-Klasse als Oberklasse von allen mit `rdfs:range` referenzierten Klassen eingeführt. Diese Dummy-Klasse wird dann für die `rdfs:range` Restriktion benutzt. Das Erlauben von mehr als einer Restriktion in der aktuellen Version ist zwar eher als kosmetische Änderung zu sehen, erleichtert jedoch aus Anwendersicht das Modellieren mit RDF(S) deutlich.

Abschließend sei noch die Einführung von XML-Schema-Datentypen als Typisierungsmechanismus für RDF-Literale erwähnt, was vor allem die Austauschbarkeit zwischen RDF-Anwendungen und anderen XML-Anwendungen erhöht.

❯ 3.4.11 Zusammenfassung der RDF(S)-Sprachkonstrukte

❯ RDF(S) Klassen

rdfs:Class	rdf:Property
rdfs:Resource	rdfs:Literal
rdfs:Datatype	rdf:XMLLiteral

❯ RDF(S) Eigenschaften

rdfs:range	rdfs:domain
rdf:type	rdfs:subClassOf
rdfs:subPropertyOf	rdfs:label
rdfs:comment	

❯ RDF Listen

rdfs:Container	rdf:Bag
rdf:Seq	rdf:Alt
rdf:li	rdf:_1
rdf:_2	...
rdfs:ContainerMembershipProperty	rdfs:member
rdf:List	rdf:first
rdf:rest	rdf:nil

❯ Reifikation

rdf:Statement	rdf:subject
rdf:predicate	rdf:object

❯ RDF Attribute

rdf:about	rdf:ID
rdf:resource	rdf:nodeID
rdf:datatype	

⊛ **XML Attribute**

```
xml:base    xmlns
xml:lang
```

⊛ **RDF(S) weitere Elemente**

```
rdf:RDF           rdfs:seeAlso
rdfs:isDefinedBy  rdf:value
```

3.5

3.5 Zusammenfassung

In diesem Kapitel haben wir die Beschreibungssprache RDF und deren Erweiterung RDFS eingeführt. Beide basieren auf Graphstrukturen, deren Grundelemente Tripel genannt werden und die auch zur Kodierung komplexerer Datenstrukturen wie Listen verwendet werden. URIs ermöglichen die eindeutige Kennzeichnung von Knoten und Kanten in diesen Tripeln. Während RDF im Wesentlichen dazu dient, grundlegende Aussagen über die Beziehungen zwischen Einzelobjekten (Individuen) zu treffen, bietet RDFS die Möglichkeit, terminologisches Wissen in Form von Klassen- und Propertyhierarchien und deren Zusammenhängen zu spezifizieren.

3.6

3.6 Aufgaben

3.6.1

Aufgabe 3.6.1 Betrachten Sie die folgende RDF-Repräsentation:

```
<rdf:RDF
    xmlns:rdf="http://www.w3.org/1999/02/22-rdf-syntax-ns#"
    xmlns:rdfs="http://www.w3.org/2000/01/rdf-schema#"
    xmlns:iswww="http://sw.edu/#"
>

<rdf:Description rdf:about="http://sw.edu/#deutschland">
    <rdf:type rdf:resource="http://sw.edu/#land"/>
</rdf:Description>

<rdf:Description rdf:about="http://sw.edu/#hauptstadt_von">
    <rdf:type
     rdf:resource="http://www.w3.org/1999/02/22-rdf-syntax-ns#Property"/
    >
    <rdfs:domain rdf:resource="http://sw.edu/#stadt"/>
    <rdfs:range rdf:resource="http://sw.edu/#land"/>
</rdf:Description>
```

```
<rdf:Description rdf:about="http://sw.edu/#land">
  <rdf:type rdf:resource="http://www.w3.org/2000/01/rdf-schema#Class"/>
  <rdfs:label xml:lang="en">country</rdfs:label>
</rdf:Description>

<rdf:Description rdf:about="http://sw.edu/#berlin">
  <rdfs:label xml:lang="en">Berlin</rdfs:label>
  <rdf:type rdf:resource="http://sw.edu/#stadt"/>
  <iswww:hauptstadt_von rdf:resource="http://sw.edu/#deutschland"/>
</rdf:Description>

<rdf:Description rdf:about="http://sw.edu/#stadt">
  <rdf:type rdf:resource="http://www.w3.org/2000/01/rdf-schema#Class"/>
  <rdfs:label xml:lang="en">city</rdfs:label>
</rdf:Description>

</rdf:RDF>
```

— Beschreiben Sie in natürlicher Sprache, was durch diese Repräsentation ausgedrückt wird.
— Erstellen Sie eine graphische Darstellung der obigen RDF-Repräsentation.

Aufgabe 3.6.2 Stellen Sie die modellierte Liste der Autoren dieses Buches von Seite 62 in Turtle-Syntax dar.   **3.6.2**

Aufgabe 3.6.3 Übersetzen Sie die kulinarisch-allergische Beispiel-Ontologie auf Seite 84 in RDF/XML-Syntax.   **3.6.3**

Aufgabe 3.6.4 Stellen Sie die folgenden Sätze mithilfe reifizierter Tripel graphisch dar: **3.6.4**
— Romeo meinte, Julia sei tot.
— John glaubt, dass Mary ihn heiraten möchte.
— Der Zwerg bemerkte, dass irgend jemand von seinem Tellerchen gegessen hatte.

Aufgabe 3.6.5 Entscheiden Sie, ob sich die folgenden Aussagen mittels RDF(S) zufriedenstellend modellieren lassen und geben Sie gegebenenfalls entsprechende RDF(S)-Spezifikationen an.   **3.6.5**
— Jede Pizza ist eine Speise.
— Pizzen haben immer mindestens zwei Beläge.
— Jede Pizza der Klasse `PizzaMargarita` hat `Tomate` als Belag.

- Alles, was einen Belag hat, ist eine Pizza.
- Keine Pizza der Klasse `PizzaMargarita` hat Belag aus der Klasse `Fleisch`.
- „Einen Belag haben" ist eine Enthaltenseins-Beziehung.

3.7

3.7 Weiterführende Literatur

❯ RDF(S)

[RDF] ist die zentrale W3C Webseite für RDF(S), die eigentliche Spezifikation erfolgt in sechs teilweise aufeinander aufbauenden Dokumenten.

- „Primer" [MM04] gibt einen generellen Überblick über RDF(S).
- „Concepts" [KC04] beschreibt vor allem die Grundkonzepte von RDF sowie eine abstrakte Syntax.
- „Syntax" [Bec04] beschreibt die XML-Syntax für RDF.
- „Semantics" [Hay04] führt die Semantik von RDF(S) ein, die wir auf etwas andere Weise im folgenden Kapitel 6 behandeln.
- „Vocabulary" [BG04] beschreibt RDF Schema und enthält einen Überblick der zur Verfügung stehenden Modellierungsprimitive, um einfache Ontologien zu modellieren.
- „Test Cases" [GB04] ist eine Sammlung von Testfällen und primär für Entwickler von Werkzeugen interessant.

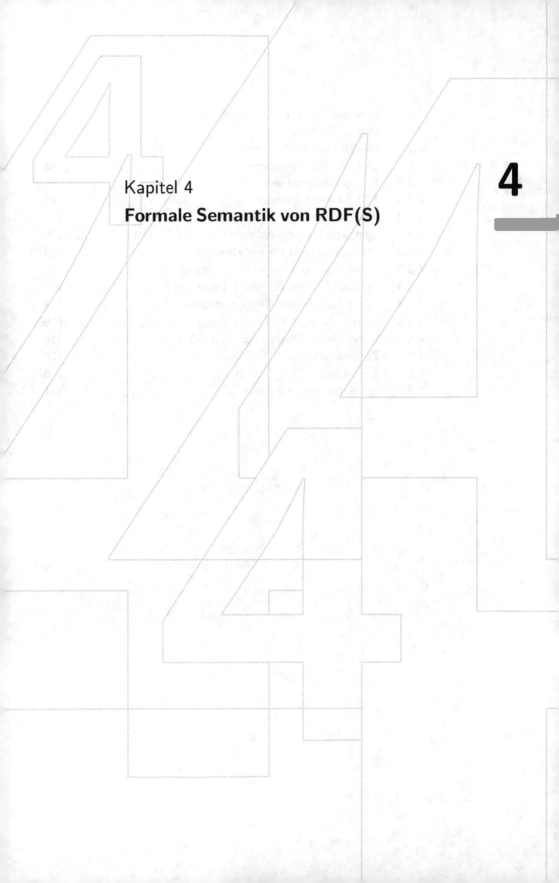

Kapitel 4

Formale Semantik von RDF(S)

4

4   **Formale Semantik von RDF(S)**

4

4 Formale Semantik von RDF(S)

Nachdem in den vorherigen Abschnitten die Sprache RDF(S) behandelt wurde, führen wir nun deren Semantik ein. Zuvor jedoch kommen wir auf die Gründe zu sprechen, die die Definition einer formalen Semantik notwendig machten (denn, wie im vergangenen Abschnitt bemerkt, gab es eine Semantik durchaus nicht seit der Geburtsstunde von RDF), sowie die sich daraus ergebenden Vorteile.

4.1 Warum Semantik?

Der Begriff *Semantik* (von griech. $\sigma\eta\mu\alpha\nu\tau\iota\kappa o\varsigma$ „zum Zeichen gehörend") wird in unterschiedlichen Kontexten (Linguistik, Programmiersprachen usw.) sehr verschieden gebraucht und lässt sich wohl am treffendsten mit dem deutschen Wort „Bedeutung" umschreiben.

Worauf es uns in diesem Abschnitt hauptsächlich ankommen soll, ist die *logische* Dimension des Semantik-Begriffs. Diese wird häufig auch mit dem weniger vieldeutigen Terminus *formale Semantik* bezeichnet.

Die Einführung einer formalen Semantik für RDF(S) erfolgte nach (berechtigter) Kritik von verschiedenen Werkzeugherstellern. Wie sich herausstellte, führte das Fehlen der formalen Semantik zu Inkompatibilitäten und Inkonsistenzen zwischen verschiedenen Implementierungen der Spezifikation. Am deutlichsten machte sich dies bei RDF-Datenspeichern (engl. *triple stores*, Software zur Speicherung von und Anfrage an Daten in RDF) bemerkbar. So konnte es etwa passieren, dass zwei unterschiedliche RDF-Datenspeicher auf dieselbe Anfrage unterschiedliche Ergebnisse zurücklieferten, und das, obwohl sie dieselbe Anfragesprache (z.B. SPARQL oder Vorgänger) implementierten. Der Grund liegt in der unterschiedlichen Interpretation von RDF-Dokumenten bzw. von Anfragen an RDF-Dokumente. Erst durch die formale Semantik wurde diese Unzulänglichkeit behoben.

Für unsere Betrachtungen ist es an dieser Stelle nötig, den Begriff der formalen Semantik mathematisch präzise zu definieren. Wie bereits angedeutet, ist das zentrale Anliegen der mathematischen Logik die Formalisierung von korrektem Schlussfolgern. Hierzu braucht man zunächst Aussagen. Diese Grundelemente werden in der Logik im Allgemeinen als *Sätze* bezeichnet. Selbstredend ist die Entscheidung, was genau ein Satz ist, abhängig von der konkret betrachteten Logik; in unserem Fall beispielsweise sind die Sätze RDF-Tripel, im Anhang zur Prädikatenlogik finden Sie ein weiteres Beispiel für logische Sätze. Wir bezeichnen die Menge aller Sätze mit $\mathcal{S}$. Weiterhin benötigt man ein Mittel, um auszudrücken, dass beispielsweise ein Satz s aus den Sätzen s_1, s_2, und s_3 folgt. Dafür schreibt man üblicherweise $\{s_1, s_2, s_3\} \models s$, wobei $\models$

Schlussfolgerungsrelation (engl. entailment relation) genannt wird und Mengen von Sätzen zu einzelnen Sätzen in Beziehung setzt (also: $\models\,\subseteq 2^{\mathcal{S}} \times \mathcal{S}$). Eine Logik L setzt sich also zusammen aus einer Menge von Sätzen gemeinsam mit einer Schlussfolgerungsrelation und kann daher zunächst ganz abstrakt beschrieben werden durch $L = (\mathcal{S}, \models)$.

Es gibt eine Vielzahl an Möglichkeiten, die Schlussfolgerungsrelation für eine konkrete Logik zu definieren. Auf eine häufig verwendete Methode hierfür (die auch in unserem Fall Anwendung finden wird) gehen wir in der Folge näher ein.

4.2 Modelltheoretische Semantik für RDF(S)

In diesem Abschnitt führen wir überblickartig den Begriff der *modelltheoretischen Semantik* ein.

Die Grundidee dabei ist, die Sätze, also die syntaktischen Aussagen einer Logik, ins Verhältnis zu setzen zu sogenanten *Interpretationen*. Interpretationen kann man sich dabei etwa vorstellen als alle denkbaren „Realitäten", „Welten", oder „Ausprägungen der Realität". Insbesondere fordert man nicht, dass Interpretationen in irgendeiner Art der tatsächlichen Realität entsprechen müssen. Um formal korrekt arbeiten zu können, wählt man in der formalen Logik bestimmte mathematische Strukturen als Interpretationen. Welche dies im Einzelfall sind, ist unter anderem abhängig von der betrachteten Logik.

Nach der Festlegung der Interpretationen definiert man dann Kriterien, anhand derer entschieden wird, ob eine konkrete Interpretation I einen konkreten Satz $s \in \mathcal{S}$ *erfüllt* (man sagt dann auch I sei *Modell* von s und schreibt – unter Verwendung desselben Symbols wie für die Folgerungsrelation – $I \models s$). Natürlich hängen auch diese Kriterien von der betrachteten Logik ab.

Auf der Grundlage dieser „Modellrelation" definiert man schließlich die eigentliche Folgerungsrelation nach folgendem (auch intuitiv recht einleuchtenden) Kriterium: Ein Satz $s \in \mathcal{S}$ folgt aus einer Menge von Sätzen $S \subseteq \mathcal{S}$ (also: $S \models s$) genau dann, wenn jede Interpretation I, die *jeden* Satz s' aus S erfüllt (also: $I \models s'$ für alle $s' \in S$), auch Modell von s ist ($I \models s$). Dieser Zusammenhang ist in Abb. 4.1 graphisch dargestellt. Eine Analogie, die den Grundgedanken dieser Definition verdeutlicht, wäre die Beobachtung, dass „grün" aus „hellgrün" folgt, weil ja alle hellgrünen Dinge auch grün sind. In der gerade eingeführten Terminologie hieße das: $\{\textit{hellgrün}\} \models \textit{grün}$, da jedes Ding (jede Interpretation) I, das *hellgrün* erfüllt ($I \models \textit{hellgrün}$), automatisch auch Modell des Satzes *grün* ist ($I \models \textit{grün}$).

Bei der Definition der modelltheoretischen Semantik für RDF(S) gehen wir schrittweise vor: Wir beginnen mit einer vergleichsweise einfachen Definition von Interpretationen für Graphen. Danach geben wir zusätzliche Kriterien an,

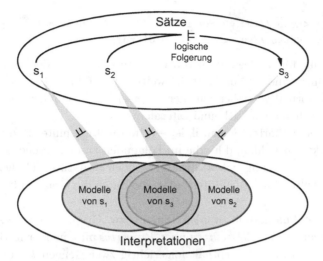

Abb. 4.1. Definition der Folgerungsrelation über Modelle

die eine solche einfache Interpretation als RDF-Interpretation qualifizieren.
Schließlich geben wir weitere Forderungen an, die eine RDF-Interpretation
erfüllen muss, um als RDFS-Interpretation zu gelten. Eine natürliche Konsequenz dieser Vorgehensweise ist die Tatsache, dass jede RDFS-Interpretation
auch eine gültige RDF-Interpretation darstellt, wie auch jede RDF-Interpretation eine einfache Interpretation ist. Dieser Zusammenhang ist in Abb. 4.2
noch einmal dargestellt.

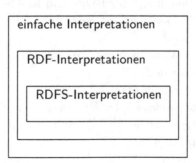

Abb. 4.2. Beziehung der Interpretationen

❱ **4.2.1 Einfache Interpretationen**

Sehen wir uns also zuerst den Begriff der sogenannten *einfachen Interpretation* an. Dabei verwenden wir für die Darstellung von RDF-Graphen im Text
die in Abschnitt 3.2 eingeführte Turtle-Notation und setzen – der üblichen
Konvention folgend – die beiden folgenden Präfixdefinitionen voraus:

```
@prefix rdf: <http://www.w3.org/1999/02/22-rdf-syntax-ns#>
@prefix rdfs: <http://www.w3.org/2000/01/rdf-schema#>
```

Ausgangspunkt für die Definition von Interpretationen ist der (in Abschnitt 3.2.6 eingeführte und in Abschnitt 3.4 weiter ausgeführte) Begriff des Vokabulars. Ganz formal verstehen wir hier unter einem Vokabular eine beliebige Menge V bestehend aus URIs und Literalen.

Ziel der hier eingeführten Semantik ist es, die Intuition hinter RDF-Graphen formal korrekt abzubilden, d.h., die im Folgenden zu definierenden Interpretationen sollten – wenngleich abstrakter – doch strukturell ähnlich zu den „möglichen Welten bzw. Realitäten" sein, die durch die Graphen beschrieben werden.

Wie in Kapitel 3 dargestellt, werden Tripel (bzw. Graphen) dazu verwendet, um zu beschreiben, wie *Ressourcen* über *Propertys* miteinander in Beziehung stehen. Eine Interpretation enthält folgerichtig zwei Mengen IR und IP, deren Elemente wir als abstrakte Ressourcen bzw. Propertys sehen, sowie eine Funktion I_{EXT}, die letztlich aussagt, welche Ressourcen über welche Propertys verbunden sind. „Ressource'" und „Property" sind also rein semantische (d.h. interpretationsseitige) Begriffe, weswegen es genau genommen falsch wäre zu sagen, dass URIs (oder Literale) Ressourcen *sind*. Präziser wäre die Formulierung, dass (syntaktische) URIs oder Literale *für* (semantische) Ressourcen *stehen* oder diese *repräsentieren*. Und genau diese Repräsentation wird dargestellt durch weitere Funktionen, welche URIs bzw. Literalen ihr semantisches Gegenstück zuordnen. Dabei wird für einfache Interpretationen noch keine „semantische Sonderbehandlung" für RDF- und RDFS-Vokabular gefordert.

Wir definieren also: Eine *einfache Interpretation* I für ein Vokabular V besteht aus

- IR, einer nichtleeren Menge von *Ressourcen*, auch genannt Domäne oder (Diskurs-)Universum von I,
- IP, der Menge der *Propertys* von I
- I_{EXT}, einer Funktion, welche jeder Property eine Menge von Paaren aus IR zuordnet, also $I_{EXT} : IP \rightarrow 2^{IR \times IR}$, dabei nennt man $I_{EXT}(p)$ auch die *Extension* der Property p,
- I_S, einer Funktion, welche URIs aus V in die Vereinigung der Mengen IR und IP abbildet, also $I_S : V \rightarrow IR \cup IP$,
- I_L, einer Funktion von den getypten Literalen aus V in die Menge IR der Ressourcen und
- LV einer speziellen Teilmenge von IR, genannt Menge der Literalwerte, die (mindestens) alle ungetypten Literale aus V enthält.

Basierend auf den Mengen IR, IP und LV sowie den Funktionen I_{EXT}, I_S und I_L definiert man nun eine Interpretationsfunktion $\cdot^{I}$, welche zunächst alle im

Vokabular V enthaltenen Literale und URIs auf Ressourcen und Propertys abbildet:

- jedes ungetypte Literal $"a"$ wird auf a abgebildet: $("a")^{\mathcal{I}} = a$,
- jedes ungetypte Literal mit Sprachangabe $"a"@t$ wird auf das Paar $\langle a, t \rangle$ abgebildet: $("a"@t)^{\mathcal{I}} = \langle a, t \rangle$,
- jedes getypte Literal l wird auf $I_L(l)$ abgebildet: $l^{\mathcal{I}} = I_L(l)$ und
- jede URI u wird auf $I_S(u)$ abgebildet: $u^{\mathcal{I}} = I_S(u)$.

Dabei werden also (wie in Abschnitt 3.1.3 bereits erwähnt) ungetypte Literale ohne Sprachangabe quasi „auf sich selbst abgebildet" und ungetypten Literalen mit Sprachangabe werden Paare zugeordnet, welche sich aus dem blanken Literal und dem Sprachbezeichner zusammensetzen. Für die Interpretation getypter Literale werden – von der Zugehörigkeit zu den Ressourcen abgesehen – zunächst keine speziellen semantischen Forderungen gestellt. Abbildung 4.3 stellt diesen Teil der Definition einer einfachen Interpretation noch einmal schematisch dar.

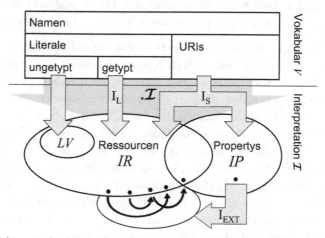

Abb. 4.3. Schematische Darstellung einer einfachen Interpretation

Von der Definition der Interpretationsfunktion $\cdot^{\mathcal{I}}$ für die RDF-Grundelemente ausgehend wird diese so erweitert, dass sie jedem *grundierten* Tripel (d.h. einem, welches keine leeren Knoten enthält) einen Wahrheitswert (*wahr* oder *falsch*) zuweist: Der Wahrheitswert s p o.$^{\mathcal{I}}$ eines grundierten Tripels s p o. ist genau dann *wahr*, wenn alle seine Bestandteile s, p und o im Vokabular V enthalten sind und $\langle s^{\mathcal{I}}, o^{\mathcal{I}} \rangle \in I_{\text{EXT}}(p^{\mathcal{I}})$. Letztere Bedingung besagt, dass das Paar gebildet aus den Ressourcen, die den beiden URIs s und o. zugeordnet sind, in der Extension der durch die URI p repräsentierten Property liegt. Ist eine dieser Bedingungen verletzt, ist der Wahrheitswert *falsch*. Abbildung 4.4 stellt diese Bedingung grafisch dar.

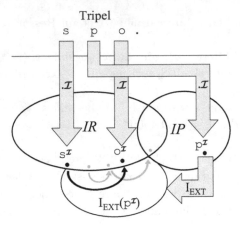

Abb. 4.4. Kriterium für die Gültigkeit eines Tripels bezüglich einer Interpretation

Schließlich ordnet $\cdot^{\mathcal{I}}$ auch jedem grundierten Graphen G einen Wahrheitswert zu: $G^{\mathcal{I}}$ ist genau dann wahr, wenn jedes der Tripel, aus dem der Graph G besteht, wahr ist, d.h. $G^{\mathcal{I}} = wahr$ genau wenn $T^{\mathcal{I}} = wahr$ für alle $T \in G$.

Der bisher eingeführte Interpretationsbegriff deckt lediglich grundierte Graphen ab, d.h. solche, die keine leeren Knoten enthalten. Um auch Graphen mit leeren Knoten im Rahmen einer Interpretation behandeln zu können, muss der Interpretationsbegriff noch etwas erweitert werden. Die Grundidee dabei besteht darin, einen Graphen mit leeren Knoten dann „gelten zu lassen", wenn es für jeden dieser leeren Knoten eine Ressource gibt, mit der er identifiziert werden kann. Sei also A eine Funktion, die allen vorhandenen leeren Knoten eine Ressource aus IR zuordnet. Weiterhin definieren wir für eine solche Abbildung A und eine gegebene Interpretation $\mathcal{I}$ die kombinierte Interpretation $\mathcal{I}+A$, die genau $\mathcal{I}$ entspricht, jedoch zusätzlich jedem leeren Knoten gemäß A eine Ressource zuordnet: $(b)^{\mathcal{I}+A} = A(b)$. Entsprechend lässt sich $\mathcal{I}+A$ auf Tripel und weiter auf Graphen erweitern.

Schließlich abstrahiert man wieder von konkreten Zuordnungen, indem man festlegt, dass eine Interpretation $\mathcal{I}$ Modell eines Graphen G ist, wenn es eine Funktion A' gibt, so dass $G^{\mathcal{I}+A'} = wahr$ gilt. Mit diesem „Trick" haben wir also unseren ursprünglichen Interpretationsbegriff auf nicht-grundierte Graphen ausgeweitet. Ein Beispiel ist in Abb. 4.5 gegeben.

Ganz in Übereinstimmung mit der Idee der modelltheoretischen Semantik sagen wir nun, ein Graph G_2 *folgt einfach* aus einem Graphen G_1, wenn jede einfache Interpretation, die Modell von G_1 ist, auch Modell von G_2 ist.

Betrachten wir als Beispiel den Graphen aus Abb. 3.5. Das zugehörige Vokabular V besteht aus allen Bezeichnern von Knoten und Kanten des Graphen. Eine einfache Interpretation $\mathcal{I}$ für dieses Vokabular wäre nun gegeben durch:

$$IR = \{\chi, \upsilon, \tau, \nu, \epsilon, \iota, 450g\}$$
$$IP = \{\tau, \nu, \iota\}$$
$$LV = \{450g\}$$
$$I_{\text{EXT}} = \tau \mapsto \{\langle \chi, \epsilon \rangle\}$$
$$\nu \mapsto \{\langle \epsilon, \upsilon \rangle\}$$
$$\iota \mapsto \{\langle \epsilon, 450g \rangle\}$$

$I_S = $ ex:Chutney $\mapsto \chi$

ex:grüneMango $\mapsto \upsilon$

ex:hatZutat $\mapsto \tau$

ex:Zutat $\mapsto \nu$

ex:Menge $\mapsto \iota$

I_L ist die „leere Funktion", da es keine getypten Literale gibt.

Sei nun $A : \_\!:\!\texttt{id1} \mapsto \epsilon$, so stellt man fest, dass die Interpretation $\mathcal{I} + A$ alle drei Tripel des betrachteten Graphen zu *wahr* auswertet:

$$\langle \texttt{ex:Chutney}^{\mathcal{I}+A}, \_\!:\!\texttt{id1}^{\mathcal{I}+A} \rangle = \langle \chi, \epsilon \rangle \in I_{\text{EXT}}(\tau) = I_{\text{EXT}}(\texttt{ex:hatZutat}^{\mathcal{I}+A})$$
$$\langle \_\!:\!\texttt{id1}^{\mathcal{I}+A}, \texttt{ex:grüneMango}^{\mathcal{I}+A} \rangle = \langle \epsilon, \upsilon \rangle \in I_{\text{EXT}}(\nu) = I_{\text{EXT}}(\texttt{ex:Zutat}^{\mathcal{I}+A})$$
$$\langle \_\!:\!\texttt{id1}^{\mathcal{I}+A}, \texttt{"450g"}^{\mathcal{I}+A} \rangle = \langle \epsilon, 450g \rangle \in I_{\text{EXT}}(\iota) = I_{\text{EXT}}(\texttt{ex:Menge}^{\mathcal{I}+A})$$

Also wird auch der beschriebene Graph als Ganzes zu *wahr* ausgewertet. Damit ist $\mathcal{I}$ ein Modell des Graphen (bezüglich der *einfachen* Interpretation).

Abb. 4.5. Beispiel für eine Interpretation

4.2.2 RDF-Interpretationen

Einfache Interpretationen behandeln alle im Vokabular vorkommenden URIs gleich, ungeachtet ihres Namensraums und ihrer beabsichtigten Bedeutung. Eine einfache Interpretation würde also beispielsweise keinen inhaltlichen Unterschied machen zwischen den URIs http://example.org/verlegtBei und rdf:type. Um nun dem festgelegten RDF-Vokabular die ihm zugedachte Bedeutung zukommen zu lassen, muss man die Menge der zulässigen Interpretationen durch zusätzliche Anforderungen weiter einschränken.
Das RDF-Vokabular V_{RDF} besteht aus den folgenden URIs:

```
rdf:type rdf:Property rdf:XMLLiteral rdf:nil
rdf:List rdf:Statement rdf:subject rdf:predicate rdf:object
rdf:first rdf:rest rdf:Seq rdf:Bag rdf:Alt
rdf:_1 rdf:_2 ...
```

Wir erinnern uns an die „intuitive Semantik" für dieses Vokabular: rdf:type wird verwendet, um einer URI (bzw. ihrer Ressource) einen Typ zuzuweisen (bzw. deren Zugehörigkeit zu einer Klasse zu deklarieren). Der Bezeichner `rdf:Property` steht für einen solchen Typ und dient der Charakterisierung all jener URIs, die als Prädikat in Tripeln vorkommen können, d.h., deren Ressourcen eine Extension haben (die also – in der Sprache der einfachen Interpretationen ausgedrückt – in IP liegen). Wir werden also nur Interpretationen zulassen, die diese Eigenschaft erfüllen.

Wie in Abschnitt 3.3.1 besprochen, gibt es in RDF genau einen vordefinierten Datentyp, nämlich `rdf:XMLLiteral`. Im Gegensatz zu anderen (extern definierten) Datentypen werden dessen besondere Eigenschaften durch die Semantikdefinition direkt berücksichtigt. Dafür ist es notwendig, zwischen *wohlgeformten* und *nicht wohlgeformten* XML-Literalen zu unterscheiden. Ein XML-Literal wird genau dann als wohlgeformt bezeichnet, wenn es die syntaktischen Kriterien dafür erfüllt, im lexikalischen Bereich von `rdf:XMLLiteral` enthalten zu sein (siehe auch Abschnitt 3.3.1).

Diese Unterscheidung ist für die nachfolgende Definition relevant, da wohlgeformte Literale auf Literalwerte (also Elemente aus LV) abgebildet werden, nicht wohlgeformte jedoch auf Ressourcen, die keine Literalwerte sind.

Eine *RDF-Interpretation* für ein Vokabular V ist nun eine einfache Interpretation für das Vokabular $V \cup V_{\mathrm{RDF}}$, welche zusätzlich folgende Bedingungen erfüllt:

- $x \in IP$ genau dann, wenn $\langle x, \mathtt{rdf:Property}^{\mathcal{I}} \rangle \in \mathrm{I}_{\mathrm{EXT}}(\mathtt{rdf:type}^{\mathcal{I}})$.

   x ist eine Property genau dann, wenn es mit der durch `rdf:Property` bezeichneten Ressource über die `rdf:type`-Property verbunden ist (dies führt auch automatisch dazu, dass für jede RDF-Interpretation $IP \subseteq IR$ gilt).

- wenn `"`s`"^^rdf:XMLLiteral` in V enthalten und s ein wohlgeformtes XML-Literal ist, dann

   - $\mathrm{I}_{\mathrm{L}}(\text{`"`}s\text{`"^^rdf:XMLLiteral`})$ ist der XML-Wert[1] von s;
   - $\mathrm{I}_{\mathrm{L}}(\text{`"`}s\text{`"^^rdf:XMLLiteral`}) \in LV$;
   - $\langle \mathrm{I}_{\mathrm{L}}(\text{`"`}s\text{`"^^rdf:XMLLiteral`}), \mathtt{rdf:XMLLiteral}^{\mathcal{I}} \rangle \in \mathrm{I}_{\mathrm{EXT}}(\mathtt{rdf:type}^{\mathcal{I}})$

- wenn `"`s`"^^rdf:XMLLiteral` in V enthalten und s ein *nicht* wohlgeformtes XML-Literal ist, dann

---

[1] Der Wertebereich des `rdf:XMLLiteral` zugeordneten Datentyps enthält für jede wohlgeformte XML-Zeichenkette (aus dem lexikalischen Bereich) genau einen sogenannten XML-Wert. Die RDF-Spezifikation gibt keine weitere Auskunft über die konkrete Natur von XML-Werten; sie fordert lediglich, dass ein XML-Wert keine XML-Zeichenkette, kein Datenwert irgendeines XML-Schema-Datentyps und auch keine Unicode-Zeichenkette ist. Für unsere Zwecke und den intuitiven Gebrauch macht man jedoch keinen nennenswerten Fehler, wenn man sich die XML-Werte dennoch einfach als XML-Zeichenketten vorstellt.

- $\mathrm{I_L}("s"\,\hat{}\,\hat{}\,\texttt{rdf:XMLLiteral}) \notin LV$ und
- $\langle \mathrm{I_L}("s"\,\hat{}\,\hat{}\,\texttt{rdf:XMLLiteral}), \texttt{rdf:XMLLiteral}^{\mathcal{I}} \rangle \notin \mathrm{I_{EXT}}(\texttt{rdf:type}^{\mathcal{I}}).$

Zusätzlich zu diesen semantischen Einschränkungen stellen wir für RDF-Interpretationen die Forderung, dass sämtliche der nachfolgenden Tripel (genannt *axiomatische RDF-Tripel*) als wahr ausgewertet werden müssen:

```
rdf:type        rdf:type    rdf:Property .
rdf:subject     rdf:type    rdf:Property .
rdf:predicate   rdf:type    rdf:Property .
rdf:object      rdf:type    rdf:Property .
rdf:first       rdf:type    rdf:Property .
rdf:rest        rdf:type    rdf:Property .
rdf:value       rdf:type    rdf:Property .
rdf:_1          rdf:type    rdf:Property .
rdf:_2          rdf:type    rdf:Property .
...
rdf:nil         rdf:type    rdf:List .
```

Bis auf das letzte dienen alle dieser Tripel dazu, Ressourcen, die speziellen RDF-URIs zugeordnet sind, als Propertys zu kennzeichnen. Dies erfolgt durch die Typisierung als `rdf:type rdf:Property`, die aufgrund der obigen Definition von RDF-Interpretationen genau die gewünschten semantischen Auswirkungen hat.

Gemeinsam stellen diese Restriktionen sicher, dass sich eine RDF-Interpretation entsprechend der beabsichtigten Bedeutung verhält.

Ganz analog zur Definition der einfachen Folgerung sagt man nun, ein Graph G_2 *RDF-folgt* aus einem Graphen G_1, wenn jede RDF-Interpretation, die Modell von G_1 ist, auch ein Modell von G_2 ist.

❥ 4.2.3 RDFS-Interpretationen

Wie in Abschnitt 3.4 dargestellt, reichert RDFS das RDF-Vokabular um weitere speziell zu interpretierende Konstrukte an. Beispielsweise werden (analog zu `rdf:Property`) neue Klassenbezeichner eingeführt, die es (via `rdf:type`) ermöglichen, eine URI explizit als Repräsentant für eine Ressource, als ungetyptes Literal oder selbst als Klassenbezeichner zu kennzeichnen. Neue Property-URIs ermöglichen wiederum, den Gegenstands- und Wertebereich von Propertys durch Klassenbezeichner zu charakterisieren sowie Klassen- wie Propertybezeichner zueinander in hierarchische Beziehung zu setzen, womit es möglich wird, Schema- bzw. terminologisches Wissen in Form von Tripeln auszudrücken.

Das speziell zu interpretierende RDFS-Vokabular V_{RDFS} besteht aus folgenden Bezeichnern:

```
rdfs:domain rdfs:range rdfs:Resource rdfs:Literal rdfs:Datatype
```

`rdfs:Class rdfs:subClassOf rdfs:subPropertyOf rdfs:member`
`rdfs:Container rdfs:ContainerMembershipProperty rdfs:comment`
`rdfs:seeAlso rdfs:isDefinedBy rdfs:label`

Aus Gründen der einfacheren Darstellung führen wir für eine gegebene RDF-Interpretation die Funktion I_{CEXT} ein, die Ressourcen auf Mengen von Ressourcen abbildet (also: $I_{CEXT} : IR \rightarrow 2^{IR}$). Dabei enthalte $I_{CEXT}(y)$ genau die Elemente x, für die $\langle x, y \rangle$ in $I_{EXT}(I(\text{rdf:type}))$ enthalten ist. $I_{CEXT}(y)$ nennt man auch die *(Klassen-)Extension* von y. Weiterhin definieren wir IC als die Extension der speziellen URI `rdfs:Class`, also: $IC = I_{CEXT}(\text{rdfs:Class}^{\mathcal{I}})$. Man bemerke, dass sowohl I_{CEXT} als auch IC durch $\cdot^{\mathcal{I}}$ sowie I_{EXT} bereits eindeutig festgelegt sind. Wir verwenden die neu eingeführte Funktion zur Definition der semantischen Anforderungen an eine RDFS-Interpretation:

Eine *RDFS-Interpretation* für ein Vokabular V ist eine RDF-Interpretation des Vokabulars $V \cup V_{RDFS}$, welche zusätzlich die folgenden Kriterien erfüllt:

- $IR = I_{CEXT}(\text{rdfs:Resource}^{\mathcal{I}})$

  Jede Ressource ist vom Typ `rdfs:Resource`.

- $LV = I_{CEXT}(\text{rdfs:Literal}^{\mathcal{I}})$

  Jedes ungetypte und jedes wohlgeformte getypte Literal ist vom Typ `rdfs:Literal`.

- Wenn $\langle x, y \rangle \in I_{EXT}(\text{rdfs:domain}^{\mathcal{I}})$ und $\langle u, v \rangle \in I_{EXT}(x)$, dann $u \in I_{CEXT}(y)$.

  Ist x mit y durch die Property `rdfs:domain` verbunden und verbindet die Property x die Ressourcen u und v, dann ist u vom Typ y.

- Wenn $\langle x, y \rangle \in I_{EXT}(\text{rdfs:range}^{\mathcal{I}})$ und $\langle u, v \rangle \in I_{EXT}(x)$, dann $v \in I_{CEXT}(y)$.

  Ist x mit y durch die Property `rdfs:range` verbunden und verbindet die Property x die Ressourcen u und v, dann ist v vom Typ y.

- $I_{EXT}(\text{rdfs:subPropertyOf}^{\mathcal{I}})$ ist reflexiv und transitiv auf IP.

  Die `rdfs:subPropertyOf`-Property verbindet jede Property mit sich selbst.

  Darüber hinaus gilt: Verbindet `rdfs:subPropertyOf` die Property x mit Property y und außerdem y mit der Property z, so verbindet `rdfs:subPropertyOf` auch x direkt mit z.

- Wenn $\langle x, y \rangle \in I_{EXT}(\text{rdfs:subPropertyOf}^{\mathcal{I}})$, dann $x, y \in IP$ und $I_{EXT}(x) \subseteq I_{EXT}(y)$.

  Wird x mit y durch `rdfs:subPropertyOf` verbunden, dann sind sowohl x als auch y Propertys und jedes in der Extension von x enthaltene Ressourcenpaar ist auch in der Extension von y enthalten.

- Wenn $x \in IC$, dann $\langle x, \text{rdfs:Resource}^{\mathcal{I}} \rangle \in I_{EXT}(\text{rdfs:subClassOf}^{\mathcal{I}})$.

Bezeichnet x eine Klasse, dann muss es eine Unterklasse der Klasse aller Ressourcen sein, d.h., das Paar aus x und `rdfs:Resource` ist in der Extension von `rdfs:subClassOf`.

— Wenn $\langle x, y \rangle \in I_{\text{EXT}}(\text{rdfs:subClassOf}^{\mathcal{I}})$,
dann $x, y \in IC$ und $I_{\text{CEXT}}(x) \subseteq I_{\text{CEXT}}(y)$.

Stehen x und y in der `rdfs:subClassOf`-Beziehung, sind sowohl x als auch y Klassen und die (Klassen-)Extension von x ist Teilmenge der (Klassen-)Extension von y.

— $I_{\text{EXT}}(\text{rdfs:subClassOf}^{\mathcal{I}})$ ist reflexiv und transitiv auf IC.

Die `rdfs:subClassOf`-Property verbindet jede Klasse mit sich selbst. Darüber hinaus folgt, wann immer diese Property Klasse x mit Klasse y und Klasse y mit Klasse z verbindet, dass sie x auch direkt mit z verbindet.

— Wenn $x \in I_{\text{CEXT}}(\text{rdfs:ContainerMembershipProperty}^{\mathcal{I}})$,
dann $\langle x, \text{rdfs:member}^{\mathcal{I}} \rangle \in I_{\text{EXT}}(\text{rdfs:subPropertyOf}^{\mathcal{I}})$.

Ist x eine Property vom Typ `rdfs:ContainerMembershipProperty`, so steht sie in der `rdfs:subPropertyOf`-Beziehung zur `rdfs:member`-Property.

— Wenn $x \in I_{\text{CEXT}}(\text{rdfs:Datatype}^{\mathcal{I}})$,
dann $\langle x, \text{rdfs:Literal}^{\mathcal{I}} \rangle \in I_{\text{EXT}}(\text{rdfs:subClassOf}^{\mathcal{I}})$

Ist ein x als Element der Klasse `rdfs:Datatype` „getypt", dann muss dieses auch eine Unterklasse der Klasse aller Literalwerte (bezeichnet mit `rdfs:Literal`) sein.

Ganz analog zur Definition der RDF-Interpretationen legen wir außerdem eine Menge von Tripeln fest, die eine RDF-Interpretation erfüllen muss, um als RDFS-Interpretation zu gelten:

`rdf:type`	`rdfs:domain`	`rdfs:Resource` .
`rdfs:domain`	`rdfs:domain`	`rdf:Property` .
`rdfs:range`	`rdfs:domain`	`rdf:Property` .
`rdfs:subPropertyOf`	`rdfs:domain`	`rdf:Property` .
`rdfs:subClassOf`	`rdfs:domain`	`rdfs:Class` .
`rdf:subject`	`rdfs:domain`	`rdf:Statement` .
`rdf:predicate`	`rdfs:domain`	`rdf:Statement` .
`rdf:object`	`rdfs:domain`	`rdf:Statement` .
`rdfs:member`	`rdfs:domain`	`rdfs:Resource` .
`rdf:first`	`rdfs:domain`	`rdf:List` .
`rdf:rest`	`rdfs:domain`	`rdf:List` .
`rdfs:seeAlso`	`rdfs:domain`	`rdfs:Resource` .

```
rdfs:isDefinedBy      rdfs:domain      rdfs:Resource .
rdfs:comment          rdfs:domain      rdfs:Resource .
rdfs:label            rdfs:domain      rdfs:Resource .
rdf:value             rdfs:domain      rdfs:Resource .

rdf:type              rdfs:range       rdfs:Class .
rdfs:domain           rdfs:range       rdfs:Class .
rdfs:range            rdfs:range       rdfs:Class .
rdfs:subPropertyOf    rdfs:range       rdf:Property .
rdfs:subClassOf       rdfs:range       rdfs:Class .
rdf:subject           rdfs:range       rdfs:Resource .
rdf:predicate         rdfs:range       rdfs:Resource .
rdf:object            rdfs:range       rdfs:Resource .
rdfs:member           rdfs:range       rdfs:Resource .
rdf:first             rdfs:range       rdfs:Resource .
rdf:rest              rdfs:range       rdf:List .
rdfs:seeAlso          rdfs:range       rdfs:Resource .
rdfs:isDefinedBy      rdfs:range       rdfs:Resource .
rdfs:comment          rdfs:range       rdfs:Literal .
rdfs:label            rdfs:range       rdfs:Literal .
rdf:value             rdfs:range       rdfs:Resource .

rdfs:ContainerMembershipProperty
                      rdfs:subClassOf  rdf:Property .
rdf:Alt               rdfs:subClassOf  rdfs:Container .
rdf:Bag               rdfs:subClassOf  rdfs:Container .
rdf:Seq               rdfs:subClassOf  rdfs:Container .

rdfs:isDefinedBy      rdfs:subPropertyOf  rdfs:seeAlso .

rdf:XMLLiteral        rdf:type         rdfs:Datatype .
rdf:XMLLiteral        rdfs:subClassOf  rdfs:Literal .
rdfs:Datatype         rdfs:subClassOf  rdfs:Class .

rdf:_1                rdf:type
                         rdfs:ContainerMembershipProperty .
rdf:_1                rdfs:domain      rdfs:Resource .
rdf:_1                rdfs:range       rdfs:Resource .
rdf:_2                rdf:type
                         rdfs:ContainerMembershipProperty .
rdf:_2                rdfs:domain      rdfs:Resource .
```

```
rdf:_2               rdfs:range           rdfs:Resource .
...
```

Offensichtlich sind die axiomatischen RDFS-Tripel in mehrere Gruppen aufgeteilt. Die erste Gruppe enthält nur Tripel mit `rdfs:domain` als Prädikat. Deklarativer „Zweck" eines solchen Tripels p `rdfs:domain` c ist es, dass man die URI p mit einem Klassenbezeichner c verknüpft. Dadurch wird eine Zugehörigkeit zu dieser Klasse (vermittelt durch `rdf:type`) dann jeder URI s „aufgezwungen", die als Subjekt gemeinsam mit dem Prädikat p in einem Tripel s p o . auftritt.

So sagt beispielsweise das fünfte Tripel in dieser Auflistung nichts anderes, als dass, wann immer ein Tripel c `rdfs:subclassOf` d auftritt (welches bekanntlich aussagt, dass c Unterklasse von d ist), sofort folgt, dass c auch eine Klasse ist, ausgedrückt durch das Tripel c `rdf:type rdfs:Class`.

Analog dazu bewirken die in der zweiten Gruppe zusammengefassten Tripel mit Prädikat `rdfs:range` eine Typisierung von Tripel-Objekten.

Bezüglich offener Listen wird durch die axiomatischen Tripel einerseits die Klasse der Enthaltenseins-Beziehungen als Unterklasse aller Propertys spezifiziert, andererseits `rdfs:Container` als Überklasse aller bekannten Arten offener Listen festgelegt.

Sodann wird die `rdfs:isDefinedBy`-Property deklariert als Spezialisierung der `rdfs:seeAlso`-Property. XML-Literal wird als Datentyp und Unterklasse aller Literalwerte kenntlich gemacht, außerdem wird die Klasse aller Datentypen als Klasse von Klassen identifiziert.

Schließlich werden den Listenelement-Propertys die ihnen gebührenden Eigenschaften zugewiesen.

Basierend auf dem Begriff der RDFS-Interpretation definieren wir nun analog zu den vorhergehenden beiden Fällen, dass ein Graph G_2 aus einem Graphen G_1 *RDFS-folgt*, wenn jede RDFS-Interpretation, die Modell von G_1 ist, auch Modell von G_2 ist.

❂ 4.2.4 Interpretation von Datentypen

Wir wissen bereits, dass es in RDFS nur einen einzigen vordefinierten Datentyp gibt, nämlich `rdf:XMLLiteral`, dessen semantische Eigenschaften vollständig durch die im vorigen Abschnitt eingeführten RDFS-Interpretationen abgedeckt sind. Gleichwohl können extern definierte Datentypen in RDF(S) verwendet werden.

Wie in Abschnitt 3.3.1 bereits besprochen, lässt sich ein Datentyp d beschreiben als bestehend aus einem *Wertebereich* Val_d, einem *lexikalischen Bereich* Lex_d und einer Funktion $Lex2Val_d$, welche jedem Element des lexikalischen

Bereichs einen Wert zuweist, also formal: $d = \langle Val_d, Lex_d, \text{Lex2Val}_d \rangle$ mit $\text{Lex2Val}_d : Lex_d \to Val_d$.

Wie ebenfalls in Abschnitt 3.3.1 besprochen, existieren bei der Verwendung externer Datentypen auch im verwendeten Vokabular URIs für diese Datentypen. Dies erlaubt es, innerhalb einer RDF(S)-Beschreibung Aussagen über Datentypen zu machen. Beispielsweise wäre es durchaus sinnvoll anzugeben, dass natürliche Zahlen eine Teilmenge der ganzen Zahlen sind.

Um die Gesamtheit all dieser in einer RDF(S)-Beschreibung verwendeten Datentypen zu fassen, führen wir den Begriff der *Datentyp-Abbildung* D ein: Eine solche ordnet den Datentyp-URIs ihren Datentyp (im Sinne der obigen Definition) zu: $D : \mathbf{u} \mapsto d$. Natürlich muss auch der einzige vordefinierte Datentyp entsprechend behandelt werden, so fordern wir für jede Datentyp-Abbildung $D(\texttt{rdf:XMLLiteral}) = d_{\text{XMLLiteral}}$ (siehe auch Abschnitt 3.3.1 und die Fußnote in Abschnitt 4.2.2).

Für eine dergestalt gegebene Datentyp-Abbildung D definieren wir schließlich eine *D-Interpretation* für das Vokabular V als RDFS-Interpretation $\mathcal{I}$ von $V \cup \{\mathbf{a} \mid$ es gibt ein d mit $D(\mathbf{a}) = d\}$ (das heißt, das Vokabular V erweitert um den Definitionsbereich von D) der für jedes $\mathbf{a}$ und d mit $D(\mathbf{a}) = d$ zusätzlich die folgenden Eigenschaften erfüllt:

— $\mathbf{a}^{\mathcal{I}} = d$.

  Für Datentyp-Bezeichner entspricht die Interpretationsfunktion $\cdot^{\mathcal{I}}$ der Datentyp-Abbildung D.

— $\text{I}_{\text{CEXT}}(d) = Val_d \subseteq LV$.

  Die Klassenextension eines Datentyps d entspricht dem Wertebereich von d und ist eine Teilmenge der Literalwerte.

— Für jedes getypte Literal $\texttt{"}s\texttt{"^^}d \in V$ mit $d^{\mathcal{I}} = d$ gilt:
  - wenn $s \in Lex_d$, dann $\text{I}_{\text{L}}(\texttt{"}s\texttt{"^^}d) = \text{Lex2Val}_d(s)$,
  - wenn $s \notin Lex_d$, dann $\text{I}_{\text{L}}(\texttt{"}s\texttt{"^^}d) \notin LV$.

  Jedes wohlgeformte getypte Literal (d.h. eines, das im lexikalischen Bereich des zugeordneten Datentyps enthalten ist) wird in Übereinstimmung mit seiner Datentyp-Abbildung in die Literalwerte abgebildet und jedes nicht wohlgeformte Literal auf eine Ressource außerhalb der Literalwerte.

— $\mathbf{a}^{\mathcal{I}} \in \text{I}_{\text{CEXT}}(\texttt{rdfs:Datatype}^{\mathcal{I}})$.

  Jeder Datentyp (d.h. jede einem Datentypbezeichner zugeordnete Ressource) gehört zur $\texttt{rdfs:Datatype}$-Klasse.

4.3 Syntaktisches Schlussfolgern mit Ableitungsregeln

In den vorangegangenen Abschnitten haben wir eine modelltheoretische Semantik für RDF(S) eingeführt. Diese diente dazu festzulegen, wie sich die
zu RDF(S) gehörige Schlussfolgerungsrelation verhalten soll, d.h., es wurde
mathematisch präzise spezifiziert, wann ein RDF(S)-Graph aus einer Menge anderer RDF(S)-Graphen folgen soll. Während nun die modelltheoretische Semantik sich sehr gut eignet, das gewünschte Verhalten einer Logik
hinsichtlich ihrer korrekten Schlussfolgerungen zu beschreiben, ist sie einer
direkten algorithmischen Verwendung kaum zugänglich. Wollte man direkt
anhand der modelltheoretischen Definition automatisch entscheiden, ob ein
gegebener Graph aus einer Menge von Graphen folgt, müssten im Prinzip *alle* RDF(S)-Interpretationen betrachtet werden. Da es immer unendlich viele
solcher Interpretationen gibt und selbst eine einzige Interpretation unendlich
viele Elemente enthalten kann, ist dies jedoch schlicht unmöglich. Dies ist ein
grundsätzliches Problem, welches bei der Behandlung vieler Logiken auftritt.
Folglich ist man bestrebt, Verfahren zu entwickeln, die es ermöglichen, die
Gültigkeit von Schlussfolgerungen syntaktisch zu entscheiden; solche Verfahren arbeiten also lediglich mit den gegebenen Sätzen einer Logik, ohne direkt
auf Interpretationen zurückzugreifen. Natürlich muss für ein solches Verfahren
mathematisch bewiesen werden, dass die Resultate, die es liefert (genannt die
operationale Semantik) mit der modelltheoretischen Semantik übereinstimmen.

Eine Möglichkeit, ein solches syntaktisches Verfahren zu beschreiben, besteht
in der Angabe von sogenannten Deduktions- oder *Ableitungsregeln.* Diese haben im Allgemeinen die Form:

$$\frac{s_1 \ \cdots \ s_n}{s}$$

Eine solche Ableitungsregel sagt aus, dass, falls die Sätze s_1 bis s_n in der
Menge der bekannten gültigen Aussagen enthalten sind, auch der Satz s dieser
Menge hinzugefügt werden kann. Die Gesamtheit der für eine Logik gegebenen
Ableitungsregeln (üblicherweise gibt es mehrere) nennt man *Deduktionskalkül.*
Die an den vorigen Abschnitten eingeführten Arten für Interpretationen von
Graphen (einfache, RDF-, und RDFS-Interpretationen) führen zu verschiedenen Folgerungsrelationen für diese (entsprechend der in Abschnitt 4.2 dargestellten üblichen Vorgehensweise in der modelltheoretischen Semantik). Mithin werden wir in der Folge drei verschiedene Mengen von solchen Ableitungsregeln für Tripel angeben. Die Anwendung einer Ableitungsregel in unserem
speziellen Fall bedeutet einfach, dass das Tripel unter dem Strich dem gerade
betrachteten Graphen hinzugefügt wird.

Mithilfe dieser Ableitungsregeln lassen sich die drei verschiedenen Folgerungsrelationen (einfache, RDF- und RDFS-Folgerung) syntaktisch charakterisieren.

Da die im Folgenden behandelten Ableitungsregeln im Allgemeinen nicht nur
für einzelne Bezeichner gelten, sondern etwa für *alle* URIs oder *alle* Literale,
legen wir die folgenden Konventionen fest:

- a und b stehen für beliebige URIs (d. h. alles, was in einem Tripel an der
  Stelle eines Prädikats vorkommen darf),
- $\_{:}n$ steht für die ID eines leeren Knotens,
- u und v stehen für beliebige URIs oder IDs von leeren Knoten (d. h. jedes
  mögliche Subjekt eines Tripels),
- l für ein beliebiges Literal,
- x sowie y stehen für beliebige URIs, IDs von leeren Knoten oder Literale
  (d. h. alles was Objekt eines Tripels sein kann) und
- l steht für ein beliebiges Literal.

Weitere gegebenenfalls benötigte Bezeichner werden jeweils an Ort und Stelle
erklärt.

❯ 4.3.1 Ableitungsregeln für einfache Folgerung

Die einfache Folgerung lässt sich – wie die Bezeichnung schon nahelegt –
relativ einfach charakterisieren. Da alle auftretenden URIs gleich behandelt
werden, kann die Frage, ob ein Graph aus einem anderen folgt, anhand simpler
struktureller Betrachtungen geklärt werden, die sich in den beiden folgenden
Ableitungsregeln widerspiegeln.

$$\frac{u \quad a \quad x \quad .}{u \quad a \quad \_{:}n \quad .} \; \text{se1}$$

$$\frac{u \quad a \quad x \quad .}{\_{:}n \quad a \quad x \quad .} \; \text{se2}$$

Dabei muss bei beiden Regeln darauf geachtet werden, dass $\_{:}n$ durch frühere
Anwendung einer der Regeln se1 und se2 nicht bereits anderen URIs, leeren
Knoten oder Literalen zugewiesen worden ist. Eine andere Formulierung der
Wirkung dieser beiden Regeln wäre: Man ersetze in einem Graphen einen Teil
der Vorkommen einer bestimmten URI, eines bestimmten leeren Knotens oder
eines bestimmten Literals durch einen „neuen" leeren Knoten, d.h. einen, der
vorher nicht in dem Graphen vorgekommen ist.

Wie sich formal beweisen lässt, fangen diese beiden Regeln tatsächlich die
Semantik der einfachen Folgerung ein. Genauer gilt folgender Satz:

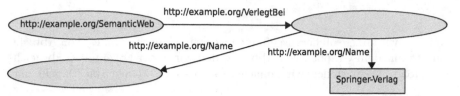

Abb. 4.6. Darstellung eines Graphen, der einfach aus dem Graphen von Abb. 3.2 folgt

Satz 4.3.1 Ein Graph G_2 folgt einfach aus einem Graphen G_1, wenn G_1 **4.3.1**
mithilfe der Regeln se1 und se2 zu einem Graphen G_1' ergänzt werden kann,
so dass G_2 in G_1' enthalten ist.

Wir erinnern uns daran, dass Graphen lediglich Mengen von Tripeln sind und
damit das Enthaltensein von G_2 in G_1' einfach $G_2 \subseteq G_1'$ bedeutet (was heißt,
dass jedes Tripel aus G_2 in G_1' enthalten ist.)
Wir erläutern die Anwendung dieses Kriteriums in Abb. 4.7 an einem Beispiel.

❷ 4.3.2 Ableitungsregeln für RDF-Folgerung

Im Gegensatz zur einfachen Folgerung setzt die auf RDF-Interpretationen
basierende RDF-Folgerung eine spezielle Bedeutung bestimmter URIs voraus. Um dieser Forderung Rechnung zu tragen, müssen die Ableitungsregeln
ergänzt werden. Die Ableitungsregeln für die RDF-Folgerung werden im Folgenden vorgestellt.
Zunnächst führen wir eine Anzahl von Regeln ein, die keine Vorbedingung
besitzen und folglich auch jederzeit angewendet werden können. Diese Regeln
stellen quasi sicher, dass die geforderten axiomatischen Tripel für RDF stets
abgeleitet werden können und haben daher die Form

$$\frac{}{u \quad a \quad x} \text{ rdfax}$$

für alle in Abschnitt 4.2.2 aufgeführten axiomatischen RDF-Tripel $u \ a \ x$.
Weiterhin benötigt man eine Spezialform der Regel se1:

$$\frac{u \quad a \quad l \quad .}{u \quad a \quad \_\!:\!n \quad .} \text{ lg}$$

Hierbei findet wiederum dieselbe Restriktion wie für die Regel se1 Anwendung. Die Ableitungsregel

$$\frac{u \quad a \quad y \quad .}{a \ \texttt{rdf:type} \ \texttt{rdf:Property} \ .} \text{ rdf1}$$

Nehmen wir an, es soll herausgefunden werden, ob der Graph G_2 von Abb. 4.6 einfach aus dem Graphen von Abb. 3.2, den wir in der Folge mit G_1 bezeichnen, folgt. Dazu stellen wir zunächst G_1 als eine Menge von Tripeln dar:

```
ex:SemanticWeb      ex:VerlegtBei  springer:Verlag .
ex:SemanticWeb      ex:Titel       "Semantic Web - Grundlagen" .
springer:Verlag     ex:Name        "Springer-Verlag" .
```

Es gilt nun herauszufinden, ob und gegebenenfalls wie die vorgegebenen Regeln se1 und se2 auf diese Menge angewendet werden können, so dass der entstehende Graph G_1' den Graphen G_2 (wiederum aufgefasst als Menge von Tripeln) beinhaltet.

In der Tat erlaubt uns die Anwendung von Regel se1 auf das erste der drei Tripel von G_1 das Hinzufügen des Tripels

```
ex:SemanticWeb      ex:VerlegtBei  _:leer1 .
```

mit einem leeren Knoten zum Graphen. Eine Anwendung von Regel se2 auf das dritte der ursprünglichen Tripel gestattet es, das Tripel

```
_:leer1             ex:Name        "Springer-Verlag" .
```

hinzuzufügen, da der durch `_:leer1` bezeichnete leere Knoten ja durch die Regel se1 genau für `springer:Verlag` (und keine andere URI) eingeführt wurde. Schließlich ergibt sich durch Anwendung der Regel se1 auf das zuletzt erzeugte Tripel noch das Tripel

```
_:leer1             ex:Name        _:leer2 .
```

Wir haben nunmehr einen Graphen G_1' erzeugt, der aus allen Tripeln des Ursprungsgraphen G_1 und den drei neu hinzugekommenen Tripeln besteht. Es fällt nicht schwer zu erkennen, dass genau diese drei neuen Tripel zusammengenommen den Graphen G_2 aus Abb. 4.6 bilden. Da also $G_2 \subseteq G_1'$, ist nachgewiesen, dass G_2 aus G_1 einfach folgt.

Abb. 4.7. Beispiel zu Satz 4.3.1

stellt sicher, dass für jede URI, die in einem Graphen als Prädikat Verwendung findet, abgeleitet werden kann, dass sie vom Typ (ausgedrückt durch die `rdf:type`-Relation) `rdf:Property` ist.

$$\frac{u\ \ a\ \ l\ \ .}{\_{:}n\ \ \texttt{rdf:type}\ \ \texttt{rdf:XMLLiteral}}\ \text{rdf2}$$

wobei l ein wohlgeformtes XML-Literal darstellt und $\_{:}n$ einen leeren Knoten identifiziert, der l durch Anwendung der Regel lg zugewiesen wurde.

Mithilfe dieser Regeln und aufbauend auf der im vorhergehenden Abschnitt eingeführten Charakterisierung der einfachen Folgerung kann jetzt auch die RDF-Folgerung syntaktisch gefasst werden.

Satz 4.3.2 Ein Graph G_2 RDF-folgt aus einem Graphen G_1 genau dann, wenn es einen Graphen G_1' gibt, welcher aus G_1 mithilfe der Regeln lg, rdf1, rdf2 und rdfax hergeleitet werden kann und aus dem G_2 einfach folgt.   **4.3.2**

Zu beachten ist hierbei, dass die Ableitung in zwei Teile zerlegt wird: Bei der Herleitung werden zunächst die im Satz genannten Regeln (nicht jedoch se1 und se2) verwendet, um den Graphen G_1' abzuleiten und erst dann kommen die Regeln se1 und se2 (und aber auch nur diese) zum Einsatz, um die einfache Folgerung nachzuweisen.

❯ 4.3.3 Ableitungsregeln für RDFS-Folgerung

Das RDFS-Vokabular enthält über die RDF-Sprachmittel hinaus noch weitere URIs, für die eine spezielle Interpretation gefordert ist. Dies macht die Einführung einer ganzen Reihe weiterer Ableitungsregeln nötig:

❯ Axiomatische Tripel

Auch für die RDFS-Folgerung sollen alle axiomatischen Tripel bedingungslos ableitbar sein. Also haben wir die Regel

$$\frac{}{u\ \ a\ \ x}\ \text{rdfsax}$$

für alle in Abschnitt 4.2.3 aufgeführten axiomatischen RDFS-Tripel $u\ a\ x$. Damit sind beispielsweise auch alle durch diese Tripel spezifizierten Bereichseinschränkungen abgehandelt.

⊘ **Behandlung von Literalen**

$$\frac{u \ a \ \_{:}n \ .}{u \ a \ l \ .} \ \text{gl}$$

wobei $\_{:}n$ einen leeren Knoten bezeichnet, der dem Literal l durch eine frühere Anwendung der Regel lg zugewiesen wurde.

$$\frac{u \ a \ l.}{\_{:}n \ \texttt{rdf:type} \ \texttt{rdfs:Literal} \ .} \ \text{rdfs1}$$

wobei l ein ungetyptes Literal darstellt (mit oder ohne Sprach-Tag) und $\_{:}n$ wiederum für einen durch lg dem Literal l zugewiesenen leeren Knoten steht. Diese Regel erlaubt das Ableiten von Existenzaussagen über Literale.

⊘ **Auswirkungen von Property-Einschränkungen**

$$\frac{a \ \texttt{rdfs:domain} \ x \ . \quad u \ a \ y \ .}{u \ \texttt{rdf:type} \ x \ .} \ \text{rdfs2}$$

Wie im vorigen Kapitel beschrieben, verwendet man `rdfs:domain` um festzulegen, dass es eine bestimmte Property nur für Elemente einer spezifizierten Klasse gibt. Wenn es nun ein Tripel gibt, welches diese Property als Prädikat enthält, kann daraus gefolgert werden, dass das Subjekt in dieser Klasse liegt. Diese Schlussfolgerung wird durch die Regel rdfs2 realisiert.

$$\frac{a \ \texttt{rdfs:range} \ x \ . \quad u \ a \ v \ .}{v \ \texttt{rdf:type} \ x \ .} \ \text{rdfs3}$$

Ganz analog wird `rdfs:range` verwendet, um Klassenzugehörigkeit von Werten einer Property festzulegen, was entsprechende Schlussfolgerungen für ein Objekt eines entsprechenden Tripels gestattet (Regel rdfs3).

⊛ **Alles ist eine Ressource**

Die folgenden Ableitungsregeln stellen sicher, dass jede URI, die in einem Tripel auftaucht, auch (syntaktisch) als Bezeichner einer Ressource identifiziert werden kann. So wird festgelegt, dass jedes Subjekt und jedes Objekt (das kein Literal ist) explizit als Ressourcenbezeichner identifiziert werden kann.

$$\frac{u \ a \ x \ .}{u \ \texttt{rdf:type rdfs:Resource} \ .} \text{rdfs4a}$$

$$\frac{u \ a \ v \ .}{v \ \texttt{rdf:type rdfs:Resource} \ .} \text{rdfs4b}$$

Dass auch jedes Prädikat eine Ressource bezeichnet, muss nicht noch gesondert in einer Ableitungsregel verankert werden, da dies aus den anderen Ableitungsregeln folgt:

$$\frac{\dfrac{u \ a \ x}{a \ \texttt{rdf:type rdf:Property}} \text{rdf1}}{a \ \texttt{rdf:type rdfs:Resource}} \text{rdfs4a}$$

⊛ **Unterpropertys**

In den nächsten beiden Ableitungsregeln wird sichergestellt, dass die für jede RDFS-Interpretation geforderten Eigenschaften von `rdfs:subPropertyOf`, nämlich Transitivität (rdfs5) und Reflexivität (rdfs6) ableitungstechnisch „zugreifbar" sind.

$$\frac{u \ \texttt{rdfs:subPropertyOf} \ v \ . \quad v \ \texttt{rdfs:subPropertyOf} \ x \ .}{u \ \texttt{rdfs:subPropertyOf} \ x \ .} \text{rdfs5}$$

Diese Ableitungsregel vermittelt die Transitivität der `rdfs:SubPropertyOf`-Property.

$$\frac{u \ \texttt{rdf:type rdf:Property} \ .}{u \ \texttt{rdfs:subPropertyOf} \ u \ .} \text{rdfs6}$$

Dies ermöglicht Ableitungen, die die Reflexivität der `rdfs:SubPropertyOf`-Property ausnutzen (d.h. die Tatsache, dass jede Property Unterproperty von sich selbst ist).

Die dritte Ableitungsregel, die sich auf `rdfs:subPropertyOf` bezieht, charakterisiert deren definierende Eigenschaft, nämlich, dass alle Ressourcenpaare, die über eine Property in Beziehung stehen, auch durch deren Oberproperty verknüpft sind.

$$\frac{a \;\; \texttt{rdfs:subPropertyOf} \;\; b \;\; . \quad\quad u \;\; a \;\; y \;\; .}{u \;\; b \;\; y \;\; .} \; \text{rdfs7}$$

Mit dieser Regel lassen sich Subproperty-Angaben (die man ja als eine Art Makros sehen kann) auf konkrete Tripel anwenden (also quasi das Makro „ausführen").

Eine beispielhafte Anwendung dieser Regel wäre:

$$\frac{\texttt{mutterVon rdfs:subPropertyOf vorfahrVon .}}{\texttt{Heidrun mutterVon Sebastian .}} \; \text{rdfs7}$$

⊗ **Unterklassen**

Die semantischen Eigenschaften der `subClassOf`-Property werden durch die nachfolgenden Regeln realisiert.

$$\frac{u \;\; \texttt{rdf:type rdfs:Class .}}{u \;\; \texttt{rdfs:subClassOf rdfs:Resource .}} \; \text{rdfs8}$$

Vermittels dieser Regel kann für jeden Klassenbezeichner geschlussfolgert werden, dass die durch ihn bezeichnete Klasse Unterklasse der Klasse aller Ressourcen ist.

$$\frac{u \;\; \texttt{rdfs:subClassOf} \;\; x \;\; . \quad\quad v \;\; \texttt{rdf:type} \;\; u \;\; .}{v \;\; \texttt{rdf:type} \;\; x \;\; .} \; \text{rdfs9}$$

Diese Regel erlaubt, die Information, dass eine Ressource in einer Klasse enthalten ist, auf deren Oberklasse zu „vererben".

$$\frac{u \;\; \texttt{rdf:type rdfs:Class .}}{u \;\; \texttt{rdfs:subClassOf} \;\; u \;\; .} \; \text{rdfs10}$$

Hiermit kann abgeleitet werden, dass jede Klasse Unterklasse von sich selbst ist.

$$\frac{u \;\; \texttt{rdfs:subClassOf} \;\; v \;\; . \quad\quad v \;\; \texttt{rdfs:subClassOf} \;\; x \;\; .}{u \;\; \texttt{rdfs:subClassOf} \;\; x \;\; .} \; \text{rdfs11}$$

Schließlich gestattet die Regel rdfs11 die ableitungstechnische Ausnutzung der Transitivität der `rdfs:subClassOf`-Property.

⊛ **Container**

Die folgende Regel weist die `rdfs:member`-Property als Oberproperty aller in der `rdfs:ContainerMembershipProperty`-Klasse enthaltenen Propertys aus.

$$\frac{u \; \texttt{rdf:type} \; \texttt{rdfs:ContainerMembershipProperty} \; .}{u \; \texttt{rdfs:subPropertyOf} \; \texttt{rdfs:member} \; .} \; \text{rdfs12}$$

⊛ **Literale**

Schließlich erlaubt die letzte Regel, über jede als Datentyp identifizierte Ressource (die ja mit ihrem Wertebereich identifiziert wird) abzuleiten, dass sie eine Unterklasse aller Literalwerte ist.

$$\frac{u \; \texttt{rdf:type} \; \texttt{rdfs:Datatype} \; .}{u \; \texttt{rdfs:subClassOf} \; \texttt{rdfs:Literal} \; .} \; \text{rdfs13}$$

Bevor wir nun allgemein formulieren können, wie die RDFS-Folgerung durch Ableitungsregeln charakterisiert werden kann, müssen wir noch auf einen Sonderfall eingehen. Ist ein gegebener Graph G inkonsistent (d.h., es gibt keine Interpretation $\mathcal{I}$, für die $G^{\mathcal{I}} = wahr$ gilt), so folgt aus ihm *jeder beliebige* Graph (wie man an der modelltheoretischen Semantikdefinition leicht nachvollziehen kann). Im Gegensatz zu anderen Logiken (wie Prädikatenlogik (siehe Anhang A) oder auch OWL, das wir in den nachfolgenden Kapiteln behandeln) gibt es jedoch in RDFS nur sehr eingeschränkte Möglichkeiten, Inkonsistenzen zu erzeugen.

Als Beispiel für eine solche Inkonsistenz betrachten wir die beiden folgenden Tripel:

```
ex:hatSmiley        rdfs:range      rdf:Literal .
ex:böseBemerkung    ex:hatSmiley    ">:->"^^XMLLiteral .
```

Darin wird einerseits ausgesagt, dass als Werte der `hatSmiley`-Property nur Literalwerte (d.h. Elemente von LV) zulässig sind, andererseits wird dieser Property in einem konkreten Tripel ein (aufgrund der Zeichen „>" ohne öffnende Gegenstücke) nicht wohlgeformtes Literal zugeordnet, welches definitionsgemäß *nicht* als Literalwert interpretiert werden darf. Folglich kann es keine RDFS-Interpretation geben, die beide Tripel als *wahr* auswertet.

Eine solche erzwungene Typunverträglichkeit lässt sich aber relativ einfach diagnostizieren: Sie tritt auf, sobald ein Tripel der Form

  x `rdf:type rdfs:Literal` .

abgeleitet werden kann, wobei x durch die Regel lg einem nicht wohlgeformten XML-Literal zugeordnet worden ist. Einen solchen Fall bezeichnet man als *XML-Clash*.

Um diesen Sonderfall wissend charakterisieren wir im folgenden Satz die RDFS-Folgerung syntaktisch.

4.3.3   **Satz 4.3.3** Ein Graph G_2 RDFS-folgt aus G_1 genau dann, wenn es einen Graphen G_1' gibt, der durch Anwendung der Regeln lg, gl, rdfax, rdf1, rdf2, rdfs1 – rdfs13 und rdfsax aus G_1 folgt, so dass
 – G_2 aus G_1' einfach folgt *oder*
 – G_1' einen XML-Clash enthält.

Grundsätzlich bedeutet die Existenz einer Menge von Ableitungsregeln, welche korrekt und vollständig hinsichtlich einer Semantik sind, noch nicht, dass für zwei Sätze (bzw. in unserem Fall zwei Graphen) automatisch entschieden werden kann, ob der eine aus dem anderen folgt.[2] Im vorliegenden Fall lässt sich aber zeigen, dass die Menge der (relevanten) Tripel, die geschlussfolgert werden können, nicht beliebig groß werden kann, also quasi mit Sicherheit eine „Sättigung" eintritt. Basierend auf dieser Erkenntnis lässt sich dann auch tatsächlich ein Entscheidungsverfahren für die RDFS-Folgerung implementieren.

❯ 4.3.4 Zusätzliche Regeln für Datentypen

Man kann beweisen, dass die bisher präsentierten Ableitungsregeln korrekt und vollständig für RDFS-Interpretationen sind, die jedoch nur für die korrekte semantische Charakterisierung von `rdf:XMLLiteral` sorgen. Externe Datentypen können zwar namentlich als solche eingeführt werden (nämlich als Elemente der Klasse, die durch die URI `rdfs:datatype` bezeichnet wird), jedoch ist es unmöglich, allein mithilfe von RDFS-Graphen deren „Funktionsweise" vollständig zu charakterisieren.

Da man aus RDF(S) heraus keinen Zugriff auf die konkreten Eigenarten von extern definierten Datentypen hat, kann hier keine vollständige Menge von Ableitungsregeln definiert werden. Gleichwohl ist es möglich anzugeben, wie

---

[2]In Worten der theoretischen Informatik: Es gibt Probleme, die rekursiv aufzählbar, jedoch nicht entscheidbar sind; die Prädikatenlogik erster Stufe ist das beste Beispiel dafür.

bestimmte, häufig auftretende Zusammenhänge bei Datentypen durch Ableitungsregeln auszudrücken sind.

Wenn beispielsweise bekannt ist, dass ein Literal s wohlgeformt ist bezüglich eines Datentyps d, der durch die URI d repräsentiert wird (d. h., $D(d) = d$ und s ist in ds lexikalischem Bereich Lex_d enthalten), führt folgende Ableitungsregel zu gültigen Tripeln

$$\frac{d \ \texttt{rdf:type rdfs:Datatype} \ . \qquad u \ a\texttt{"}s\texttt{"}\char94\char94 d \ .}{\_\texttt{:}n \ \texttt{rdf:type} \ d \ .} \ \text{rdfD1}$$

Dabei bezeichnet $\_\texttt{:}n$ einen leeren Knoten, welcher durch die Regel lg dem getypten Literal $\texttt{"}s\texttt{"}\char94\char94 d$ zugeordnet wurde. Letztlich realisiert diese Ableitungsregel, dass, wann immer ein wohlgeformtes getyptes Literal angegeben wurde, man (trivialerweise) auch auf die Existenz einer Ressource mit entsprechendem Typ schließen kann.

Ein weiterer häufig auftretender Fall ist, dass die Wertebereiche bestimmter Datentypen sich überlappen, beispielsweise gibt es Zahlen, die sowohl natürliche Zahlen als auch Fließkommazahlen sind; so sollten die getypten Literale $\texttt{"2"}\char94\char94\texttt{xsd:nonNegativeInteger}$ und $\texttt{"2.00"}\char94\char94\texttt{xsd:double}$ für dieselben Werte stehen. Nehmen wir also an, der lexikalische Ausdruck s des Datentyps, welcher der URI d zugeordnet ist, soll denselben Wert repräsentieren wie der lexikalische Ausdruck t des Datentyps, welcher der URI e zugeordnet ist. Dann findet die folgende Regel Anwendung

$$\frac{\begin{array}{c} d \ \texttt{rdf:type rdfs:Datatype} \ . \\ e \ \texttt{rdf:type rdfs:Datatype} \ . \\ u \ a \ \texttt{"}s\texttt{"}\char94\char94 d \ . \end{array}}{u \ a \ \texttt{"}t\texttt{"}\char94\char94 e \ .} \ \text{rdfD2}$$

Diese sagt im Wesentlichen aus, dass jedes Auftreten des einen getypten Literals als Objekt in einem Tripel durch das andere Literal ersetzt werden kann. Zu beachten ist auch, dass diese Regel den Fall $d = e$ mit einschließt (z.B. für $\texttt{"2.0"}\char94\char94\texttt{xsd:double}$ und $\texttt{"2.000"}\char94\char94\texttt{xsd:double}$) wie auch den Fall $s = t$ (z. B. für $\texttt{"2"}\char94\char94\texttt{xsd:nonNegativeInteger}$ und $\texttt{"2"}\char94\char94\texttt{xsd:Integer}$).

Oft ist auch bekannt, dass ein Datentyp einen anderen einschließt (beispielsweise ist jede natürliche Zahl eine ganze Zahl). Ist bekannt, dass der Wertebereich eines Datentyps der URI d im Wertebereich eines anderen Datentyps mit der URI e liegt, kann durch die Ableitungsregel

$$\frac{}{d \ \texttt{rdfs:subClassOf} \ e \ .} \ \text{rdfDAx}$$

die entsprechende Unterklassenbeziehung als axiomatisches Tripel hinzugefügt werden.

Sind die erwähnten Vorbedingungen erfüllt, führen alle hier aufgeführten Ableitungsregeln zu korrekten Schlussfolgerungen. Allerdings ist es nicht garantiert (und im Allgemeinen auch tatsächlich nicht der Fall), dass jede logische Konsequenz mithilfe der Gesamtheit der Ableitungsregeln auch erzeugt werden kann.

Zum Beispiel ist leicht einzusehen, dass jede D-Interpretation der in RDF zulässigen XML-Datentypen, in der die beiden Tripel

```
u    rdf:type    xsd:nonNegativeInteger .
u    rdf:type    xsd:nonPositiveInteger .
```

gelten, auch das Tripel

```
u    rdf:type    xsd:byte .
```

wahr ist, allerdings nicht aus den angegebenen Regeln abgeleitet werden kann.

Gleichermaßen wäre es auch möglich, durch Eigenschaften spezieller Datentypen Inkonsistenzen zu erzeugen, indem man einer Ressource zwei Datentypen mit disjunktem Wertebereich zuweist z.B. durch folgende Tripel:

```
u    rdf:type    xsd:integer .
u    rdf:type    xsd:string .
```

All diese potentiellen zusätzlichen Konsequenzen, die sich für D-Interpretationen mit speziellen Datentypen ergeben, müssen Softwaresysteme, die diese Datentypen (nicht nur syntaktisch, sondern auch semantisch) unterstützen, zusätzlich zu den Standard-Ableitungsregeln, die in den vorhergehenden Abschnitten behandelt wurden, realisieren – zumindest dann, wenn sie den Anspruch erheben, logisch vollständig zu sein.

❯ 4.3.5 Beispiel für eine RDFS-Ableitung

Nach der Behandlung der Ableitungsregeln für die RDFS-Folgerung wollen wir nun deren praktische Anwendung in einem kleinen Beispiel demonstrieren. Dabei gehen wir von der in Abschnitt 3.4.9 eingeführten Mini-Ontologie aus und nehmen an, wir wollen formallogisch feststellen, ob mit einer allergischen Reaktion zu rechnen ist, d. h., ob es jemanden gibt, der Nussallergiker ist und etwas konsumiert, was nussige Bestandteile enthält. Übersetzt in die RDF-Graphnotation hieße dies, es muss geprüft werden, ob der in Abb. 4.8 dargestellte Graph G_2 aus dem Graphen G_1 in Abb. 3.10 RDFS-folgt. Dafür listen wir zunächst die Tripel des Graphen G_1 nochmals auf:

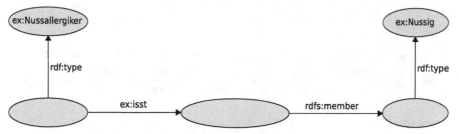

Abb. 4.8. Graph, dessen RDFS-Folgerung aus G_1 entschieden werden soll

```
ex:VegetableThaiCurry     ex:ThaigerichtBasierendAuf    ex:Kokosmilch .
ex:Sebastian              rdf:type                      ex:Nussallergiker .
ex:Sebastian              ex:isst                       ex:VegetableTaiCurry .


ex:Nussallergiker         rdfs:subClassOf      ex:Bedauernswert .
ex:ThaigerichtBasierendAuf rdfs:domain         ex:Thailändisch.
ex:ThaigerichtBasierendAuf rdfs:range          ex:Nussig .
ex:ThaigerichtBasierendAuf rdfs:subPropertyOf  ex:hatZutat .
ex:hatZutat               rdf:type

                          rdfs:ContainerMembershipProperty.
```

Als nächstes wenden wir eine Reihe von Ableitungsregeln auf G_1 an. Dabei
nutzen wir die Klassifizierung von Objekten durch Wertebereichseinschrän-
kung, die Tatsache, dass `rdfs:member` alle Enthaltenseins-Relationen umfasst,
die Transitivität der Unterproperty-Beziehung und die Verallgemeinerung eines Tripels durch Unterpropertys.

Regel rdfs3:

$$\frac{\begin{array}{c}\texttt{ex:vegetableThaiCurry ex:thaigerichtBasierendAuf ex:kokosmilch .}\\ \texttt{ex:thaigerichtBasierendAuf rdfs:range ex:Nussig .}\end{array}}{\texttt{ex:kokosmilch rdf:type ex:Nussig .}}$$

Regel rdfs12:

$$\frac{\texttt{ex:hatZutat rdf:type rdfs:ContainerMembershipProperty .}}{\texttt{ex:hatZutat rdfs:subProperyOf rdfs:member .}}$$

Regel rdfs5:

$$\frac{\begin{array}{c}\texttt{ex:thaigerichtBasierendAuf rdfs:subProperyOf ex:hatZutat .}\\ \texttt{ex:hatZutat rdfs:subProperyOf rdfs:member .}\end{array}}{\texttt{ex:thaigerichtBasierendAuf rdfs:subProperyOf rdfs:member .}}$$

Regel rdfs7:

$$\frac{\begin{array}{c}\texttt{ex:thaigerichtBasierendAuf rdfs:subProperyOf rdfs:member .}\\ \texttt{ex:vegetableThaiCurry ex:thaigerichtBasierendAuf ex:kokosmilch .}\end{array}}{\texttt{ex:vegetableThaiCurry rdfs:member ex:kokosmilch .}}$$

Auf diese Weise haben wir aus G_1 durch Anreicherung den Graphen G_1' erhalten. Um die fragliche RDFS-Folgerung nachzuweisen, muss nun noch gezeigt werden, dass G_2 aus G_1' einfach folgt. Wie leicht zu sehen ist, lässt sich das durch mehrfache Anwendung der Regeln se1 und se2 erreichen, ganz analog zu dem in Abschnitt 4.3.1 gegebenen Beispiel.

4.4 Semantische Grenzen von RDF(S)

Die in den vergangenen Abschnitten dargestellte Semantik ist nicht die einzig „sinnvolle" Semantik für RDF(S). Je nach Sichtweise sind aus bestimmten Graphen weitere logische Konsequenzen wünschenswert, die sich aus der hier gegebenen Standard-Semantik (man nennt sie auch *intensionale Semantik*) nicht ergeben. Dies kann durch eine andere *extensionale Semantik* für RDF(S) erreicht werden, welche strengere Anforderungen an die Interpretationen stellt. Der Grund für die Auswahl der schwächeren Semantik als Standard ist der folgende: Es gibt für die intensionale Semantik Ableitungsregeln, die sich auch leicht implementierungstechnisch umsetzen lassen, was die

Entwicklung von RDF(S) unterstützender Software erleichtert. Daher ist es sinnvoller, den Standard als Minimalanforderung für entsprechende RDF(S)-kompatible Systeme zu definieren; natürlich ist es denkbar, dass bestimmte Systeme optional zusätzlich eine striktere Semantik unterstützen.

Ein Beispiel für eine mögliche Schlussfolgerung, die sinnvoll erscheint, jedoch in der Standard-Semantik nicht vorgesehen ist, wäre beispielsweise, dass aus den Tripeln

```
ex:sprichtMit    rdfs:domain      ex:Homo .
ex:Homo          rdfs:subClassOf  ex:Primates .
```

die Gültigkeit des folgenden Tripels geschlussfolgert werden kann:

```
ex:sprichtMit    rdfs:domain      ex:Primates .
```

Ungeachtet der Frage, ob nun die intensionale oder die extensionale Semantik Anwendung findet, gibt es grundsätzliche Einschränkungen der Modellierungsfähigkeit von RDFS. Eine der gravierendsten besteht in der Unmöglichkeit negativer Aussagen – es ist in RDFS *nicht* möglich auszudrücken, dass etwas nicht gilt.[3] Zwar ist es natürlich möglich, die Negation den Klassen- und Property-Bezeichnern einzuverleiben, also beispielsweise einfach den Klassenbezeichner ex:Nichtraucher oder auch eine Property mit dem Bezeichner ex:nichtVerheiratetMit einzuführen. Das Problem ist nur, dass eine der intendierten Semantik entsprechende Interpretation solcher Vokabularelemente nicht erzwungen werden kann. So führen die beiden Aussagen

```
ex:sebastian    rdf:type   ex:Nichtraucher .
ex:sebastian    rdf:type   ex:Raucher .
```

nicht (wie es sich für eine vernünftige Logik gehören würde) zu einem Widerspruch und es gibt auch keine Möglichkeit, in RDFS zu spezifizieren, dass die beiden durch ex:Nichtraucher und ex:Raucher bezeichneten Klassen keine gemeinsamen Elemente enthalten dürfen. Wir werden im nächsten Kapitel eine Ontologiesprache kennenlernen, die (freilich unter Aufgabe der Schlussfolgerungsalgorithmen mit gutartigem Laufzeitverhalten für große Ontologien) diese Möglichkeiten bietet.

---

[3]Beachten Sie auch, dass die Abwesenheit eines Tripels in einem Graphen nicht automatisch impliziert, dass dieses nicht gilt: In RDF(S) gilt prinzipiell die sogenannte open world assumption, die beinhaltet, dass nicht alles geltende Wissen auch spezifiziert sein muss.

4.5 Zusammenfassung

Durch die Einführung einer modelltheoretischen Semantik für RDF(S) wird ein verbindlicher Minimal-Standard für RDF(S) verarbeitende Software geschaffen. Man unterscheidet zwischen einfacher, RDF- und RDFS-Folgerung, die über entsprechende Interpretationen definiert sind. Darüber hinaus haben wir jede dieser Folgerungen durch Ableitungsregeln charakterisiert. Außerdem haben wir betrachtet, wie extern definierte Datentypen in die Semantik eingeführt werden können. Schließlich haben wir ausgeführt, dass RDFS als Ontologiesprache für bestimmte Modellierungszwecke unzureichend ist.

4.6 Aufgaben

4.6.1   **Aufgabe 4.6.1** Beschreiben Sie eine RDFS-Interpretation, die Modell der Beispiel-Ontologie von Seite 84 ist.

4.6.2   **Aufgabe 4.6.2** Nennen Sie für die Ontologie aus Aufgabe 4.6.1
— ein Tripel, welches einfach folgt,
— ein Tripel, welches RDF-folgt, aber nicht einfach folgt,
— ein Tripel, welches RDFS-folgt, jedoch nicht RDF-folgt.

4.6.3   **Aufgabe 4.6.3** Wie Sie wissen, gilt in RDF(S) die *unique name assumption* nicht, das heißt, es ist möglich, dass in einem Modell mehreren unterschiedlichen URIs dieselbe Ressource zugeordnet wird. Überlegen Sie, ob (und gegebenenfalls wie) es sogar möglich ist, in RDFS zu spezifizieren, dass zwei gegebene URIs dieselbe Ressource bezeichnen.

4.6.4   **Aufgabe 4.6.4** Der *leere Graph* enthält keine Tripel (entspricht also der leeren Menge). Zeigen Sie durch Ableitungen, dass die folgenden Tripel aus dem leeren Graphen RDFS-folgen:
```
rdfs:Resource rdf:type rdfs:Class .
rdfs:Class rdf:type rdfs:Class .
rdfs:Literal rdf:type rdfs:Class .
rdf:XMLLiteral rdf:type rdfs:Class .
rdfs:Datatype rdf:type rdfs:Class .
rdf:Seq rdf:type rdfs:Class .
rdf:Bag rdf:type rdfs:Class .
rdf:Alt rdf:type rdfs:Class .
rdfs:Container rdf:type rdfs:Class .
```

```
rdf:List rdf:type rdfs:Class .
rdfs:ContainerMembershipProperty rdf:type rdfs:Class .
rdf:Property rdf:type rdfs:Class .
rdf:Statement rdf:type rdfs:Class .
rdfs:domain rdf:type rdf:Property .
rdfs:range rdf:type rdf:Property .
rdfs:subPropertyOf rdf:type rdf:Property .
rdfs:subClassOf rdf:type rdf:Property .
rdfs:member rdf:type rdf:Property .
rdfs:seeAlso rdf:type rdf:Property .
rdfs:isDefinedBy rdf:type rdf:Property .
rdfs:comment rdf:type rdf:Property .
rdfs:label rdf:type rdf:Property .
```

4.7 Weiterführende Literatur   4.7

Literatur zur Semantik von RDF(S) gibt es vergleichsweise wenig. „Semantics"
[Hay04] führt die Semantik von RDF(S) ein, die wir auf etwas andere Weise
im folgenden Kapitel 6 behandeln.

In „A Semantic Web Primer" [AvH04] wird eine Möglichkeit behandelt, die
extensionale Semantik von RDFS durch eine Übersetzung in die Prädikatenlogik erster Stufe zu definieren.

Kapitel 5

Ontologien in OWL

5

5

5 Ontologien in OWL

Wir haben gesehen, dass RDF(S) zur Modellierung einfacher Ontologien geeignet ist und die Ableitung von implizitem Wissen erlaubt. Wie schon in Abschnitt 4.4 diskutiert, hat RDF(S) jedoch nur beschränkte Ausdrucksmittel und ist für die Darstellung komplexerer Zusammenhänge nicht ausreichend. So lassen sich z.B. die in Abb. 5.1 dargestellten natürlichsprachlichen Sätze nicht hinreichend genau in RDF(S) modellieren.

Um solches komplexes Wissen darzustellen, verwendet man ausdrucksstarke Repräsentationssprachen, die – wie auch schon RDFS – auf formaler Logik basieren. Durch logisches Schlussfolgern wird damit auch der Zugriff auf implizites Wissen ermöglicht.

Wir führen in diesem Kapitel die Ontologiesprache OWL ein, die auf der Prädikatenlogik erster Stufe basiert. Wir werden uns dabei zunächst auf die Einführung der Syntax und auf eine intuitive Erklärung der Semantik beschränken. Eine formale und tiefergehende Behandlung der Semantik wird erst später in Kapitel 6 erfolgen. Dann werden auch logische Grundlagen für die Lektüre benötigt werden.

Das Akronym OWL steht für *Web Ontology Language*.[1] OWL wurde im Februar 2004 vom W3C als Ontologiesprache standardisiert und erfreut sich seither einer rasant wachsenden Akzeptanz in vielen Anwendungsbereichen.

Bei der Schaffung von OWL spielte das Gleichgewicht zwischen Ausdrucksstärke der Sprache einerseits und effizientem Schlussfolgern – d.h. Skalierbarkeit – andererseits eine tragende Rolle. In der Regel führen nämlich Sprachkonstrukte, die komplexe Ausdrucksmöglichkeiten für implizites Wissen zur

---

[1]Über den Ursprung des Buchstabenverdrehers gibt es viele Spekulationen. Der Name OWL ist jedoch ganz offensichtlich von Tim Finin in seiner E-mail `http://lists.w3.org/Archives/Public/www-webont-wg/2001Dec/0169.html` vorgeschlagen worden. Die von ihm ursprünglich genannten Gründe für das Akronym sind wie folgt:
- Es ist klar, wie OWL auszusprechen ist – nämlich wie das englische Wort für *Eule*.
- Das Akronym eignet sich hervorragend zur Erstellung von Logos.
- Eulen werden mit Weisheit assoziiert.
- Es gib eine interessante Hintergrundgeschichte.

Die genannte Hintergrundgeschichte betrifft ein Projekt von William A. Martin am MIT aus den 70er Jahren mit dem Namen *One World Language*, einem frühen Versuch der Entwicklung einer universellen Sprache für die Wissensrepräsentation.

Hartnäckig hält sich jedoch die Behauptung, das Akronym sei eine Referenz auf eine Eule, die in Alan Alexander Milnes Buch *Winnie the Pooh* auftritt und die ihren Namen fälschlicherweise WOL statt OWL schreibt.

Jedes Projekt hat mindestens einen Mitarbeiter.
Projekte sind immer interne oder externe Projekte.
Sekretärinnen von Rudi Studer sind genau Gisela Schillinger und Anne
Eberhardt.
Der Vorgesetzte meines Vorgesetzten ist auch mein Vorgesetzter.

Abb. 5.1. Sätze, die sich nicht hinreichend genau in RDF(S) modellieren lassen

Verfügung stellen, gleichzeitig zu hohen Komplexitäten oder zu Unentscheidbarkeit und damit oft zu schlechten Skalierbarkeitseigenschaften. Um dem
Anwender je nach Anforderungen der Praxis die Wahl zwischen verschiedenen Ausdrucksstärken zu ermöglichen, gibt es drei verschiedene Teilsprachen
von OWL: OWL Full, OWL DL, und OWL Lite. Dabei ist OWL Lite eine
echte Teilsprache von OWL DL, welches wiederum eine echte Teilsprache von
OWL Full ist. Die wichtigsten Vor- und Nachteile der drei Teilsprachen von
OWL sind in Abb. 5.2 zusammengefasst. Wir werden darauf in Abschnitt
5.2.1 noch detaillierter eingehen.

5.1 OWL-Syntax und intuitive Semantik

OWL-Dokumente beschreiben OWL-Ontologien. Um den Umgang damit zu
vereinfachen, wurden zwei verschiedene Syntaxen für OWL entwickelt. Die
eine basiert auf RDF, sie ist die Syntax, die für den Datenaustauch verwendet
wird. Sie heißt auch *OWL-RDF-Syntax*, da OWL-Dokumente in RDF-Syntax
gültige RDF-Dokumente sind. Die andere heißt *abstrakte OWL-Syntax* und
ist im Allgemeinen für Menschen leichter zu lesen. Sie ist aber nur für OWL
DL verfügbar. Wir führen in diesem Kapitel die RDF-Syntax ein, da diese
weiter verbreitet ist. Im nächsten Kapitel werden wir außerdem eine weitere
Syntax für OWL DL einführen, die bevorzugt im wissenschaftlichen Umfeld
verwendet wird.

Eine OWL-Ontologie besteht im Wesentlichen aus Klassen und Propertys,
wie wir sie schon von RDF(S) her kennen. Allerdings können in OWL diese Klassen und Propertys in komplexe Beziehung zueinander gesetzt werden.
Abbildung 5.1 gibt einen ersten Eindruck davon. Diese komplexen Beziehungen werden mit Hilfe einer Reihe von Konstruktoren beschrieben, die aus der
Logik stammen. Wir werden diese nun intuitiv einführen und im nächsten
Kapitel auf die formal-logische Bedeutung eingehen.

OWL Full:
— enthält OWL DL und OWL Lite,
— enthält als einzige OWL-Teilsprache ganz RDFS,
— sehr ausdrucksstark,
— Semantik enthält einige Aspekte, die aus logischem Blickwinkel problematisch sind,
— unentscheidbar,
— wird durch aktuelle Softwarewerkzeuge nur bedingt unterstützt.

OWL DL:
— enthält OWL Lite und ist Teilsprache von OWL Full,
— entscheidbar,
— wird von aktuellen Softwarewerkzeugen fast vollständig unterstützt,
— Komplexität NExpTime (worst-case).

OWL Lite:
— ist Teilsprache von OWL DL und OWL Full,
— entscheidbar,
— weniger ausdrucksstark,
— Komplexität ExpTime (worst-case).

Abb. 5.2. Die drei Teilsprachen von OWL und ihre wichtigsten Eigenschaften. Detaillierte Beschreibungen der Unterschiede finden sich in Abschnitt 5.2.1

⟫ 5.1.1 Der Kopf einer OWL-Ontologie

Im Kopf eines OWL-Dokuments werden Informationen zu verwendeten Namensräumen, zur Versionierung und sogenannte Annotationen abgelegt, die keinen direkten Einfluss auf den Wissensgehalt der Ontologie selbst haben. Als RDF-Dokument hat jedes OWL-Dokument eine Wurzel. In dieser werden die verwendeten Namensräume spezifiziert, wie im folgenden Beispiel:

```
<rdf:RDF
    xmlns     ="http://www.example.org/"
    xmlns:rdf ="http://www.w3.org/1999/02/22-rdf-syntax-ns#"
    xmlns:xsd ="http://www.w3.org/2001/XMLSchema#"
    xmlns:rdfs="http://www.w3.org/2000/01/rdf-schema#"
    xmlns:owl ="http://www.w3.org/2002/07/owl#">
```

Die erste Angabe definiert den Namensraum, auf die sich Objekte ohne Präfix beziehen. Der angegebene `owl` Namensraum ist allgemein für OWL vereinbart.

Für die gesamte Ontologie können dann optional allgemeine Informationen angegeben werden. Dies geschieht innerhalb eines `owl:Ontology` Elements. Wir zeigen dies anhand des folgenden Beispiels:

```
<owl:Ontology rdf:about="">
  <rdfs:comment rdf:datatype="http://www.w3.org/2001/XMLSchema#string"
      >SWRC Ontologie in der Version vom Dezember 2005</rdfs:comment>
  <owl:versionInfo>v0.5</owl:versionInfo>
  <owl:imports rdf:resource="http://www.example.org/foo"/>
  <owl:priorVersion rdf:resource="http://ontoware.org/projects/swrc"/>
</owl:Ontology>
```

Manche Elemente des Kopfes werden von RDFS geerbt, z.B. die folgenden:
- `rdfs:comment`
- `rdfs:label`
- `rdfs:seeAlso`
- `rdfs:isDefinedBy`

Zur Versionierung können folgende Elemente verwendet werden:
- `owl:versionInfo`
- `owl:priorVersion`
- `owl:backwardCompatibleWith`
- `owl:incompatibleWith`

- owl:DeprecatedClass
- owl:DeprecatedProperty

Dabei hat owl:versionInfo üblicherweise eine Zeichenkette als Objekt. Mit Hilfe von owl:DeprecatedClass und owl:DeprecatedProperty können Teile der Ontologie beschrieben werden, die zwar noch unterstützt werden, aber nicht mehr verwendet werden sollten. Die verbleibenden Elemente beinhalten Verweise auf andere Ontologien; ihre Namen sind selbsterklärend.

Andere OWL-Ontologien können außerdem wie im Beispiel gegeben mit Hilfe von owl:imports importiert werden. Der Inhalt der importierten Ontologie wird dann als Teil der aktuellen Ontologie aufgefasst.

❯ 5.1.2 Klassen, Rollen und Individuen

Die Grundbausteine von OWL bestehen aus Klassen und Propertys, wie sie schon von RDF(S) bekannt sind, sowie aus Individuen, die als RDF-Instanzen von Klassen deklariert werden. OWL-Propertys werden auch *Rollen* genannt, und wir werden beide Begriffe gleichermaßen verwenden.

Klassen werden in OWL durch owl:Class definiert. Im folgenden Beispiel wird dadurch das RDF-Tripel Professor rdf:type owl:Class erzeugt.[2]

```
<rdf:Description rdf:about="Professor">
  <rdf:type rdf:resource="&owl;Class"/>
</rdf:Description>
```

Gleichbedeutend kann die folgende Kurzform verwendet werden:

```
<owl:Class rdf:about="Professor"/>
```

Mittels rdf:about="Professor" wird der Klasse der Name Professor zugewiesen, der für Bezüge auf die Klasse verwendet werden kann. Statt rdf:about kann auch rdf:ID verwendet werden, und zwar unter den auf Seite 47 gegebenen Bedingungen.[3]

---

[2]Es sei <!ENTITY owl 'http://www.w3.org/2002/07/owl#/'> deklariert worden – siehe Seite 46.

[3]Der einfacheren Lesbarkeit halber beziehen wir uns in den Beispielen stets auf den Namensraum http://www.example.org, der wie auf Seite 128 für Objekte ohne Präfix deklariert ist.

Es gibt zwei vordefinierte Klassen, nämlich `owl:Thing` und `owl:Nothing`. Die Klasse `owl:Thing` ist die allgemeinste Klasse, die alles enthält. Die Klasse `owl:Nothing` hingegen ist leer.

`owl:Class` ist eine Unterklasse von `rdfs:Class`. Es gibt aber feine Unterschiede, die wir bei der Diskussion zur Abgrenzung der verschiedenen Teilsprachen von OWL in Abschnitt 5.2.1 behandeln werden.

Individuen können als Instanzen von Klassen wie in RDF deklariert werden.

```
<rdf:Description rdf:about="RudiStuder">
  <rdf:type rdf:resource="Professor"/>
</rdf:Description>
```

Alternativ kann auch folgende Kurzform verwendet werden.

```
<Professor rdf:about="RudiStuder"/>
```

Rollen in OWL gibt es in zwei Arten: abstrakte und konkrete. Abstrakte Rollen verbinden Individuen mit Individuen. Konkrete Rollen hingegen verbinden Individuen mit Datenwerten (d.h. mit Elementen von Datentypen). Beide sind Unterklassen von `rdf:Property`. Es gibt aber wiederum feine Unterschiede, die wir bei der Diskussion zur Abgrenzung der verschiedenen Teilsprachen von OWL in Abschnitt 5.2.1 behandeln werden.

Rollen werden ähnlich wie Klassen deklariert.

```
<owl:ObjectProperty rdf:about="Zugehörigkeit"/>
<owl:DatatypeProperty rdf:about="Vorname"/>
```

Die erste Rolle ist abstrakt und soll die Zugehörigkeit z.B. einer Person zu einer bestimmten Organisation ausdrücken. Die zweite Rolle ist konkret und soll Personen Vornamen zuweisen.[4] Die Bereiche, auf die sich Rollen beziehen, können mittels `rdfs:domain` und `rdfs:range` wie schon von RDFS bekannt explizit deklariert werden.

---

[4]Es sei `<!ENTITY xsd 'http://www.w3.org/2001/XMLSchema#/'>` deklariert worden – siehe Seite 46.

```
xsd:string          xsd:boolean         xsd:decimal
xsd:float           xsd:double          xsd:dateTime
xsd:time            xsd:date            xsd:gYearMonth
xsd:gYear           xsd:gMonthDay       xsd:gDay
xsd:gMonth          xsd:hexBinary       xsd:base64Binary
xsd:anyURI          xsd:token           xsd:normalizedString
xsd:language        xsd:NMTOKEN         xsd:positiveInteger
xsd:NCName          xsd:Name            xsd:nonPositiveInteger
xsd:long            xsd:int             xsd:negativeInteger
xsd:short           xsd:byte            xsd:nonNegativeInteger
xsd:unsignedLong    xsd:unsignedInt     xsd:unsignedShort
xsd:unsignedByte    xsd:integer
```

Abb. 5.3. XML Datentypen für OWL

```
<owl:ObjectProperty rdf:about="Zugehörigkeit">
  <rdfs:domain rdf:resource="Person"/>
  <rdfs:range rdf:resource="Organisation"/>
</owl:ObjectProperty>
<owl:DatatypeProperty rdf:about="Vorname">
  <rdfs:domain rdf:resource="Person" />
  <rdfs:range  rdf:resource="&xsd;string"/>
</owl:DatatypeProperty>
```

Neben xsd:string ist xsd:integer in OWL verfügbar. Die in Abb. 5.3 angegebenen XML-Datentypen können auch in OWL verwendet werden, ihre Unterstützung durch OWL-Inferenzmaschinen ist jedoch im Standard nicht vorgeschrieben. Außerdem ist rdfs:Literal als Datentyp erlaubt.

Die explizite Angabe, dass zwei Individuen durch eine Rolle verknüpft sind, ist natürlich auch möglich, wie im folgenden Beispiel. Das Beispiel zeigt auch, dass Rollen nicht funktional[5] sein müssen, für RudiStuder sind z.B. zwei Zugehörigkeiten angegeben.

---

[5]Funktionalität wird auf Seite 149 besprochen.

Aus den Klasseninklusionen

```
<owl:Class rdf:about="Professor">
  <rdfs:subClassOf rdf:resource="Fakultätsmitglied"/>
</owl:Class>
<owl:Class rdf:about="Fakultätsmitglied">
  <rdfs:subClassOf rdf:resource="Person"/>
</owl:Class>
```

folgt durch Inferenz, dass `Professor` eine Unterklasse von `Person` ist.

Abb. 5.4. Inferenz durch Transitivität von `rdfs:subClassOf`: Sind Professoren Fakultätsmitglieder, welche wiederum Personen sind, dann sind auch Professoren Personen

```
<Person rdf:about="RudiStuder">
  <Zugehörigkeit rdf:resource="AIFB"/>
  <Zugehörigkeit rdf:resource="ontoprise"/>
  <Vorname rdf:datatype="&xsd;string">Rudi</Vorname>
</Person>
```

❯ 5.1.3 Einfache Klassenbeziehungen

OWL-Klassen können wie in RDFS mittels `rdfs:subClassOf` zueinander in Beziehung gesetzt werden. Ein einfaches Beispiel dafür ist das folgende.

```
<owl:Class rdf:about="Professor">
  <rdfs:subClassOf rdf:resource="Fakultätsmitglied"/>
</owl:Class>
```

Das Konstrukt `rdfs:subClassOf` wird wie in RDFS als transitiv verstanden. Dadurch ergeben sich erste einfache Möglichkeiten zur Inferenz impliziten Wissens, siehe Abb. 5.4. Jede Klasse ist außerdem eine Unterklasse von `owl:Thing`. Des weiteren ist `owl:Nothing` eine Unterklasse jeder anderen Klasse.

Zwei Klassen können mittels `owl:disjointWith` als disjunkt deklariert werden. Dies bedeutet, dass kein Individuum unter beide Klassen gemeinsam fällt. Entsprechende Inferenzen sind möglich, wie im Beispiel in Abb. 5.5.

Zwei Klassen können außerdem mittels `owl:equivalentClass` als gleich deklariert werden. Sind zwei Klassen gegenseitig Unterklassen voneinander, so

Aus den Klasseninklusionen

```
<owl:Class rdf:about="Professor">
  <rdfs:subClassOf rdf:resource="Fakultätsmitglied"/>
</owl:Class>
<owl:Class rdf:about="Buch">
  <rdfs:subClassOf rdf:resource="Publikation"/>
</owl:Class>
```

und der Aussage, dass Fakultätsmitglieder und Publikationen disjunkt sind,

```
<owl:Class rdf:about="Fakultätsmitglied">
  <owl:disjointWith rdf:resource="Publikation"/>
</owl:Class>
```

folgt durch Inferenz, dass `Professor` und `Buch` ebenfalls disjunkte Klassen sind.

Abb. 5.5. Beispiel einer Inferenz mit `owl:disjointWith`

sind sie natürlich gleich. Ein weiteres Beispiel für eine diesbezügliche Inferenz ist in Abb. 5.6 gegeben.

❂ 5.1.4 Beziehungen zwischen Individuen

Wir haben schon gesehen, dass sich die Klassenzugehörigkeit von Individuen sowie deren Rollenbeziehungen deklarieren lassen. Dies führt zu weiteren Inferenzen, wie in Abb. 5.7. Es ist nun möglich, in OWL Beziehungen zwischen Individuen zu deklarieren. Genauer lässt sich darstellen, dass verschiedene Bezeichner dasselbe Individuum bezeichnen.

```
<rdf:Description rdf:about="RudiStuder">
  <owl:sameAs rdf:resource="ProfessorStuder"/>
</rdf:Description>
```

Daraus ergeben sich Inferenzen, wie z.B. in Abb. 5.8.

Es sei bemerkt, dass an dieser Stelle ein Unterschied zu anderen deklarativen Sprachen vorliegt. In vielen anderen deklarativen Sprachen haben Individuen nämlich eindeutige Bezeichner.[6] Dies ist bei OWL, wie auch in RDF, nicht der Fall.

---

[6]Man nennt das die *Unique Name Assumption*.

Aus der Klasseninklusion

```
<owl:Class rdf:about="Buch">
  <rdfs:subClassOf rdf:resource="Publikation"/>
</owl:Class>
```

und der Deklaration der Klassengleichheit

```
<owl:Class rdf:about="Publikation">
  <owl:equivalentClass rdf:resource="Publication"/>
</owl:Class>
```

folgt durch Inferenz, dass `Buch` eine Unterklasse von `Publication` ist.

Abb. 5.6. Beispiel einer Inferenz mit `owl:equivalentClass`

Aus

```
<Buch rdf:about="SemanticWebGrundlagen">
  <Autor rdf:resource="YorkSure"/>
  <Autor rdf:resource="PascalHitzler"/>
</Buch>
<owl:Class rdf:about="Buch">
 <rdfs:subClassOf rdf:resource="Publikation"/>
</owl:Class>
```

folgt mittels Inferenz, dass `SemanticWebGrundlagen` eine Publikation ist.

Abb. 5.7. Inferenzbeispiel mit Individuen

Aus

```
<Professor rdf:about="RudiStuder"/>
<rdf:Description rdf:about="RudiStuder">
  <owl:sameAs rdf:resource="ProfessorStuder"/>
</rdf:Description>
```

folgt mittels Inferenz, dass `ProfessorStuder` ein Professor ist.

Abb. 5.8. Inferenzbeispiel mit `owl:sameAs`

Die Verschiedenheit zweier Individuen lässt sich mit `owl:differentFrom` deklarieren. Um die Verschiedenheit einer Menge von Individuen zu beschreiben, gibt es eine abkürzende Schreibweise.

```
<owl:AllDifferent>
  <owl:distinctMembers rdf:parseType="Collection">
    <Person rdf:about="RudiStuder"/>
    <Person rdf:about="YorkSure"/>
    <Person rdf:about="PascalHitzler"/>
  </owl:distinctMembers>
</owl:AllDifferent>
```

Die Sprachelemente `owl:AllDifferent` und `owl:distinctMembers` sind nur für diesen einen Zweck vorgesehen.

❯ 5.1.5 Abgeschlossene Klassen
Eine Angabe wie

```
<SekretärinnenVonStuder rdf:about="GiselaSchillinger"/>
<SekretärinnenVonStuder rdf:about="AnneEberhardt"/>
```

beschreibt zwar, dass `GiselaSchillinger` und `AnneEberhardt` Sekretärinnen von Studer sind. Damit ist jedoch nicht festgelegt, dass er keine weiteren Sekretärinnen hat. Möchte man dies beschreiben, benötigt man eine abgeschlossene Klasse, wie in Abb. 5.9.
Eine abgeschlossene Klasse kann auch aus Elementen von Datentypen bestehen, die durch `rdf:List` zu einer Liste zusammengefügt werden. Als Beispiel beinhalte die Klasse in Abb. 5.10 die E-mailadressen der Autoren. Die Verwendung von `owl:Datarange` wie im Beispiel ist vorgeschrieben.

❯ 5.1.6 Logische Konstruktoren auf Klassen
Mit den bisher beschriebenen Sprachelementen lassen sich einfache Ontologien beschreiben, die Ausdrucksstärke geht jedoch nur wenig über RDFS hinaus. Erst mit Hilfe logischer Konstruktoren auf Klassen lässt sich auch komplexeres Wissen ausdrücken. Zur Verfügung stehen Konjunktion, Disjunktion und Negation, d.h. logisches *und*, *oder* und *nicht*, realisiert durch die OWL-Sprachelemente `owl:intersectionOf`, `owl:unionOf` und `owl:complementOf`. Mit ihrer Hilfe lassen sich *atomare Klassen* – d.h. solche, die durch einen Klassenbezeichner beschrieben werden – zu *komplexen Klassen* verbinden. Es sei bereits jetzt angemerkt, dass die Verwendung der logischen Konstruktoren

Aus der Beschreibung

```
<owl:Class rdf:about="SekretärinnenVonStuder">
  <owl:oneOf rdf:parseType="Collection">
    <Person rdf:about="GiselaSchillinger"/>
    <Person rdf:about="AnneEberhardt"/>
  </owl:oneOf>
</owl:Class>
```

folgt, dass `GiselaSchillinger` und `AnneEberhardt` die einzigen Individuen in der Klasse `SekretärinnenVonStuder` sind. Fügt man noch

```
<Person rdf:about="AnupriyaAnkolekar"/>
<owl:AllDifferent>
  <owl:distinctMembers rdf:parseType="Collection">
    <Person rdf:about="AnneEberhardt"/>
    <Person rdf:about="GiselaSchillinger"/>
    <Person rdf:about="AnupriyaAnkolekar"/>
  </owl:distinctMembers>
</owl:AllDifferent>
```

hinzu, so folgt, dass `AnupriyaAnkolekar` keine Sekretärin von Studer ist. Diese Schlussfolgerung wäre ohne die mittels `owl:AllDifferent` gemachte Aussage nicht möglich. Nur diese Aussage schließt nämlich aus, dass `AnupriyaAnkolekar` z.B. identisch mit `AnneEberhardt` ist.

Abb. 5.9. Beispiel mit Inferenz für `owl:oneOf`

```
<owl:Class rdf:about="EmailsLehrbuchAutoren">
  <owl:DataRange>
    <owl:oneOf>
      <rdf:List>
        <rdf:first rdf:datatype="&xsd;string">
          pascal@pascal-hitzler.de
        </rdf:first>
        <rdf:rest>
          <rdf:List>
            <rdf:first rdf:datatype="&xsd;string">
              mak@aifb.uni-karlsruhe.de
            </rdf:first>
            <rdf:rest>
              <rdf:List>
                <rdf:first rdf:datatype="&xsd;string">
                  sru@aifb.uni-karlsruhe.de
                </rdf:first>
                <rdf:rest>
                  <rdf:List>
                    <rdf:first rdf:datatype="&xsd;string">
                      york.sure@sap.com
                    </rdf:first>
                    <rdf:rest rdf:resource="&rdf;nil" />
                  </rdf:List>
                </rdf:rest>
              </rdf:List>
            </rdf:rest>
          </rdf:List>
        </rdf:rest>
      </rdf:List>
    </owl:oneOf>
  </owl:DataRange>
</owl:Class>
```

Abb. 5.10. Klassen mittels oneOf und Datentypen

in OWL Lite nur eingeschränkt erlaubt ist. Darauf werden wir in Abschnitt 5.2.1 zurückkommen.

Die Konjunktion `owl:intersectionOf` zweier Klassen umfasst genau die Objekte, die gleichzeitig zu beiden Klassen gehören. Das folgende Beispiel sagt aus, dass `SekretärinnenVonStuder` genau die Objekte enthält, die sowohl Sekretärinnen sind als auch Angehörige der Arbeitsgruppe von Studer.

```
<owl:Class rdf:about="SekretärinnenVonStuder">
  <owl:intersectionOf rdf:parseType="Collection">
    <owl:Class rdf:about="Sekretärinnen"/>
    <owl:Class rdf:about="AngehoerigeAGStuder"/>
  </owl:intersectionOf>
</owl:Class>
```

Ein Beispiel für eine Schlussfolgerung daraus ist, dass alle Instanzen der Klasse `SekretärinnenVonStuder` auch Instanzen der Klasse `Sekretärinnen` sind. Das gerade gegebene Beispiel ist eine abgekürzte Schreibweise für das Folgende.

```
<owl:Class rdf:about="SekretärinnenVonStuder">
  <owl:equivalentClass>
    <owl:intersectionOf rdf:parseType="Collection">
      <owl:Class rdf:about="Sekretärinnen"/>
      <owl:Class rdf:about="AngehoerigeAGStuder"/>
    </owl:intersectionOf>
  </owl:equivalentClass>
</owl:Class>
```

Logische Konstruktoren können natürlich auch mit `rdfs:subClassOf` verwendet werden. Das folgende Beispiel mit `owl:unionOf` beschreibt, dass Professoren aktiv lehren oder im Ruhestand sind. Es lässt jedoch z.B. auch die Möglichkeiten offen, dass ein Professor im Ruhestand noch lehrt. Außerdem sind Dozenten nicht immer Professoren.

```
<owl:Class rdf:about="Professor">
  <rdfs:subClassOf>
    <owl:unionOf rdf:parseType="Collection">
      <owl:Class rdf:about="aktivLehrend"/>
      <owl:Class rdf:about="imRuhestand"/>
    </owl:unionOf>
  </rdfs:subClassOf>
</owl:Class>
```

Die Verwendung von `owl:unionOf` zusammen mit `rdfs:subClassOf` im obigen Beispiel sagt also lediglich aus, dass jeder Professor mindestens einer der beiden Klassen `aktivLehrend` oder `imRuhestand` angehört.

Mit `owl:complementOf` kann das Komplement einer Klasse beschrieben werden. Logisch entspricht dies der Negation: Im Komplement einer Klasse sind genau die Objekte, die *nicht* in der Klasse selbst sind. Das folgende Beispiel drückt aus, dass kein Fakultätsmitglied eine Publikation sein kann. Es ist damit gleichbedeutend zu der in Abb. 5.5 mit Hilfe von `owl:disjointWith` gemachten Aussage, dass Fakultätsmitglieder und Publikationen disjunkt sind.

```
<owl:Class rdf:about="Fakultätsmitglied">
  <rdfs:subClassOf>
    <owl:complementOf rdf:resource="Publikation"/>
  </rdfs:subClassOf>
</owl:Class>
```

Logische Konstruktoren können beliebig geschachtelt werden. In Abb. 5.11 ist ein Beispiel dafür gegeben.

❖ 5.1.7 Rolleneinschränkungen

Mit Rolleneinschränkungen bezeichnet man eine Reihe weiterer Konstruktoren für die Definition komplexer Klassen. Diese fallen in zwei Gruppen. Die erste Gruppe von Rolleneinschränkungen definiert eine Klasse als die Menge aller Objekte, für die eine bestimmte Rolle immer einen Wert aus einer vorgegebenen Klasse annimmt.

Das folgende Beispiel deklariert, dass Prüfungen nur von Professoren abgenommen werden dürfen. Das Beispiel sagt sogar, dass *alle* Prüfer einer Prüfung Professoren sein müssen – für den Fall, dass eine Prüfung mehrere Prüfer hat.

Aus den Angaben

```
<owl:Class rdf:about="Professor">
  <rdfs:subClassOf>
    <owl:unionOf rdf:parseType="Collection">
      <owl:intersectionOf rdf:parseType="Collection">
        <owl:Class rdf:about="Person"/>
        <owl:Class rdf:about="Universitaetsangehoeriger"/>
      </owl:intersectionOf>
      <owl:intersectionOf rdf:parseType="Collection">
        <owl:Class rdf:about="Person"/>
        <owl:complementOf rdf:resource="Doktorand">
      </owl:intersectionOf>
    </owl:intersectionOf>
  </rdfs:subClassOf>
</owl:Class>
```

folgt durch Inferenz, dass `Professor` eine `Person` ist.

Abb. 5.11. Beispiel einer Inferenz mit geschachtelten logischen Konstruktoren

```
<owl:Class rdf:about="Pruefung">
  <rdfs:subClassOf>
    <owl:Restriction>
      <owl:onProperty rdf:resource="hatPruefer"/>
      <owl:allValuesFrom rdf:resource="Professor"/>
    </owl:Restriction>
  </rdfs:subClassOf>
</owl:Class>
```

Möchte man ausdrücken, dass jede Prüfung *mindestens einen* Prüfer haben muss, so ist dies mittels `owl:someValuesFrom` möglich.

```
<owl:Class rdf:about="Pruefung">
  <rdfs:subClassOf>
    <owl:Restriction>
      <owl:onProperty rdf:resource="hatPruefer"/>
      <owl:someValuesFrom rdf:resource="Person"/>
    </owl:Restriction>
  </rdfs:subClassOf>
</owl:Class>
```

Wir haben durch `owl:allValuesFrom` bzw. `owl:someValuesFrom` demnach die Möglichkeit, etwas über *alle* bzw. über *mindestens einen* der Prüfer auszusagen. Auf ähnliche Weise können wir etwas über die Anzahl der Prüfer aussagen. Folgendes Beispiel deklariert eine obere Schranke für die Anzahl, genauer, dass eine Prüfung höchstens zwei Prüfer haben kann:

```
<owl:Class rdf:about="Pruefung">
  <rdfs:subClassOf>
    <owl:Restriction>
      <owl:onProperty rdf:resource="hatPruefer"/>
      <owl:maxCardinality rdf:datatype="&xsd;nonNegativeInteger">
      2
      </owl:maxCardinality>
    </owl:Restriction>
  </rdfs:subClassOf>
</owl:Class>
```

Auch eine untere Schranke kann man angeben, z.B. in Form der Aussage, dass eine Prüfung mindestens drei Themengebiete umfasst:

```
<owl:Class rdf:about="Pruefung">
  <rdfs:subClassOf>
    <owl:Restriction>
      <owl:onProperty rdf:resource="hatThema"/>
      <owl:minCardinality rdf:datatype="&xsd;nonNegativeInteger">
      3
      </owl:minCardinality>
    </owl:Restriction>
  </rdfs:subClassOf>
</owl:Class>
```

Manche Kombinationen von Restriktionen werden häufig benötigt und können deshalb abgekürzt werden. Soll z.B. ausgedrückt werden, dass sich eine Prüfung über *genau* drei Prüfungsgebiete erstreckt, so wird dies mithilfe von owl:cardinality deklariert:

```
<owl:Class rdf:about="Pruefung">
  <rdfs:subClassOf>
    <owl:Restriction>
      <owl:onProperty rdf:resource="hatThema"/>
      <owl:cardinality rdf:datatype="&xsd;nonNegativeInteger">
      3
      </owl:cardinality>
    </owl:Restriction>
  </rdfs:subClassOf>
</owl:Class>
```

Dies lässt sich natürlich auch anders ausdrücken, nämlich indem man eine owl:minCardinality-Restriktion mit einer owl:maxCardinality-Restriktion kombiniert:

```
<owl:Class rdf:about="Pruefung">
  <rdfs:subClassOf>
    <owl:Restriction>
      <owl:onProperty rdf:resource="hatThema"/>
      <owl:minCardinality rdf:datatype="&xsd;nonNegativeInteger">
      3
      </owl:minCardinality>
    </owl:Restriction>
  </rdfs:subClassOf>
</owl:Class>
<owl:Class rdf:about="Pruefung">
  <rdfs:subClassOf>
    <owl:Restriction>
      <owl:onProperty rdf:resource="hatThema"/>
      <owl:maxCardinality rdf:datatype="&xsd;nonNegativeInteger">
      3
      </owl:maxCardinality>
    </owl:Restriction>
  </rdfs:subClassOf>
</owl:Class>
```

Die Restriktion owl:hasValue ist ein Spezialfall von owl:someValuesFrom, bei
dem eine konkrete Instanz als zweiter Wert der Rolle angegeben wird. Das
folgende Beispiel gibt an, dass PruefungBeiStuder genau die Dinge enthält,
die mittels der Rolle hatPruefer auf RudiStuder verweisen.

```
<owl:Class rdf:about="PruefungBeiStuder">
  <rdfs:equivalentClass>
    <owl:Restriction>
      <owl:onProperty rdf:resource="hatPruefer"/>
      <owl:hasValue rdf:resource="RudiStuder"/>
    </owl:Restriction>
  </rdfs:equivalentClass>
</owl:Class>
```

Dabei gehört eine Prüfung auch dann der Klasse PruefungBeiStuder an,
wenn sie neben RudiStuder noch einen anderen Prüfer hat.
Das soeben beschriebene Beispiel kann auch mit Hilfe von someValuesFrom
und oneOf ausgedrückt werden:

```
<owl:Class rdf:about="PruefungBeiStuder">
  <rdfs:equivalentClass>
    <owl:Restriction>
      <owl:onProperty rdf:resource="hatPruefer"/>
      <owl:someValuesFrom>
        <owl:oneOf rdf:parseType="Collection">
          <owl:Thing rdf:about="RudiStuder"/>
        </owl:oneOf>
      </owl:someValuesFrom>
    </owl:Restriction>
  </rdfs:equivalentClass>
</owl:Class>
```

Wir geben ein ausführliches Beispiel mit Rollenrestriktionen, um die Ausdrucksstärke dieser Sprachelemente zu veranschaulichen. Wir betrachten eine
Menge von Arbeitskollegen und die Rolle arbeitetGernMit. Abbildung 5.12
beschreibt die Beispielontologie. Definieren wir nun zusätzlich

```
<Person rdf:about="Anton">
  <arbeitetGernMit rdf:resource="Doris"/>
  <arbeitetGernMit rdf:resource="Dagmar"/>
</Person>
<Person rdf:about="Doris">
  <arbeitetGernMit rdf:resource="Dagmar"/>
  <arbeitetGernMit rdf:resource="Bernd"/>
</Person>
<Person rdf:about="Gustav">
  <arbeitetGernMit rdf:resource="Bernd"/>
  <arbeitetGernMit rdf:resource="Doris"/>
  <arbeitetGernMit rdf:resource="Desiree"/>
</Person>
<Person rdf:about="Charles"/>
<owl:Class rdf:about="weiblicheKollegen">
  <owl:oneOf rdf:parseType="Collection">
    <Person rdf:about="Dagmar"/>
    <Person rdf:about="Doris"/>
    <Person rdf:about="Desiree/>
  </owl:oneOf>
</owl:Class>
```

Abb. 5.12. Ausführliche Beispielontologie für Rollenrestriktionen

```
<owl:Class rdf:about="Klasse1">
  <rdfs:equivalentClass>
    <owl:Restriction>
      <owl:onProperty rdf:resource="arbeitetGernMit"/>
      <owl:someValuesFrom rdf:resource="weiblicheKollegen"/>
    </owl:Restriction>
  </rdfs:equivalentClass>
</owl:Class>
```

dann folgt, dass Anton, Doris und Gustav in Klasse1 sind.

Man beachte, dass über Charles *nicht* gefolgert werden kann, dass er in Klasse1 liegt. Man kann aber auch *nicht* folgern, dass er *nicht* in Klasse1 liegt. Über die Zugehörigkeit von Charles zu Klasse1 ist also nichts auszusagen. Der Grund dafür liegt in der sogenannten *Offenen-Welt-Annahme* (OWA): Es wird davon ausgegangen, dass eine Wissensbasis immer potentiell *unvollständig* ist. Das heißt in unserem Beispiel, dass Charles in der Relation arbeitetGernMit zu einer Instanz der Klasse weibliche Kollegen stehen *könnte* und dieser Sachverhalt jedoch nicht (oder noch nicht) bekannt ist.

Wir möchten noch kurz an diesem Punkt verweilen, da die zugrunde liegende OWA leicht Anlass zu Modellierungsfehlern sein kann. In anderen Paradigmen, wie Datenbanken etwa, wird in der Regel von der *Geschlossenen-Welt-Annahme* (siehe auch Abschnitt A.4.2) ausgegangen, bei der angenommen wird, dass sämtliche relevanten Fakten in der Wissensbasis vorhanden sind. Nach der Geschlossenen-Welt-Annahme könnte man deshalb folgern, dass Charles tatsächlich *nicht* in Klasse1 liegt, da ja in der Wissensbasis keine Instanz von weiblicheKollegen bekannt ist, zu der Charles in Relation arbeitetGernMit steht. Die Verwendung der OWA für OWL ist sinnvoll, da das World Wide Web stets expandiert und dadurch neues Wissen hinzukommt, welches das schon bekannte ergänzt.

Die OWA kommt natürlich auch in anderen Situationen zum Tragen. Enthält z.B. eine Ontologie lediglich die Aussagen

```
<Professor rdf:about="RudiStuder"/>
<Philosoph rdf:about="MikeStange"/>
```

dann ist daraus *nichts* über die Zugehörigkeit (oder nicht) von MikeStange zur Klasse Professor ableitbar, denn weiteres – uns noch unbekanntes – Wissen könnte ja auf eine solche Zugehörigkeit (oder Nicht-Zugehörigkeit) schließen lassen.

Betrachten wir nun die folgende Klasse2.

```
<owl:Class rdf:about="Klasse2">
  <rdfs:equivalentClass>
    <owl:Restriction>
      <owl:onProperty rdf:resource="arbeitetGernMit"/>
      <owl:allValuesFrom rdf:resource="weiblicheKollegen"/>
    </owl:Restriction>
  </rdfs:equivalentClass>
</owl:Class>
```

Wir können sofort folgern, dass Doris und Gustav *nicht* zu Klasse2 gehören.
Aufgrund der OWA können wir aber *nichts* über die Zugehörigkeit von Anton
oder Charles zu Klasse2 ableiten.
Nach Definition von

```
<owl:Class rdf:about="Klasse3">
  <rdfs:equivalentClass>
    <owl:Restriction>
      <owl:onProperty rdf:resource="arbeitetGernMit"/>
      <owl:hasValue rdf:resource="Doris"/>
    </owl:Restriction>
  </rdfs:equivalentClass>
</owl:Class>
```

findet man Anton und Gustav in Klasse3, da beide (unter anderem) gerne
mit Doris arbeiten.
Definiert man

```
<owl:Class rdf:about="Klasse4">
  <rdfs:equivalentClass>
    <owl:Restriction>
      <owl:onProperty rdf:resource="arbeitetGernMit"/>
      <owl:minCardinality rdf:datatype="&xsd;nonNegativeInteger">3
      </owl:minCardinality>
    </owl:Restriction>
  </rdfs:equivalentClass>
</owl:Class>
```

so ist Gustav in Klasse4, da er als Einziger mindestens drei Kollegen hat, mit
denen er gerne arbeitet. Definiert man

```
<owl:Class rdf:about="Klasse5">
  <rdfs:equivalentClass>
    <owl:Restriction>
      <owl:onProperty rdf:resource="arbeitetGernMit"/>
      <owl:maxCardinality rdf:datatype="&xsd;nonNegativeInteger">0
      </owl:maxCardinality>
    </owl:Restriction>
  </rdfs:equivalentClass>
</owl:Class>
```

so kann aufgrund der OWA *nicht* gefolgert werden, dass `Charles` in `Klasse5` ist.

Die drei Sprachelemente `owl:minCardinality`, `owl:maxCardinality` sowie `owl:cardinality` dürfen in OWL Lite nur eingeschränkt verwendet werden. Wir gehen darauf in Abschnitt 5.2.1 genauer ein.

❯ 5.1.8 Rollenbeziehungen

Rollen können auf verschiedene Weise aufeinander bezogen werden. Insbesondere ist `rdfs:subPropertyOf` auch in OWL verfügbar. Das folgende Beispiel sagt: Wenn jemand Prüfer einer Veranstaltung ist, dann ist er auch bei dieser Veranstaltung anwesend.

```
<owl:ObjectProperty rdf:about="hatPruefer">
  <rdfs:subPropertyOf rdf:resource="hatAnwesenden"/>
</owl:ObjectProperty>
```

Entsprechend kann auch deklariert werden, dass zwei verschiedene Rollennamen eigentlich dieselbe Rolle bezeichnen. Dies geschieht durch Ersetzung von `rdfs:subPropertyOf` mit `owl:equivalentProperty` im obigen Beispiel.

Zwei Rollen können auch invers zueinander sein, d.h. dieselbe Relation mit vertauschten Argumenten darstellen. Eine solche Beziehung beschreibt man mit `owl:inverseOf`.

```
<owl:ObjectProperty rdf:about="hatPruefer">
  <owl:inverseOf rdf:resource="prueferVon"/>
</owl:ObjectProperty>
```

Abbildung 5.13 gibt ein weiteres Beispiel für die Verwendung von Rollenbeziehungen. In diesem Fall stehen `SemanticWebPruefung` und `RudiStuder`

```
<owl:ObjectProperty rdf:about="hatPruefer">
  <rdfs:subPropertyOf rdf:resource="hatAnwesenden"/>
</owl:ObjectProperty>
<owl:ObjectProperty rdf:about="hatAnwesenden">
  <owl:equivalentProperty rdf:resource="hatTeilnehmer"/>
</owl:ObjectProperty>
<owl:ObjectProperty rdf:about="hatTeilnehmer">
  <owl:inverseOf rdf:resource="istTeilnehmerBei"/>
</owl:ObjectProperty>
<Pruefung rdf:about="SemanticWebPruefung">
  <hatPruefer rdf:resource="RudiStuder"/>
</Pruefung>
```

Abb. 5.13. Ontologie mit Rollenbeziehungen.

sowohl in der Beziehung `hatAnwesenden` als auch in der dazu äquivalenten Beziehung `hatTeilnehmer`. In umgekehrter Reihenfolge stehen `RudiStuder` und `SemanticWebPruefung` in der Beziehung `istTeilnehmerBei`.

Die Verwendung von Rollenbeziehungen ist in OWL DL und OWL Lite eingeschränkt, dies wird in Abschnitt 5.2.1 eingehender betrachtet.

❯ 5.1.9 Rolleneigenschaften

Für Rollen kann in OWL deklariert werden, dass sie bestimmte Eigenschaften haben sollen. Dazu gehören neben der Angabe der Definitions- und Wertebereiche auch Eigenschaften wie Transitivität und Symmetrie.

Die Verwendung von `rdfs:range` und `rdfs:domain` haben wir bereits behandelt. Ihre Semantik haben wir jedoch noch nicht ausführlich genug beleuchtet. So ist eine Aussage wie

```
<owl:ObjectProperty rdf:about="Zugehörigkeit">
  <rdfs:range rdf:resource="Organisation"/>
</owl:ObjectProperty>
```

semantisch gleichbedeutend mit der folgenden Aussage:

```
<owl:Class rdf:about="&owl;Thing">
  <rdfs:subClassOf>
    <owl:Restriction>
      <owl:onProperty rdf:resource="Zugehörigkeit"/>
      <owl:allValuesFrom rdf:resource="Organisation"/>
    </owl:Restriction>
  </rdfs:subClassOf>
</owl:Class>
```

Was passiert nun, wenn wir wie folgt angeben, dass die Zahl Fuenf den Primzahlen zugehörig ist?

```
<Zahl rdf:about="Fuenf">
  <Zugehörigkeit rdf:resource="Primzahlen"/>
</Zahl>
```

OWL lässt aus diesen Angaben die Schlussfolgerung zu, dass Primzahlen zur Klasse Organisation gehört! Das ist natürlich intuitiv falsch – der Fehler liegt daran, dass Zugehörigkeit zunächst nur als Zugehörigkeit zu Organisationen deklariert wird, dann aber in einem anderen ursprünglich nicht vorgesehenen Zusammenhang verwendet wird. Das Beispiel ist vergleichbar mit dem am Ende von Abschnitt 3.4.5 gegebenen.

Es sei bemerkt, dass sich formal natürlich kein Widerspruch findet. Ein solcher würde erst auftreten, wenn sich z.B. durch weitere Angaben folgern ließe, dass Primzahlen nicht zur Klasse Organisation gehört.

Ähnliche Überlegungen gelten selbstverständlich auch für rdfs:domain.

Die folgenden Rolleneigenschaften lassen sich in OWL deklarieren: Transitivität, Symmetrie, Funktionalität und inverse Funktionalität. Wir erklären die Bedeutungen dieser Sprachelemente anhand der Beispiele in Abb. 5.14. Zunächst zur Symmetrie, die Folgendes besagt: Steht A zu B in einer symmetrischen Rollenbeziehung, dann steht auch B zu A in Beziehung. Im obigen Beispiel steht YorkSure zu AnupriyaAnkolekar in der hatKollegen-Beziehung, d.h., YorkSure hat AnupriyaAnkolekar zur Kollegin. Nun ist hatKollegen symmetrisch, also hat AnupriyaAnkolekar auch YorkSure zum Kollegen. Transitivität bedeutet Folgendes: Steht A zu B in Beziehung und steht B zu C in Beziehung, dann steht auch A zu C in Beziehung. Wir haben gerade schon Folgendes eingesehen:

```
AnupriyaAnkolekar    hatKollegen    YorkSure
YorkSure             hatKollegen    PascalHitzler
```

```
<owl:ObjectProperty rdf:about="hatKollegen">
  <rdf:type rdf:resource="&owl;TransitiveProperty"/>
  <rdf:type rdf:resource="&owl;SymmetricProperty"/>
</owl:ObjectProperty>
<owl:ObjectProperty rdf:about="hatProjektleiter">
  <rdf:type rdf:resource="&owl;FunctionalProperty"/>
</owl:ObjectProperty>
<owl:ObjectProperty rdf:about="istProjektleiterFuer">
  <rdf:type rdf:resource="&owl;InverseFunctionalProperty"/>
</owl:ObjectProperty>
<Person rdf:about="YorkSure">
  <hatKollegen rdf:resource="PascalHitzler"/>
  <hatKollegen rdf:resource="AnupriyaAnkolekar"/>
  <istProjektleiterFuer rdf:resource="SEKT"/>
</Person>
<Projekt rdf:about="SmartWeb">
  <hatProjektleiter rdf:resource="PascalHitzler"/>
  <hatProjektleiter rdf:resource="HitzlerPascal"/>
</Projekt>
```

Abb. 5.14. Rolleneigenschaften

Aufgrund der Transitivität der Rolle hatKollegen folgt also:

    AnupriyaAnkolekar   hatKollegen   PascalHitzler

Funktionalität einer Rolle bedeutet: Steht A zu B in Beziehung und steht A auch zu C in Beziehung, dann sind B und C identisch im Sinne von owl:sameAs. Da hatProjektleiter im Beispiel funktional ist, können wir folgern, dass PascalHitzler und HitzlerPascal dasselbe Individuum bezeichnen.

Inverse Funktionalität einer Rolle R ist semantisch gleichbedeutend dazu, dass die zu R inverse Rolle funktional ist. Wir hätten im Beispiel auf die Deklaration der inversen Funktionalität von istProjektleiterFuer verzichten können und stattdessen Folgendes angeben können.

```
<owl:ObjectProperty rdf:about="istProjektleiterFuer">
  <owl:inverseOf rdf:resource="hatProjektleiter"/>
</owl:ObjectProperty>
```

Da hatProjektleiter funktional ist, wäre damit istProjektleiterFuer automatisch invers funktional gewesen.

Es sei noch bemerkt, dass transitive Rollen sinnvollerweise nie funktional sind. Es ist in OWL jedoch nicht verboten, dies explizit zu deklarieren.

Die Verwendung von Rolleneigenschaften ist in OWL DL und OWL Lite eingeschränkt, dies wird in Abschnitt 5.2.1 eingehender betrachtet.

5.2 OWL-Varianten und -Werkzeuge   5.2

❯ 5.2.1 OWL Full, OWL DL und OWL Lite

Wir haben bereits angemerkt, dass es drei verschiedene offizielle Teilsprachen von OWL gibt. Einige ihrer konzeptionellen Unterschiede wurden bereits in Abb. 5.2 aufgeführt. Wir beschreiben nun die syntaktischen Unterschiede und diskutieren diese hinsichtlich ihrer Bedeutung.

❯ OWL Full

In OWL Full dürfen alle OWL-Sprachelemente gemeinsam mit RDF(S)-Sprachelementen uneingeschränkt benutzt werden. Es wird lediglich verlangt, dass das Resultat gültiges RDF ist.

Durch den hohen Freiheitsgrad in OWL Full ergeben sich eine Reihe von Schwierigkeiten, die zur Definition von OWL DL (und von OWL Lite) geführt haben. Diese Schwierigkeiten sind darauf zurückzuführen, dass OWL für die

Repräsentation ausdrucksstarken Wissens konzipiert wurde, um den Umgang mit daraus folgendem implizitem Wissem zu ermöglichen. Das Berechnen von Inferenzen in OWL Full ist jedoch ohne gewisse Einschränkungen der Freiheitsgrade, die RDF(S) bietet, unentscheidbar.

Eine der Hauptursachen für die Unentscheidbarkeit von OWL Full ist die in RDF(S) nicht vorhandene Typentrennung in Individuen, Klassen und Rollen, die wir in diesem Kapitel in den Beispielen für OWL schon implizit verwendet haben. In OWL Full ist diese auch nicht vorgeschrieben. Dies hat zur Folge, dass z.B. `owl:Thing` und `rdfs:Resource` in OWL Full äquivalent sind. Ebenso sind `owl:Class` und `rdfs:Class` äquivalent. In OWL Full ist außerdem `owl:DatatypeProperty` eine Unterklasse von `owl:ObjectProperty`, welches wiederum äquivalent zu `rdf:Property` ist.

Eine völlige Aufhebung der Typentrennung ist allerdings im Allgemeinen auch bei der Verwendung von OWL Full nicht erstrebenswert. Manchmal möchte man jedoch Aussagen über ganze Klassen machen, in denen diese Klassen syntaktisch als Individuen auftreten. Dies tritt z.B. auf, wenn man mittels Rollen Klassenbezeichner in verschiedenen Sprachen zuordnen möchte, wie im folgenden Beispiel:

```
<owl:Class rdf:about="Buch">
  <englischerName rdf:datatype="&xsd;string">
    book
  </englischerName>
  <franzoesischerName rdf:datatype="&xsd;string">
    livre
  </franzoesischerName>
</owl:Class>
```

Werden Klassen (oder auch Rollen) in einer Ontologie auch als Individuen verwendet, so spricht man von *Metamodellierung*. Es ist damit möglich, über Klassen von Klassen zu reden.

Aktuelle OWL-Inferenzmaschinen unterstützen OWL Full nur bedingt und meist überhaupt nicht. Es ist auch nicht damit zu rechnen, dass sich das in absehbarer Zeit ändern wird. In der Praxis stellt dies jedoch zurzeit kein Problem dar, da Metamodellierung und andere von OWL DL nicht unterstützte Konstrukte nur selten auftreten und dann in der Regel nur für einen sehr eingeschränkten Zweck. Im obigen Beispiel dient die Metamodellierung zur Zuweisung fremdsprachlicher Bezeichner zu Klassen, etwa für einen mehrsprachigen Benutzerdialog. Die entsprechenden Daten können dann aus der Ontologie ausgelesen werden, selbst wenn Inferenzen über diese Daten nicht gezogen werden können.

⊙ **OWL DL**

Für OWL DL ist die Benutzung mancher Sprachelemente von OWL Full eingeschränkt. Dies betrifft vor allem die Typentrennung und die Verwendung von vielen RDF(S)-Sprachelementen, aber auch gewisse weitere Einschränkungen. OWL DL wurde so konzipiert, dass es entscheidbar ist, d.h., die Frage, ob eine Aussage aus einer Ontologie gefolgert werden kann, ist in OWL DL mit einem Algorithmus beantwortbar, dessen Terminierung stets garantiert ist. Wir werden darauf in Kapitel 6 genauer eingehen.

Es folgt eine Liste von Anforderungen, die erfüllt sein müssen, damit eine OWL-Ontologie in OWL DL liegt:

— Einschränkung von RDF(S): Es dürfen nur Sprachelemente von RDF(S) verwendet werden, die explizit für OWL DL erlaubt sind. Dies sind z.B. alle Sprachelemente, die in unseren OWL-Beispielen verwendet wurden. Insbesondere ist die Verwendung von `rdfs:Class` und `rdf:Property` verboten.

— Typentrennung und -deklaration: In OWL DL muss klar zwischen Individuen, Klassen, abstrakten Rollen, konkreten Rollen, Datentypen und den im Kopf zu deklarierenden Ontologieeigenschaften unterschieden werden. Verwendete Klassen und Rollen müssen zudem explizit als solche deklariert werden.

— Einschränkungen für konkrete Rollen: Die Rolleneigenschaften `owl:inverseOf`, `owl:TransitiveProperty`, `owl:SymmetricProperty` und `owl:InverseFunctionalProperty` dürfen konkreten Rollen nicht zugewiesen werden.

— Einschränkungen für abstrakte Rollen: Zahlenrestriktionen mittels `owl:cardinality`, `owl:minCardinality` oder `owl:maxCardinality` dürfen nicht mit transitiven Rollen, deren Inversen oder deren Oberrollen verwendet werden. Diese etwas seltsam anmutende Einschränkung dient der Gewährleistung der Entscheidbarkeit von OWL DL.

⊙ **OWL Lite**

Die Idee hinter der Definition von OWL Lite ist, ein einfach zu implementierendes Sprachfragment zu bieten, welches die wichtigsten Sprachelemente enthält. OWL Lite ist in der Praxis jedoch von nur eingeschränkter Bedeutung.

Für OWL Lite gelten folgende Einschränkungen im Vergleich zu OWL Full:

— Alle Einschränkungen für OWL DL gelten auch für OWL Lite.

— Eingeschränkte Klassenkonstruktoren: Verboten ist die Verwendung von `owl:oneOf`, `owl:unionOf`, `owl:complementOf`, `owl:hasValue`, `owl:disjointWith` und `owl:DataRange`.

- Eingeschränkte Zahlenrestriktionen: Zahlenrestriktionen sind nur mit den Zahlenwerten 0 und 1 erlaubt.
- Vorgeschriebene Klassennamen: In manchen Situationen ist die Verwendung von Klassennamen vorgeschrieben:
  im Subjekt von `owl:equivalentclass` und `rdfs:subClassOf`,
  im Objekt von `rdfs:domain`.
- Vorgeschriebene Klassennamen oder Rollenrestriktionen: In manchen Situationen ist die Verwendung von Klassennamen oder Rollenrestriktionen vorgeschrieben:
  Im Objekt von `owl:equivalentClass`, `rdfs:subClassOf` und `rdf:type`.
  Außerdem kann `owl:intersectionOf` nur auf Klassennamen und Rollenrestriktionen angewendet werden.
- Vorgeschriebene Klassennamen oder Rollenrestriktionen: In manchen Situationen ist die Verwendung von Klassennamen oder Rollenrestriktionen vorgeschrieben:
  im Objekt von `owl:allValuesFrom`, `owl:someValuesFrom` und `rdf:range`.

❯ 5.2.2 Anfragen an OWL

Das W3C gibt derzeit keine Standard-Anfragesprache für OWL vor. Es lassen sich jedoch typische Anfragearten unterscheiden, die auch von den gängigen Inferenzmaschinen unterstützt werden. Man unterscheidet dabei zwei Typen von Anfragen, abhängig davon, ob Individuen eine Rolle spielen.

❯ Anfragen ohne Berücksichtigung von Individuen

Anfragen dieses Typs beziehen sich auf Klassen und deren Beziehungen zueinander. Dazu gehören Anfragen nach der *Äquivalenz* zweier Klassen im Sinne von `owl:equivalentClass` sowie die Frage, ob eine Klasse eine *Unterklasse* einer anderen im Sinne von `rdfs:subClassOf` ist. Beispiele dafür wurden in den Abb. 5.4, 5.6 und 5.11 angegeben. Auch nach der *Disjunktheit* von Klassen im Sinne von `owl:disjointWith` kann gefragt werden, wie z.B. in Abb. 5.5.

In Kapitel 6 werden wir sehen, dass die Frage nach der *globalen Konsistenz* oder *Erfüllbarkeit* einer Ontologie von zentraler Wichtigkeit ist. Unter globaler Konsistenz versteht man die Abwesenheit von Widersprüchen in der Ontologie.

Die Überprüfung von *Klassenkonsistenz* dient meist der Suche nach Modellierungsfehlern. Dabei nennt man eine Klasse *inkonsistent*, wenn sie äquivalent zu `owl:Nothing` ist. Ein einfaches Beispiel für eine Klasseninkonsistenz aufgrund eines Modellierungsfehlers ist das folgende.

```
<owl:Class rdf:about="Buch">
  <rdfs:subClassOf rdf:resource="Publikation"/>
  <owl:disjointWith rdf:resource="Publikation"/>
</owl:Class>
```

Die Bedingungen erzwingen, dass es keine Bücher gibt: Gäbe es nämlich ein Buch, so wäre es wegen der `rdfs:subClassOf`-Aussage auch eine Publikation. Dies ist aber nicht möglich, da `Publikation` und `Buch` disjunkt sind. Da es also keine Bücher geben kann, muss `Buch` äquivalent zu `owl:Nothing` sein.

Anfragen mit Individuen

Die für die Praxis wohl wichtigste Anfrageart ist die nach *Klasseninstanzen*, d.h., man gibt eine Klasse vor und möchte sämtliche bekannten Individuen erhalten, die gesichert zu dieser Klasse gehören. Beispiele dafür befinden sich in den Abb. 5.7 und 5.8 und ebenso im Abschnitt über Rolleneinschränkungen. Eng verwandt zur Frage nach Klasseninstanzen ist die *Instanzüberprüfung*. Dabei gibt man ein Individuum und eine Klasse an und fragt, ob das Individuum zu der gegebenen Klasse gehört.

5.2.3 OWL-Werkzeuge

Wir geben einige der zurzeit wichtigsten Werkzeuge für OWL an.

Editoren

Protégé[7] ist der wohl bekannteste Ontologieeditor. Er ist schon seit einigen Jahren verfügbar und weit verbreitet. Das neuere **SWOOP**[8] bemüht sich um hohe Benutzerfreundlichkeit. Hilfreich sind auch die **OWL Tools**,[9] die praktische kleine Werkzeuge für den Umgang mit OWL-Dateien zur Verfügung stellen.

Inferenzmaschinen

Es gibt nur wenige hochperformante OWL-Inferenzmaschinen. **Pellet**[10] ist Open Source und die einzige zurzeit erhältliche Inferenzmaschine, die ganz OWL DL unterstützt. Dies liegt an besonderen Herausforderungen an Effizienz im Umgang mit abgeschlossenen Klassen, die von anderen Inferenzmaschinen zur Zeit noch nicht korrekt behandelt werden können. **KAON2**[11] stellt

---

[7]http://protege.stanford.edu/
[8]http://www.mindswap.org/2004/SWOOP/
[9]http://owltools.ontoware.org/
[10]http://www.mindswap.org/2003/pellet/index.shtml
[11]http://kaon2.semanticweb.org/

neben Inferenzalgorithmen eine Infrastruktur zum Management von Ontologien zur Verfügung. Es zeichnet sich durch völlig neuartige Algorithmen aus, die z.B. für Instanzretrieval optimiert sind. **FaCT++**[12] ist der Nachfolger der bekannten FaCT Inferenzmaschine und Open Source verfügbar. Weitere bekannte kommerzielle Systems sind **RacerPro**[13] und **Cerebra**[14].

❯ 5.2.4 Übersicht über die OWL-Sprachelemente

Sprachelemente, die in OWL Lite nicht oder nur eingeschränkt zur Verfügung stehen, sind mit ⋆ gekennzeichnet. Damit werden aber noch nicht alle in Abschnitt 5.2.1 behandelten Fälle abgedeckt.

❯ Kopf einer Ontologie

rdfs:comment	rdfs:label
rdfs:seeAlso	rdfs:isDefinedBy
owl:versionInfo	owl:priorVersion
owl:backwardCompatibleWith	owl:incompatibleWith
owl:DeprecatedClass	owl:DeprecatedProperty
owl:imports	

❯ Beziehungen zwischen Individuen

owl:sameAs   owl:differentFrom
owl:AllDifferent zusammen mit owl:distinctMembers

❯ Klassenkonstruktoren und -beziehungen

owl:Class	owl:Thing
owl:Nothing	rdfs:subClassOf
owl:disjointWith⋆	owl:equivalentClass
owl:intersectionOf	owl:unionOf⋆
owl:complementOf⋆	

Rollenrestriktionen mit owl:Restriction und owl:onProperty:
owl:allValuesFrom   owl:someValuesFrom   owl:hasValue
owl:cardinality⋆   owl:minCardinality⋆   owl:maxCardinality⋆
owl:oneOf⋆, für Datentypen zusammen mit owl:DataRange⋆

---

[12]http://owl.man.ac.uk/factplusplus/
[13]http://www.racer-systems.com/
[14]http://www.cerebra.com/index.html

⊘ **Rollenkonstruktoren, -beziehungen und -eigenschaften**

```
owl:ObjectProperty    owl:DatatypeProperty
rdfs:subPropertyOf    owl:equivalentProperty    owl:inverseOf
rdfs:domain           rdfs:range
rdf:resource="&owl;TransitiveProperty"
rdf:resource="&owl;SymmetricProperty"
rdf:resource="&owl;FunctionalProperty"
rdf:resource="&owl;InverseFunctionalProperty"
```

⊘ **Erlaubte Datentypen**

Vorgeschrieben sind nur xsd:string und xsd:integer.

xsd:string	xsd:boolean	xsd:decimal
xsd:float	xsd:double	xsd:dateTime
xsd:time	xsd:date	xsd:gYearMonth
xsd:gYear	xsd:gMonthDay	xsd:gDay
xsd:gMonth	xsd:hexBinary	xsd:base64Binary
xsd:anyURI	xsd:token	xsd:normalizedString
xsd:language	xsd:NMTOKEN	xsd:positiveInteger
xsd:NCName	xsd:Name	xsd:nonPositiveInteger
xsd:long	xsd:int	xsd:negativeInteger
xsd:short	xsd:byte	xsd:nonNegativeInteger
xsd:unsignedLong	xsd:unsignedInt	xsd:unsignedShort
xsd:unsignedByte	xsd:integer	

5.3 Zusammenfassung

In diesem Kapitel haben wir die Web Ontology Language OWL kennengelernt. Syntaktisch haben wir sie mittels der laut W3C Standard normativen
RDFS-Syntax eingeführt. Unser Hauptaugenmerk lag dabei auf der Modellierung mit OWL DL, da dieser Variante momentan die größte Bedeutung
zukommt. Wir haben außerdem die verschiedenen OWL-Varianten OWL Lite, OWL DL und OWL Full zueinander abgegrenzt.

Neben der Einführung der Sprachkonstrukte haben wir in den Beispielen auch
stets exemplarisch dargestellt, wie logische Schlüsse aus OWL-Ontologien gezogen werden können. Dies wird ausführlich und formal in Kapitel 6 behandelt
werden. An Beispielen haben wir auch die Auswirkungen der Offenen-Welt-
Annahme für das logische Schlussfolgern mit OWL behandelt.

Das Kapitel schloss mit einem Überblick über verschiedene OWL-Werkzeuge
und mit der Darstellung diverser wichtiger Anfragen an OWL-Ontologien.
Auf dieses Thema wird in Kapitel 7 weiter eingegangen werden.

5.4 Aufgaben

5.4.1   **Aufgabe 5.4.1** Modellieren Sie die folgenden Sätze in OWL DL:
- Die Klasse Gemüse ist eine Unterklasse von PizzaBelag.
- Die Klasse PizzaBelag hat keine gemeinsamen Elemente mit der Klasse Pizza.
- Das Individuum Aubergine ist ein Element der Klasse Gemüse.
- Die abstrakte Rolle hatBelag besteht ausschließlich zwischen Elementen der Klasse Pizza und der Klasse PizzaBelag.
- Die Klasse Vegetarische Pizza besteht aus den Elementen, die sowohl in der Klasse PizzaOhneFleisch als auch in der Klasse PizzaOhneFisch sind.

5.4.2   **Aufgabe 5.4.2** Entscheiden Sie, ob die folgenden Aussagen im Zusammenhang mit der Pizza-Ontologie aus Aufgabe 5.4.1 sinnvoll wären:
- Die Rolle hatZutat ist transitiv.
- Die Rolle hatBelag ist funktional.
- Die Rolle hatBelag ist invers funktional.

5.4.3   **Aufgabe 5.4.3** Modellieren Sie die folgenden Sätze in OWL DL:
- Pizzen haben immer mindestens zwei Beläge.
- Jede Pizza der Klasse PizzaMargarita hat Tomate und Käse als einzige Beläge.
- Jede Pizza hat Tomate als Belag.

5.4.4   **Aufgabe 5.4.4** Betrachten Sie das Beispiel in Abb. 5.7. Weisen Sie die angegebene Inferenz mit Hilfe der formalen Semantik von RDFS nach.

5.4.5   **Aufgabe 5.4.5** Installieren Sie auf Ihrem Rechner Protégé und KAON2. Geben Sie das Beispiel aus Abb. 5.11 mit Hilfe von Protégé ein. Weisen Sie dann mit Hilfe von KAON2 nach, dass die angegebene Inferenz korrekt ist.

5.5 Weiterführende Literatur

Die Semantik von OWL wird in Kapitel 6 weiter vertieft, und wir werden am Ende von Kapitel 6 weitere Literaturhinweise geben. Deshalb sei im Augenblick lediglich auf die Originaldokumente des W3C zu OWL hingewiesen.
- [OWLa] ist die zentrale W3C Webseite für OWL.

- [MvH04] gibt einen Überblick über OWL.
- [SD04] enthält eine vollständige Beschreibung der OWL-Sprachelemente.
- [SMW04] zeigt, wie OWL zur Wissensmodellierung verwendet werden kann.
- [HHPS04] beschreibt die Semantik von OWL, die wir auf andere Weise in Kapitel 6 behandeln werden. Es beschreibt außerdem die abstrakte Syntax für OWL DL, die wir hier nicht behandeln.
- [OWLb] ist ein Vorschlag für ein Update der OWL-Spezifikation, bekannt unter dem Namen OWL 1.1.
- Deutsche Übersetzungen mancher W3C Dokumente, so z.B. von [MvH04] und von [SMW04], findet man unter [W3D]

Es sei noch darauf hingewiesen, dass einige wenige Feinheiten der Syntax von OWL hier nicht diskutiert wurden, um die Einführung verständlicher zu gestalten.

Kapitel 6

Formale Semantik von OWL

6

6

6 Formale Semantik von OWL

In Kapitel 5 haben wir OWL syntaktisch eingeführt und dessen Semantik – inklusive des Schlussfolgerns – intuitiv besprochen. In diesem Kapitel werden wir Semantik und Schlussfolgern streng formal einführen, wobei wir dazu logische Grundlagen voraussetzen müssen, wie sie in etwa in Anhang A kurz dargestellt werden. Das Kapitel ist zweigeteilt: In den Abschnitten 6.1 und 6.2 behandeln wir zunächst die modelltheoretische Semantik von OWL, während wir in Abschitt 6.3 auf Algorithmen für automatisches Schlussfolgern eingehen werden. Die modelltheoretische Semantik werden wir auf zwei verschiedene, aber äquivalente Weisen erklären, nämlich zum einen durch Rückführung auf die Prädikatenlogik erster Stufe in Abschnitt 6.1 und zum anderen als sogenannte extensionale Semantik in Abschnitt 6.2.

6.1 Prädikatenlogische Semantik von OWL

Die Semantik von OWL werden wir durch Rückführung auf die Semantik der Prädikatenlogik erster Stufe definieren. Dadurch wird OWL – genauer OWL DL – mit einem Fragment der Prädikatenlogik erster Stufe identifiziert. Der Vorteil dieser Vorgehensweise liegt darin, dass die Prädikatenlogik erster Stufe ein sehr etablierter und gut verstandener Formalismus ist. Resultate, Einsichten und Erfahrungen aus der langen Geschichte der Logik können damit für Ontologien und das Semantic Web nutzbar gemacht werden.

Wie angedeutet, werden wir uns auf die Behandlung von OWL DL beschränken. Systematisch betrachtet ist OWL DL tatsächlich die wichtigste Teilsprache von OWL. Dies liegt vor allem an ihren logischen Eigenschaften, vor allem an der Tatsache, dass OWL DL – im Gegensatz zu OWL Full – entscheidbar ist.

Historisch kann OWL DL auf sogenannte *semantische Netzwerke* zurückgeführt werden, die zur Modellierung von einfachen Zusammenhängen zwischen Individuen und Klassen mittels Rollen dienen. Diese semantischen Netzwerke waren zu Beginn in ihrer Bedeutung nur vage festgelegt, was eine Formalisierung ihrer Semantik notwendig machte. Aus dieser Anstrengung erwuchsen die sogenannten *Beschreibungslogiken*, von denen in diesem Kapitel ausführlich die Rede sein wird. Tatsächlich ist OWL DL im Wesentlichen eine Beschreibungslogik, die sich wiederum als ein Fragment der Prädikatenlogik erster Stufe auffassen lässt.

Im Allgemeinen realisieren Beschreibungslogiken einen Kompromiss zwischen Ausdrucksstärke und Skalierbarkeit. Sie sind außerdem in der Regel entscheidbar und es existieren effiziente Algorithmen, um mit ihnen schlussfolgern zu können. Auf diese Algorithmen werden wir dann in Abschnitt 6.3 eingehen.

Um uns auf die wichtigsten Aspekte konzentrieren zu können, werden wir dabei von einer vollständigen Behandlung von OWL DL absehen und uns bei manchen Fragen auf eine Teilsprache beschränken, die genügt, um die zentralen Einsichten zu vermitteln. Wir werden im Folgenden zuerst die zugehörige Beschreibungslogik einführen und dann diese zum einen mit OWL DL und zum anderen mit der Prädikatenlogik erster Stufe in Beziehung setzen. In Abschnitt 6.3 behandeln wir dann die Grundzüge zugehöriger Deduktionsalgorithmen.

❱ 6.1.1 Die Beschreibungslogik $\mathcal{ALC}$

Beschreibungslogiken bezeichnen eine Gruppe von Logiken zur Wissensmodellierung, die aus semantischen Netzwerken hervorgegangen sind. Eng verwandt sind sie auch mit sogenannten *Framelogiken*. Beschreibungslogiken sind im Wesentlichen immer als Fragmente der Prädikatenlogik erster Stufe zu verstehen, und zwar als solche, die unter Einschränkung auf eine bestimmte Komplexitätsklasse möglichst ausdrucksstarke Sprachkonstrukte zulassen. OWL DL z.B. entspricht der sehr ausdrucksstarken Beschreibungslogik $\mathcal{SHOIN}$(D), die noch entscheidbar ist. Andere Beschreibungslogiken stellen z.B. große Ausdrucksstärke bei polynomieller Komplexität zur Verfügung. Wir werden später noch einmal auf Komplexitätsstufen verschiedener Beschreibungslogiken zurückkommen.

Für Beschreibungslogiken gibt es eine spezielle und intuitiv eingängige Notation, die den Umgang mit ihnen erheblich erleichtert. Diese werden wir auch hier verwenden. Wir führen zunächst die einfache Beschreibungslogik $\mathcal{ALC}$ ein, an der wir die wichtigsten Grundlagen für Beschreibunslogiken erläutern.

❱ Die Bausteine von $\mathcal{ALC}$

Die Grundbausteine von $\mathcal{ALC}$ bestehen wie für OWL DL aus Klassen, Rollen und Individuen, die miteinander in Beziehung gesetzt werden können. Der Ausdruck

$$\texttt{Professor(RudiStuder)}$$

z.B. bezeichnet den Sachverhalt, dass das Individuum `RudiStuder` in der Klasse `Professor` enthalten ist. Der Ausdruck

$$\texttt{Zugehoerigkeit(RudiStuder,AIFB)}$$

zeigt an, dass `RudiStuder` der Organisation `AIFB` zugehörig ist. Die Rolle `Zugehoerigkeit` ist in diesem Fall eine abstrakte – auf konkrete Rollen kommen wir später zu sprechen. Individuen entsprechen Konstantensymbolen in der Prädikatenlogik erster Stufe. Klassen und Rollen entsprechen einstelligen bzw. zweistelligen Prädikaten.

Unterklassenbeziehungen werden in $\mathcal{ALC}$ mit Hilfe des Symbols $\sqsubseteq$ ausgedrückt. So steht

$$\text{Professor} \sqsubseteq \text{Fakultaetsmitglied}$$

dafür, dass `Professor` eine Unterklasse von `Fakultaetsmitglied` ist. Dies wird in die Prädikatenlogik übersetzt als

$$(\forall x)(\text{Professor}(x) \to \text{Fakultaetsmitglied}(x)).$$

Äquivalenz zweier Klassen wird durch $\equiv$ ausgedrückt, z.B. als

$$\text{Professor} \equiv \text{Prof}.$$

Dies entspricht

$$(\forall x)(\text{Professor}(x) \leftrightarrow \text{Prof}(x))$$

in der Prädikatenlogik.

Um komplexe Klassenbeziehungen zu beschreiben, stehen in $\mathcal{ALC}$ logische Klassenkonstruktoren zur Verfügung, die wir schon von OWL kennen. Dabei wird die Konjunktion zweier Klassen mit $\sqcap$, die Disjunktion mit $\sqcup$ und die Negation mit $\neg$ ausgedrückt. Diese Konstruktoren können beliebig geschachtelt werden, wie im folgenden Beispiel:

$$\text{Professor} \sqsubseteq (\text{Person} \sqcap \text{Universitätsangehöriger})$$
$$\sqcup (\text{Person} \sqcap \neg\text{Doktorand})$$

Übersetzt in die Prädikatenlogik ergibt sich daraus

$$(\forall x)(\text{Professor}(x) \to ((\text{Person}(x) \wedge \text{Universitätsangehöriger}(x))$$
$$\vee (\text{Person}(x) \wedge \neg\text{Doktorand}(x)))).$$

Diese Klassenkonstruktoren haben eine direkte Entsprechung in der RDFS-basierten Syntax von OWL, nämlich `owl:intersectionOf` für die Konjunktion, `owl:unionOf` für die Disjunktion und `owl:complementOf` für die Negation. Das eben gegebene Beispiel entspricht dem von Abb. 5.11.

Komplexe Klassen können auch mit Hilfe von Quantoren erzeugt werden, die den Rollenrestriktionen in OWL entsprechen. Ist R eine Rolle und C eine Klasse, dann sind sowohl $\forall R.C$ als auch $\exists R.C$ Klassenausdrücke. Die Aussage

$$\text{Pruefung} \sqsubseteq \forall \text{hatPruefer}.\text{Professor},$$

dass alle Prüfer einer Prüfung Professoren sein müssen, wird als

$$(\forall x)(\text{Pruefung}(x) \to (\forall y)(\text{hatPruefer}(x, y) \to \text{Professor}(y)))$$

in die Prädikatenlogik übersetzt und entspricht dem Beispiel von Seite 139, in dem `owl:allValuesFrom` verwendet wird. Die Aussage

$$\text{Pruefung} \sqsubseteq \exists\text{hatPruefer}.\text{Person},$$

dass jede Prüfung mindestens einen Prüfer haben muss, wird in

$$(\forall x)(\text{Pruefung}(x) \rightarrow (\exists y)(\text{hatPruefer}(x, y) \wedge \text{Person}(y)))$$

übersetzt und entspricht dem Beispiel mit `owl:someValuesFrom` von Seite 140. Quantorenkonstrukte dürfen mit logischen Konstruktoren beliebig geschachtelt werden.

⊙ **Modellierung in $\mathcal{ALC}$**

Mit $\mathcal{ALC}$ läßt sich schon ein signifikanter Teil von OWL DL modellieren. Dabei werden OWL-Sprachkonstrukte zum Teil umschrieben. Wir können z.B. die leere Klasse `owl:Nothing` definieren, die durch $\bot$ notiert wird. Dies geschieht durch die Äquivalenz

$$\bot \equiv C \sqcap \neg C,$$

wobei C eine beliebige Klasse ist. Analog lässt sich die Klasse $\top$ definieren, die alle Individuen enthält und `owl:Thing` entspricht, nämlich durch

$$\top \equiv C \sqcup \neg C.$$

Disjunktheit zweier Klassen C und D läßt sich durch

$$C \sqcap D \equiv \bot$$

oder gleichbedeutend durch

$$C \sqsubseteq \neg D$$

ausdrücken, was beides dem `owl:disjointWith` Sprachkonstrukt entspricht. Auch die Bereiche, auf die sich Rollen beziehen, lassen sich schon definieren. So entspricht

$$\top \sqsubseteq \forall R.C$$

der Aussage, dass der `rdfs:range` von R die Klasse C ist. Ebenso entspricht

$$\exists R.\top \sqsubseteq C$$

der Aussage, dass die `rdfs:domain` von R die Klasse C ist.

⊛ **Formale Syntax und Semantik von $\mathcal{ALC}$**

Die folgenden Syntaxregeln beschreiben $\mathcal{ALC}$. Zunächst geben wir an, wie komplexe Klassen konstruiert werden. Dabei ist A eine *atomare* Klasse – d.h. ein Klassenbezeichner – und R eine Rolle. *Komplexe Klassen* C, D lassen sich dann nach der folgenden Vorschrift erzeugen.

$$C, D ::= A \mid \top \mid \bot \mid \neg C \mid C \sqcap D \mid C \sqcup D \mid \forall R.C \mid \exists R.C$$

Aussagen in $\mathcal{ALC}$ (und in anderen Beschreibungslogiken) teilt man nun in zwei Gruppen, nämlich in die sogenannte *TBox* und die sogenannte *ABox*. Vereinfacht gesagt enthält die TBox terminologisches Schemawissen und die ABox assertionales Instanzwissen, wobei sich das für ausdrucksstärkere Beschreibungslogiken nicht mehr so genau trennen lässt. Bei $\mathcal{ALC}$ ist es noch eindeutig. Eine *TBox* besteht also aus Aussagen der Form $C \equiv D$ und $C \sqsubseteq D$, wobei C und D komplexe Klassen sind. Eine *ABox* besteht aus Aussagen der Form $C(a)$ und $R(a, b)$, wobei C eine komplexe Klasse, R eine Rolle und a, b Individuen sind. Eine *$\mathcal{ALC}$-Wissensbasis* besteht aus einer ABox und einer TBox.

Die Semantik von $\mathcal{ALC}$ beschreiben wir durch eine Abbildung π, die $\mathcal{ALC}$-Aussagen in die Prädikatenlogik erster Stufe abbildet. Für Einträge $C(a)$ oder $R(a, b)$ in der ABox ist $\pi(C(a)) = C(a)$ und $\pi(R(a, b)) = R(a, b)$. Für Einträge in die TBox ist π rekursiv wie in Abb. 6.1 definiert. Man beachte die Hilfsabbildungen π_x und π_y, die bis auf die Variablenbezeichnungen identisch sind. Man sieht, dass für die Übersetzung zwei Variablen ausreichen, wobei die Bindungsbereiche der Quantoren genau zu beachten sind.

Wir geben ein Beispiel für die Übersetzung von OWL DL nach $\mathcal{ALC}$ bzw. in die Prädikatenlogik. Der Lesbarkeit halber verwenden wir folgende Abkürzungen.

> P steht für `Professor`
>
> E steht für `Person`
>
> U steht für `Universitätsangehöriger`
>
> D steht für `Doktorand`

Die OWL-Aussage in Abb. 5.11 lässt sich in $\mathcal{ALC}$ ausdrücken als $P \sqsubseteq (E \sqcap U) \sqcup (E \sqcap \neg D)$. Übersetzt in die Prädikatenlogik erster Stufe ergibt sich die Formel

$$(\forall x)(P(x) \rightarrow ((E(x) \wedge U(x)) \vee (E(x) \wedge \neg D(x)))).$$

Die in Abb. 5.11 angegebene, daraus folgende logische Konsequenz ist $P \sqsubseteq E$ bzw. $(\forall x)(P(x) \rightarrow E(x))$ in der Prädikatenlogik erster Stufe.

$$\pi(C \sqsubseteq D) = (\forall x)(\pi_x(C) \to \pi_x(D))$$
$$\pi(C \equiv D) = (\forall x)(\pi_x(C) \leftrightarrow \pi_x(D))$$
$$\pi_x(A) = A(x)$$
$$\pi_x(\neg C) = \neg \pi_x(C)$$
$$\pi_x(C \sqcap D) = \pi_x(C) \land \pi_x(D)$$
$$\pi_x(C \sqcup D) = \pi_x(C) \lor \pi_x(D)$$
$$\pi_x(\forall R.C) = (\forall y)(R(x,y) \to \pi_y(C))$$
$$\pi_x(\exists R.C) = (\exists y)(R(x,y) \land \pi_y(C))$$
$$\pi_y(A) = A(y)$$
$$\pi_y(\neg C) = \neg \pi_y(C)$$
$$\pi_y(C \sqcap D) = \pi_y(C) \land \pi_y(D)$$
$$\pi_y(C \sqcup D) = \pi_y(C) \lor \pi_y(D)$$
$$\pi_y(\forall R.C) = (\forall x)(R(y,x) \to \pi_x(C))$$
$$\pi_y(\exists R.C) = (\exists x)(R(y,x) \land \pi_x(C))$$

Abb. 6.1. Übersetzung von $\mathcal{ALC}$ in die Prädikatenlogik erster Stufe. Dabei sind C, D komplexe Klassen, A eine atomare Klasse und R eine Rolle

6.1.2 OWL als Beschreibungslogik

Wir haben bereits gesehen, dass folgende OWL DL-Sprachelemente in $\mathcal{ALC}$ repräsentierbar sind:

— Klassen, Rollen und Individuen,
— Klassenzugehörigkeit und Rolleninstanzen,
— `owl:Thing` und `owl:Nothing`,
— Klasseninklusion, Klassenäquivalenz und Klassendisjunktheit,
— Konjunktion von Klassen mit `owl:intersectionOf`,
— Negation von Klassen mit `owl:complementOf`,
— Rollenrestriktionen `owl:allValuesFrom` und `owl:someValuesFrom`,
— `rdfs:range` und `rdfs:domain`.

Für alle weiteren OWL DL-Sprachelemente gibt es keine Entsprechung in $\mathcal{ALC}$. Die Beschreibungslogik, die OWL DL abdeckt, nennt sich $\mathcal{SHOIN}$(D). Sie besitzt alle Sprachelemente von $\mathcal{ALC}$ und noch weitere, die wir im Folgenden angeben werden. Wir gehen nach der Gliederung in Abschnitt 5.2.4 vor.

Beziehungen zwischen Individuen

Gleichheit von Individuen mittels `owl:sameAs` lässt sich in klassischer Prädikatenlogik erster Stufe nicht ausdrücken. Man kann diese jedoch mit einem Gleichheitsprädikat erweitern, das wir als = notieren werden. Gleichheit zwischen Individuen a und b lässt sich dann als $a = b$ ausdrücken.

Verschiedenheit von Individuen a und b durch `owl:differentFrom` lässt sich dann als $\neg a = b$ ausdrücken, wofür wir die abkürzende Notation $a \neq b$ einführen.

Klassenkonstruktoren und -beziehungen

Abgeschlossene Klassen mittels `owl:oneOf` können in $\mathcal{SHOIN}$(D) explizit notiert werden. Die abgeschlossene Klasse, die z.B. genau die Individuen a, b und c enthält, schreibt man als $\{a, b, c\}$. Für die Übersetzung in die Prädikatenlogik benötigt man wieder das Gleichheitsprädikat. Die Klasse $\{a, b, c\}$ etwa entspricht dem Ausdruck $x = a \vee x = b \vee x = c$. Die Aussage $C \equiv \{a, b, c\}$ entspricht der Formel $(\forall x)(C(x) \leftrightarrow (x = a \vee x = b \vee x = c))$.

Auf Seite 143 haben wir bereits gesehen, wie sich `owl:hasValue` mittels `owl:someValuesFrom` und `owl:oneOf` darstellen lässt. Somit lässt sich auch `owl:hasValue` in $\mathcal{SHOIN}$(D) und damit in der Prädikatenlogik erster Stufe mit Gleichheitsprädikat darstellen.

Auch um Zahlenrestriktionen in der Prädikatenlogik ausdrücken zu können, benötigen wir das Gleichheitsprädikat. Das Beispiel von Seite 141, dass eine Prüfung höchstens zwei Prüfer haben kann, wird zu folgender Formel, wobei

wir den Klassenbezeichner `Pruefung` durch P und die Rolle `hatPruefer` durch
h abkürzen:

$$(\forall x)(P(x) \rightarrow \neg(\exists x_1)(\exists x_2)(\exists x_3)(x_1 \neq x_2 \wedge x_1 \neq x_3 \wedge x_2 \neq x_3$$
$$\wedge\, h(x, x_1) \wedge h(x, x_2) \wedge h(x, x_3)))$$

In $\mathcal{SHOIN}$(D) steht für diese Aussage die Notation $P \sqsubseteq\ \leq 2h$ zur Verfügung.
Auch in der Prädikatenlogik mit Gleichheitsprädikat gibt es eine abkürzende
Schreibweise, nämlich $(\exists^{\leq 2} y)h(x, y)$. In beiden Fällen kann man die 2 natür-
lich durch andere positive ganze Zahlen (oder 0) ersetzen.

Für `owl:minCardinality` steht entsprechend die Schreibweise mit $\geq n$ bzw.
$\exists^{\geq n}$ zur Verfügung. Dabei ist natürlich $\geq 0R$ gleichbedeutend mit $\exists R.\top$ und
$\geq n{+}1R$ ist gleichbedeutend mit $\neg\leq nR$. Somit lässt sich also auch das Sprach-
element `owl:minCardinality` in die Prädikatenlogik erster Stufe mit Gleichheitsprädikat übersetzen.

Schon auf Seite 142 haben wir gesehen, dass sich `owl:cardinality` mit Hilfe
von `owl:minCardinality` und `owl:maxCardinality` ausdrücken lässt. Abkürzende Schreibweisen sind entsprechend $=n$ und $\exists^{=n}$.

⊙ Rollenkonstruktoren, -beziehungen und -eigenschaften

Eine Unterrollenbeziehung mittels `rdfs:subPropertyOf` zwischen den Rollen
R und S wird in $\mathcal{SHOIN}$(D) durch $R \sqsubseteq S$ notiert. Rollenäquivalenz schreibt
man entsprechend als $R \equiv S$. In der Prädikatenlogik entsprechen diese den
Formeln $(\forall x)(\forall y)(R(x, y) \rightarrow S(x, y))$ bzw. $(\forall x)(\forall y)(R(x, y) \leftrightarrow S(x, y))$.
Sollen die Rollen R und S invers zueinander sein, so schreibt man $R \equiv S^{-}$.
Allgemein ist S^{-} die zu S inverse Rolle. Bei der Übertragung in die Prädikatenlogik vertauscht man dabei einfach die beiden Parameter, d.h., man
schreibt $S(y, x)$ statt $S(x, y)$. Aus $R \equiv S^{-}$ wird dann beispielsweise einfach
$(\forall x)(\forall y)(R(x, y) \leftrightarrow S(y, x))$. Es ist in $\mathcal{SHOIN}$(D) erlaubt, inverse Rollen-
bezeichnungen überall dort zu verwenden, wo Rollen vorkommen dürfen.
Transitivität einer Rolle R wird in $\mathcal{SHOIN}$(D) durch die Aussage Trans(R)
beschrieben. Übersetzt in die Prädikatenlogik ergibt sich

$$(\forall x)(\forall y)(\forall z)((R(x, y) \wedge R(y, z)) \rightarrow R(x, z)).$$

Symmetrie einer Rolle R lässt sich durch $R \equiv R^{-}$ auf schon bekannte Sprachelemente zurückführen. Ebenso entspricht Funktionalität von R der Aussage
$\top \sqsubseteq\ \leq 1R$. Inverse Funktionalität von R ist natürlich dasselbe wie Funktionalität von R^{-}.

⑦ **Datentypen**

Die Ausdrucksmöglichkeiten mit Datentypen sind in Beschreibungslogiken im Allgemeinen vielseitiger als in OWL DL. Wir werden auf diese allgemeinere Theorie jedoch nicht eingehen, sondern verweisen dafür auf die weiterführende Literatur in Abschnitt 6.6.

Für unsere Zwecke genügt es zu verstehen, dass wir die Verwendung von Datentypen im zweiten Argument konkreter Rollen in der ABox erlauben. Außerdem kann eine Menge solcher Daten eine abgeschlossene Klasse bilden. Datentypen können natürlich nicht ohne Weiteres in der Prädikatenlogik mit Gleichheitsprädikat repräsentiert werden. Man muss vielmehr die Semantik der Prädikatenlogik dahingehend erweitern, dass die Interpretation von Datentypen im Voraus festgelegt wird. Man nimmt also z.B. die ganzen Zahlen als Grundbereich mit hinzu und interpretiert die in der Wissensbasis auftretenden Zahlen als ganze Zahlen. Wir verzichten auf eine Ausführung der Details, die der fortgeschrittene Leser in der angegebenen weiterführenden Literatur finden kann.

⑦ $\mathcal{SHOIN}$(D) **und OWL DL**

Wir fassen noch einmal zusammen, welche Sprachkonstrukte in $\mathcal{SHOIN}$(D) verwendet werden können:

— alle Sprachelemente von $\mathcal{ALC}$,
— Gleichheit und Ungleichheit zwischen Individuen mit $=$ bzw. $\neq$,
— abgeschlossene Klassen mit der Schreibweise $\{\dots\}$,
— Zahlenrestriktionen mittels $\leq n$, $\geq n$ bzw. $= n$,
— Unterrollen und Rollenäquivalenz mit $\sqsubseteq$ bzw. $\equiv$,
— inverse Rollen mit $\cdot^{-}$,
— Transitivität mit $\mathrm{Trans}(\cdot)$,
— funktionale und invers funktionale Rollen,
— Datentypen.

Es sei noch einmal ausdrücklich darauf hingewiesen, dass unsere Ausführungen sich auf OWL DL beschränken. Tatsächlich ist OWL Full keine Beschreibungslogik, und da es ganz RDFS umfasst, ist eine prädikatenlogische Lesart mit Schwierigkeiten verbunden. Für dieses Thema sei wiederum auf die weiterführende Literatur verwiesen.

❷ **6.1.3 Bezeichner für Beschreibungslogiken**

Nun wollen wir noch erklären, woher die seltsam anmutenden Namen der Beschreibungslogiken stammen. Tatsächlich steckt ein System dahinter, welches es möglich macht, aus dem Namen die erlaubten Sprachkonstrukte abzulesen. $\mathcal{ALC}$ steht für das englische *Attributive Language with Complement* und erlaubt die von uns angegebenen Sprachelemente. Jeder Buchstabe von $\mathcal{SHOIN}$(D) hat nun eine konkrete Bedeutung.

- $\mathcal{S}$ steht für $\mathcal{ALC}$ plus Rollentransitivität.
- $\mathcal{H}$ steht für die Unterrollenbeziehung.
- $\mathcal{O}$ steht für abgeschlossene Klassen.
- $\mathcal{I}$ steht für inverse Rollen.
- $\mathcal{N}$ steht für Zahlenrestriktionen.
- D steht für Datentypen.

OWL Lite entspricht im Wesentlichen der Beschreibungslogik $\mathcal{SHIF}$(D).
- Der Buchstabe $\mathcal{F}$ steht für funktionale Rollen.

Dem Leser ist vielleicht aufgefallen, dass wir bei Rollenrestriktionen mit $\forall$ und $\exists$ die Angabe einer Klasse erlauben, also z.B. $\exists R.C$, dies jedoch für Zahlenrestriktionen, z.B. $\leq nR$, nicht erlaubt ist. Die in $\mathcal{SHOIN}$(D) erlaubten Zahlenrestriktionen nennt man auch *unqualifizierend*. Zahlenrestriktionen der Form $\leq nR.C$ nennt man *qualifizierend*.
- Der Buchstabe $\mathcal{Q}$ steht für qualifizierende Zahlenrestriktionen.

Tatsächlich zeigt sich, dass die Erweiterung von $\mathcal{SHOIN}$(D) auf $\mathcal{SHOIQ}$(D) weitgehend harmlos ist. Die Originalliteratur zu Beschreibungslogiken im Umfeld von OWL behandelt daher meist die qualifizierenden Zahlenrestriktionen gleich mit.

6.2 Extensionale Semantik von OWL

In diesem Abschnitt besprechen wir eine alternative Möglichkeit, eine Semantik für OWL zu definieren: die *extensionale Semantik*. Dabei handelt es sich ebenfalls um eine modelltheoretische Semantik, allerdings werden die Interpretationen auf andere Art und Weise definiert. Man kann jedoch beweisen, dass diese Semantikdefinition äquivalent ist zu der im vorigen Abschnitt eingeführten, d.h., die durch die beiden Semantiken definierten Folgerungsrelationen sind identisch.

Warum also eine weitere Definition einführen, wenn dies zum selben Resultat führt? Nun, häufig wird die hier vorgestellte Definition als intuitiver eingeschätzt, vor allem für Personen, die mit Prädikatenlogik weniger oder gar nicht vertraut sind. Unter anderem kommt die extensionale Semantik ohne Verwendung von Variablen aus. Außerdem weist sie eine deutliche Ähnlichkeit zur im Kapitel 4 behandelten modelltheoretischen Semantik von RDF(S) auf. Wir werden an den entsprechenden Stellen auf diese Ähnlichkeiten, aber auch auf wichtige Unterschiede verweisen.

Auch die erfolgte Darstellung der prädikatenlogischen Semantik erscheint uns sinnvoll, da sie einerseits die Zusammenhänge zwischen Beschreibungs- und Prädikatenlogik transparent macht und andererseits sich einer der im Folgenden behandelten Algorithmen zum automatischen Schlussfolgern der prädikatenlogischen Übersetzung einer OWL-Wissensbasis bedient.

❯ 6.2.1 Interpretation von Individuen, Klassen und Rollen

Wir geben hier die Definition der extensionalen Semantik für die Beschreibungslogik $\mathcal{SHOIN}$ an, die – wie wir gesehen haben – das theoretische Gegenstück zu OWL DL darstellt, wobei wir auch hier aus Gründen der einfacheren Darstellung von der Behandlung von Datentypen absehen.

Die grundlegende Herangehensweise bei der Definition dieser Semantik ist nun ganz ähnlich wie bei RDF(S). Zunächst legen wir das verwendete Vokabular fest. Dieses enthält (neben festen Bezeichnern wie $\sqcap$, $\neg$, $\forall$, und $\sqsubseteq$)

— eine Menge $\mathbf{I}$ von Bezeichnern für *Individuen,*
— eine Menge $\mathbf{C}$ von Bezeichnern für *atomare Klassen* und
— eine Menge $\mathbf{R}$ von Bezeichnern für *Rollen.*

Hier offenbart sich der erste wesentliche Unterschied zu RDF(S) (und auch zu OWL Full): Die Mengen $\mathbf{I}$, $\mathbf{C}$ und $\mathbf{R}$ dürfen sich nicht überlappen (d.h., sie sind paarweise disjunkt). Damit ist es unmöglich, dass beispielsweise eine Rolle in derselben Wissensbasis auch wie ein Individuum behandelt wird.

Im nächsten Schritt definieren wir den Begriff einer $\mathcal{SHOIN}$-Interpretation. Wiederum gehen wir dafür von einer Grundmenge von Entitäten aus, die man auch als Ressourcen, Individuen oder Einzelobjekte bezeichnen könnte. Wir bezeichnen diese Grundmenge, auch Domäne genannt, mit Δ. Danach legen wir jeweils fest, wie Bezeichner für Individuen, atomare Klassen und Rollen interpretiert werden sollen durch

— I_I, eine Funktion, die Individuenbezeichner auf Domänenelemente abbildet: $I_I : \mathbf{I} \to \Delta$,
— I_C, eine Funktion, die Klassenbezeichner auf Teilmengen der Domäne abbildet: $I_C : \mathbf{C} \to 2^\Delta$, und
— I_R, eine Funktion, die Rollenbezeichner auf zweistellige Relationen auf der Domäne (also auf Mengen von Paaren von Domänenelementen) abbildet: $I_R : \mathbf{R} \to 2^{\Delta \times \Delta}$.

Wir sehen also, dass Klassen- und Rollenbezeichnern nicht – wie in RDF(S) – zunächst einzelne Individuen zugewiesen werden. Vielmehr könnte man sich I_C als zusammengefasste Hintereinanderausführung der Funktionen I_S und I_{CEXT} aus einer RDFS-Interpretation vorstellen; gleichermaßen könnte I_R als Zusammenfassung von I_S und I_{EXT} aufgefasst werden.

Nach dieser Festlegung, wie unser Vokabular interpretiert wird, definieren wir auf dieser Basis eine allgemeine Interpretationsfunktion $\cdot^{\mathcal{I}}$, die auf den Bezeichnern des Vokabulars genau mit der jeweils „zuständigen" der Funktionen I_I, I_C oder I_R übereinstimmt, jedoch auch auf komplexe Klassen- und Rollenbeschreibungen erweitert wird:

- Für $R \in \mathbf{R}$ legen wir fest $(R^-)^{\mathcal{I}} = \{(b,a) \mid (a,b) \in R^{\mathcal{I}}\}$.
- $\{i_1, \ldots, i_n\}$ bezeichnet die Klasse, welche genau die mit $i_1,...,i_n$ bezeichneten Individuen enthält, also: $\{i_1, \ldots, i_n\}^{\mathcal{I}} = \{i_1^{\mathcal{I}}, \ldots, i_n^{\mathcal{I}}\}$.
- $\neg C$ bezeichnet die Klasse aller nicht zur Klasse C gehörenden Individuen von Δ, also: $(\neg C)^{\mathcal{I}} = \Delta \setminus C^{\mathcal{I}}$.
- $C \sqcap D$ bezeichnet die Klasse aller zu C wie auch zu D gehörenden Individuen, also: $(C \sqcap D)^{\mathcal{I}} = C^{\mathcal{I}} \cap D^{\mathcal{I}}$.
- $C \sqcup D$ bezeichnet die Klasse aller zu mindestens einer der Klassen C und D gehörenden Individuen, also: $(C \sqcup D)^{\mathcal{I}} = C^{\mathcal{I}} \cup D^{\mathcal{I}}$.
- $\exists R.C$ repräsentiert die Klasse all der Individuen, die über die Rolle R mit einem Individuum verbunden sind, welches seinerseits der Klasse C zugehört: $(\exists R.C)^{\mathcal{I}} = \{x \mid$ es gibt ein y mit $(x,y) \in R^{\mathcal{I}}$ und $y \in C^{\mathcal{I}}\}$.
- $\forall R.C$ repräsentiert die Klasse, die ein Individuum x genau dann enthält, wenn *jedes* der mit x über die Rolle R verbundenen Individuen zu C gehört: $(\forall R.C)^{\mathcal{I}} = \{x \mid$ aus $(x,y) \in R^{\mathcal{I}}$ folgt stets $y \in C^{\mathcal{I}}\}$.
- $\leq nR$ repräsentiert die Klasse, die all jene Individuen enthält, welche mit nicht mehr als n anderen Individuen über dir Rolle R verbunden sind: $(\leq nR)^{\mathcal{I}} = \{x \mid \#\{(x,y) \in R^{\mathcal{I}}\} \leq n\}$.
- $\geq nR$ repräsentiert analog dazu die Klasse, die all jene Individuen enthält, welche mit mindestens n anderen Individuen über die Rolle R verbunden sind: $(\geq nR)^{\mathcal{I}} = \{x \mid \#\{(x,y) \in R^{\mathcal{I}}\} \geq n\}$.

❯ 6.2.2 Interpretation von Axiomen

Nachdem die allgemeine Interpretationsfunktion für alle (also auch für komplexe) Beschreibungen von Individuen, Klassen und Rollen definiert wurde, besteht der nächste Schritt darin, festzulegen, wann eine Interpretation ein DL-Axiom erfüllt. In RDF(S) gab es nur eine einzige Art Axiome – die Tripel. In der betrachteten Beschreibungslogik gibt es hingegen eine ganze Reihe verschiedenartiger Axiome. Nachfolgend geben wir für jeden dieser „Axiomtypen" eine Wahrheitswertabbildung an.

- $C(a)$ wird genau dann zu *wahr* ausgewertet, wenn das mit a bezeichnete Individuum zur mit C bezeichneten Klasse gehört: $(C(a))^{\mathcal{I}} = wahr$ genau dann, wenn $a^{\mathcal{I}} \in C^{\mathcal{I}}$.
- $R(a,b)$ wird genau dann zu *wahr* ausgewertet, wenn die mit R bezeichnete Rolle das mit a bezeichnete Individuum mit dem durch b bezeichneten

Individuum verbindet:

$(R(a,b))^\mathcal{I} = wahr$ genau dann, wenn $(a^\mathcal{I}, b^\mathcal{I}) \in R^\mathcal{I}$.

- $a = b$ wird naheliegenderweise dann $wahr$, wenn die beiden Individuenbezeichner a und b demselben Individuum zugeordnet sind:
  $(a = b)^\mathcal{I} = wahr$ genau dann, wenn $a^\mathcal{I} = b^\mathcal{I}$.

- $a \neq b$ wird im entgegengesetzten Falle $wahr$:
  $(a \neq b)^\mathcal{I} = wahr$ genau dann, wenn $a^\mathcal{I} \neq b^\mathcal{I}$.

- $C \sqsubseteq D$ wird genau dann $wahr$, wenn jedes Individuum aus der mit C bezeichneten Klasse auch zur mit D bezeichneten Klasse gehört:
  $(C \sqsubseteq D)^\mathcal{I} = wahr$ genau dann, wenn $C^\mathcal{I} \subseteq D^\mathcal{I}$.

- $R \sqsubseteq S$ wird genau dann $wahr$, wenn jedes durch die Rolle R verbundene Individuenpaar auch durch die Rolle S verbunden wird:
  $(R \sqsubseteq S)^\mathcal{I} = wahr$ genau dann, wenn $R^\mathcal{I} \subseteq S^\mathcal{I}$.

- $\text{Trans}(R)$ wird dann zu $wahr$ ausgewertet, wenn die durch R bezeichnete Rolle transitiv ist:
  $(\text{Trans}(R))^\mathcal{I} = wahr$ genau dann, wenn für alle $(x,y), (y,z) \in R^\mathcal{I}$ gilt: $(x,z) \in R^\mathcal{I}$.

❯ 6.2.3 Erfüllbarkeit und Folgerung

Eine Menge von Axiomen bezeichnen wir als ($\mathcal{SHOIN}$-)Wissensbasis. Wir sagen nun (wiederum ganz analog zur Vorgehensweise bei RDF(S)), eine ($\mathcal{SHOIN}$-)Interpretation $\mathcal{I}$ sei Modell einer Wissensbasis W (geschrieben $\mathcal{I} \models W$) falls $Ax^\mathcal{I} = wahr$ für jedes in W vorkommende Axiom Ax ist. Existiert ein solches Modell, nennt man W erfüllbar. Schließlich wird ganz kanonisch die Folgerungsrelation auf Axiomen definiert:Ein Axiom Ax folgt aus einer Wissensbasis W, wenn jedes Modell der Wissensbasis auch Modell von Ax ist, d.h., wenn für jede $\mathcal{SHOIN}$-Interpretation $\mathcal{I}$ mit $\mathcal{I} \models W$ auch $\mathcal{I} \models Ax$ der Fall ist.

Konzeptionell basiert die hier kurz vorgestellte alternative Semantik darauf, Klassen als Mengen wahrzunehmen, mit denen mehr oder weniger direkt operiert wird, wie sich auch an der intuitiven Wahl der verwendeten Symbole $\sqcap$, $\sqcup$ und $\sqsubseteq$ gut erkennen lässt. Wie oben bereits angedeutet, ist diese Semantikdefinition gleichwertig zur vorher eingeführten prädikatenlogischen. Insbesondere gibt es für jede direkte $\mathcal{SHOIN}$-Interpretation $\mathcal{I}$ eine äquivalente prädikatenlogische Interpretation $\mathcal{I}'$, d.h., für jede Wissensbasis W ist $\mathcal{I}$ genau dann Modell, wenn $\mathcal{I}'$ Modell der prädikatenlogischen Übersetzung von W ist.

6.3 Automatisiertes Schlussfolgern mit OWL

In diesem Abschnitt wenden wir uns Algorithmen zu, mit deren Hilfe eine Automatisierung des Schlussfolgerns mit Beschreibungslogiken möglich ist. Es gibt dazu zwei grundsätzlich verschiedene Ansätze und wir werden für beide die grundlegenden Ideen vermitteln. Dazu genügt es, wenn wir uns auf die Beschreibungslogik $\mathcal{ALC}$ beschränken. Der Vollständigkeit halber sei noch darauf hingewiesen, dass automatisiertes Schlussfolgern über RDFS schon in Abschnitt 4.3 behandelt wurde.

Wenden wir uns nun den typischen Anfragen an OWL zu, wie sie in Abschnitt 5.2.2 aufgeführt wurden.

— *Klassenäquivalenz.* Um zu entscheiden, ob die Klassen C und D äquivalent sind, muss entschieden werden, ob $C \equiv D$ eine logische Konsequenz der gegebenen Wissensbasis ist.

— *Unterklassenbeziehung.* Um zu entscheiden, ob C eine Unterklasse von D ist, muss entschieden werden, ob $C \sqsubseteq D$ eine logische Konsequenz der gegebenen Wissensbasis ist.

— *Klassendisjunktheit.* Um zu entscheiden, ob die Klassen C und D disjunkt sind, muss entschieden werden, ob $C \sqcap D \equiv \bot$ eine logische Konsequenz der gegebenen Wissensbasis ist.

— *Globale Konsistenz.* Um zu entscheiden, ob eine gegebene Wissensbasis global konsistent ist, muss entschieden werden, ob sie im Sinne der Prädikatenlogik widerspruchsfrei ist.

— *Klassenkonsistenz.* Um zu entscheiden, ob eine Klasse C konsistent ist, muss entschieden werden, ob $C \equiv \bot$ eine logische Konsequenz der gegebenen Wissensbasis ist.

— *Instanzüberprüfung.* Um zu entscheiden, ob ein Individuum a zur Klasse C gehört, muss entschieden werden, ob $C(a)$ eine logische Konsequenz der gegebenen Wissensbasis ist.

— *Klasseninstanzen.* Um alle bekannten, d.h. in der ABox aufgeführten Individuen einer gegebenen Klasse C zu erhalten, kann man für alle bekannten Individuen eine Instanzüberprüfung durchführen.

Satz A.2.3 zeigt uns, dass das logische Schlussfolgern aus einer Theorie oder Wissensbasis immer auf einen Nachweis von Unerfüllbarkeit zurückgeführt werden kann. Wir übertragen dies auf die angeführten typischen Anfragen. Im Folgenden betrachten wir Anfragen an eine $\mathcal{ALC}$-Wissensbasis W.

— *Klassenäquivalenz.* Die Klassen C und D sind äquivalent genau dann, wenn sowohl $C \sqsubseteq D$ als auch $D \sqsubseteq C$ gelten.

— *Unterklassenbeziehung.* Es gilt $C \sqsubseteq D$ genau dann, wenn $W \cup \{(C \sqcap \neg D)(a)\}$ unerfüllbar ist, wobei a ein neues, noch nicht in W vorkommendes Individuum ist.

- *Klassendisjunktheit.* Es gilt $C \sqcap D \equiv \bot$ genau dann, wenn $W \cup \{(C \sqcap D)(a)\}$ unerfüllbar ist, wobei a ein neues, noch nicht in W vorkommendes Individuum ist.

- *Globale Konsistenz.* Um Widerspruchsfreiheit von W zu zeigen, weist man nach, dass W *nicht* unerfüllbar ist.

- *Klassenkonsistenz.* Es gilt $C \equiv \bot$ genau dann, wenn $W \cup \{C(a)\}$ unerfüllbar ist, wobei a ein neues, noch nicht in W vorkommendes Individuum ist.

- *Instanzüberprüfung.* $C(a)$ ist eine logische Konsequenz von W genau dann, wenn $W \cup \{\neg C(a)\}$ unerfüllbar ist.

- *Klasseninstanzen.* Wie schon zuvor bemerkt, lassen sich alle bekannten Individuen einer gegebenen Klasse C erhalten, indem man für alle bekannten Individuen eine Instanzüberprüfung durchführt.

Wir haben somit alle typischen Anfragen auf die Frage nach der Unerfüllbarkeit einer Wissensbasis zurückgeführt. Grundsätzlich könnten wir nun eine solche Wissensbasis mit den uns bekannten Transformationen in die Prädikatenlogik übersetzen, um Unerfüllbarkeit mit Hilfe von Verfahren nachzuweisen, die für die Prädikatenlogik bekannt sind. Selbstverständlich ist es nicht zu erwarten, dass eine solche Vorgehensweise zu einem effizienten Verfahren führt. Spezielle, auf Beschreibungslogiken zugeschnittene Verfahren sind natürlich viel besser, wie sich in der Praxis zeigt.

Außerdem gibt es noch ein zweites und viel grundsätzlicheres Problem. Während nämlich Beschreibungslogiken wie $\mathcal{ALC}$ entscheidbar sind, ist die Prädikatenlogik erster Stufe dies nicht. Das heißt, wir wissen zwar, dass es für $\mathcal{ALC}$ Algorithmen gibt, die immer terminieren. Aber wenn wir eine Wissensbasis einfach in die Prädikatenlogik übersetzen, dann kann Terminierung im Allgemeinen nicht mehr garantiert werden. Schon aus diesem Grund möchte man nicht einfach prädikatenlogische Algorithmen verwenden.

Für die Entwicklung von Beweisverfahren für Beschreibungslogiken greift man natürlich auf prädikatenlogische Algorithmen zurück und modifiziert diese. Die meisten hochperformanten OWL-Beweiser verwenden ein sogenanntes Tableauverfahren, worüber wir im folgenden Abschnitt sprechen werden. Eine alternative Vorgehensweise, die zu ebenso guten Ergebnissen führt, werden wir dann noch in Abschnitt 6.3.2 behandeln.

❯ 6.3.1 Tableauverfahren

Um das Tableauverfahren einführen zu können, benötigen wir zunächst noch eine syntaktische Transformation, nämlich die in *Negationsnormalform*. Wie schon erwähnt, beschränken wir uns auf die Behandlung von $\mathcal{ALC}$.

$$\text{NNF}(C) = C \quad \text{falls } C \text{ atomar ist}$$

$$\text{NNF}(\neg C) = \neg C \quad \text{falls } C \text{ atomar ist}$$

$$\text{NNF}(\neg\neg C) = \text{NNF}(C)$$

$$\text{NNF}(C \sqcup D) = \text{NNF}(C) \sqcup \text{NNF}(D)$$

$$\text{NNF}(C \sqcap D) = \text{NNF}(C) \sqcap \text{NNF}(D)$$

$$\text{NNF}(\neg(C \sqcup D)) = \text{NNF}(\neg C) \sqcap \text{NNF}(\neg D)$$

$$\text{NNF}(\neg(C \sqcap D)) = \text{NNF}(\neg C) \sqcup \text{NNF}(\neg D)$$

$$\text{NNF}(\forall R.C) = \forall R.\text{NNF}(C)$$

$$\text{NNF}(\exists R.C) = \exists R.\text{NNF}(C)$$

$$\text{NNF}(\neg\forall R.C) = \exists R.\text{NNF}(\neg C)$$

$$\text{NNF}(\neg\exists R.C) = \forall R.\text{NNF}(\neg C)$$

Abb. 6.2. Transformation in Negationsnormalform

⊚ Transformation in Negationsnormalform

Sei W eine $\mathcal{ALC}$-Wissensbasis. Zunächst ersetzen wir jedes Element der Form $C \equiv D$ in W durch die beiden Elemente $C \sqsubseteq D$ und $D \sqsubseteq C$. Danach ersetzen wir jedes Element der Form $C \sqsubseteq D$ in W durch $\neg C \sqcup D$. Nach diesen Transformationen kommen die Symbole $\sqsubseteq$ und $\equiv$ nicht mehr in der Wissensbasis vor. Das heißt, es gibt nur noch Aussagen der Form C, $C(a)$ oder $R(a,b)$, wobei C eine komplexe Klasse, a ein Individuum und R eine Rolle ist. Von diesen ersetzen wir nun jedes C durch $\text{NNF}(C)$ und jedes $C(a)$ durch $\text{NNF}(C)(a)$, wobei $\text{NNF}(C)$ rekursiv wie in Abb. 6.2 definiert ist. Die resultierende Wissensbasis bezeichnen wir mit $\text{NNF}(W)$ und nennen sie die *Negationsnormalform* von W. Durch Überführung der Transformationen in die Prädikatenlogik lässt sich leicht zeigen, dass W und $\text{NNF}(W)$ logisch äquivalent sind. Ist C eine Klasse, dann nennen wir $\text{NNF}(C)$ die *Negationsnormalform* von C. Die Negationsnormalform zeichnet sich dadurch aus, dass das Negationssymbol nur noch direkt vor atomaren Klassenbezeichnern steht.

Die Verwendung der Negationsnormalform wird es uns ermöglichen, den Tableaualgorithmus übersichtlicher zu behandeln. Wenn wir im Folgenden von einer Wissensbasis reden, dann nehmen wir ohne Beschränkung der Allgemeinheit an, dass sie in Negationsnormalform vorliegt.

(>) **Das naive Tableauverfahren**

Wir erinnern uns, dass wir das Ableiten logischer Konsequenzen auf das Finden von Widersprüchen reduziert haben. Die einfachste Form eines Widerspruchs ist, wenn sowohl $C(a)$ als auch $\neg C(a)$ vorliegt, wobei C eine Klasse und a ein Individuum ist. Die grundsätzliche Idee hinter dem Tableauverfahren ist nun die folgende: Ist eine Wissensbasis W gegeben, so erzeugen wir so lange logische Konsequenzen der Form $C(a)$ und $\neg C(a)$ aus W, bis wir auf einen Widerspruch stoßen.

Wir geben ein einfaches Beispiel dafür. Gegeben sei die Wissensbasis W mit den folgenden Aussagen:

$$C(a) \qquad (\neg C \sqcap D)(a)$$

Natürlich ist $C(a)$ eine logische Konsequenz aus W. Aus der Aussage $(\neg C \sqcap D)(a)$ erhalten wir außerdem die logische Konsequenz $\neg C(a)$. Warum ist das der Fall? Nun, die Aussage $(\neg C \sqcap D)(a)$ entspricht der prädikatenlogischen Formel $\neg C(a) \wedge D(a)$. Insbesondere folgt daraus $\neg C(a)$, was sich auch in $\mathcal{ALC}$ als $\neg C(a)$ ausdrücken lässt. Wir erhalten also sowohl $C(a)$ als auch $\neg C(a)$ als logische Konsequenz und damit einen Widerspruch. Was wir soeben konstruiert haben, war schon ein ganz einfaches Beispiel für ein Tableau. Informell gesprochen besteht ein Tableau aus einer strukturierten Auflistung von logischen Konsequenzen einer Wissensbasis zum Zweck der logischen Herleitung von Schlussfolgerungen. Bevor wir *Tableau* formal definieren, geben wir noch ein zweites Beispiel.

Betrachten wir einen etwas schwierigeren Fall. Gegeben sei die Wissensbasis W mit den folgenden Aussagen:

$$C(a) \qquad \neg C \sqcup D \qquad \neg D(a)$$

1. Natürlich sind sowohl $C(a)$ als auch $\neg D(a)$ logische Konsequenzen aus W. Wir haben nun als schon abgeleitete Konsequenzen: $T_1 = \{C(a), \neg D(a)\}$

2. Aus der Aussage $\neg C \sqcup D$ erhalten wir außerdem die logische Konsequenz $(\neg C \sqcup D)(a)$. Warum ist das der Fall? Nun, die Aussage $\neg C \sqcup D$ – oder äquivalent $C \sqsubseteq D$ – entspricht der prädikatenlogischen Formel $(\forall x)(\neg C(x) \vee D(x))$. Insbesondere folgt daraus $\neg C(a) \vee D(a)$, was sich wiederum als $(\neg C \sqcup D)(a)$ ausdrücken lässt. Wir haben nun als schon abgeleitete Konsequenzen: $T_2 = \{C(a), \neg D(a), (\neg C \sqcup D)(a)\}$

3. Betrachten wir nun den Ausdruck $(\neg C \sqcup D)(a)$. Dieser sagt aus, dass mindestens eine der beiden Alternativen $\neg C(a)$ und $D(a)$ wahr sein muss. Wir wissen nicht welche und müssen folglich beide getrennt untersuchen. Das heißt, wir müssen zwei Alternativen betrachten und diese getrennt wei-

Tabelle 6.1. Ersetzungsregeln des naiven Tableauverfahrens

Auswahl	Aktion
$C(a) \in W$ (ABox)	Füge $C(a)$ hinzu.
$R(a,b) \in W$ (ABox)	Füge $R(a,b)$ hinzu.
$C \in W$ (TBox)	Füge $C(a)$ für ein bekanntes Individuum a hinzu.
$(C \sqcap D)(a) \in A$	Füge $C(a)$ und $D(a)$ hinzu.
$(C \sqcup D)(a) \in A$	Dupliziere den Zweig. Füge zum einen Zweig $C(a)$ und zum anderen Zweig $D(a)$ hinzu.
$(\exists R.C)(a) \in A$	Füge $R(a,b)$ und $C(b)$ für ein neues Individuum b hinzu.
$(\forall R.C)(a) \in A$	Falls $R(a,b) \in A$, so füge $C(b)$ hinzu.

ter beleuchten. Diese zwei Alternativen sind $T_{3,1} = \{C(a), \neg D(a), (\neg C \sqcup D)(a), \neg C(a)\}$ und $T_{3,2} = \{C(a), \neg D(a), (\neg C \sqcup D)(a), D(a)\}$

4. $T_{3,1}$ enthält sowohl $C(a)$ als auch $\neg C(a)$ und somit einen Widerspruch. $T_{3,2}$ enthält sowohl $\neg D(a)$ also auch $D(a)$ und somit ebenso einen Widerspruch. Somit haben wir für alle Alternativen einen Widerspruch abgeleitet und können die Untersuchung beenden.

Im dritten Schritt haben wir das Tableau in zwei *Zweige* geteilt und danach jeden der Zweige weiter untersucht.

Wir geben nun die Regeln an, nach denen im *naiven Tableauverfahren für* $\mathcal{ALC}$ vorgegangen wird. Es sei jetzt schon bemerkt, dass das naive Verfahren nicht immer terminiert. Darauf werden wir im nächsten Abschnitt eingehen und ein verbessertes Verfahren vorstellen.

Ein *Tableauzweig* ist eine (endliche) Menge von Aussagen der Form $C(a)$, $\neg C(a)$ und $R(a,b)$, wobei C eine Klasse, R eine Rolle und a und b Individuen sind. Ein *Tableau* ist eine (endliche) Menge von Tableauzweigen. Wir nennen einen Tableauzweig *abgeschlossen*, wenn er ein Paar widersprüchlicher Aussagen $C(a)$ und $\neg C(a)$ enthält. Wir nennen ein Tableau *abgeschlossen*, wenn jeder Zweig von ihm abgeschlossen ist. Der Algorithmus für das naive Tableauverfahren ist in Abb. 6.3 angegeben. Ist das resultierende Tableau abgeschlossen, so ist W unerfüllbar. Bei der Anwendung achtet man natürlich darauf, immer nur solche Elemente $A \in T$ und $B \in W \cup A$ auszuwählen, die auch wirklich zu neuen Elementen in Zweigen von T führen. Ist eine solche Wahl nicht möglich, dann terminieren wir den Algorithmus auch. In diesem Fall ist W erfüllbar. Eine Kurzübersicht über die im Algorithmus verwendeten Ersetzungsregeln findet man in Tabelle 6.1.

Das naive Tableauverfahren terminiert nicht immer. Um das zu sehen, betrachten wir Regel 5(e) des Algorithmus in Abb. 6.3 und geben ein ganz einfaches Beispiel. Sei $W = \{C(a), \exists R.C\}$.

Sei W eine Wissensbasis in Negationsnormalform. Wir nehmen an, dass die ABox von W mindestens ein Individuum enthält. Falls dies nicht der Fall ist, fügen wir einfach die Aussage $\top(a)$ für ein beliebig gewähltes Individuum a der ABox hinzu, damit sie nicht leer ist. Sei außerdem T ein Tableau. Initial ist $T = \{\emptyset\}$ das *leere Tableau*.

1. Wenn T abgeschlossen ist, so terminiere den Algorithmus.
2. Wähle ein nicht abgeschlossenes $A \in T$ und wähle $B \in W \cup A$.
3. Ist $B \in W$ eine ABox-Aussage, so verfahre wie folgt:
   (a) Falls $B \notin A$, so füge B zu A hinzu.
   (b) Gehe zurück zum ersten Schritt des Algorithmus.
4. Ist $B \in W$ eine TBox-Aussage, so verfahre wie folgt:
   (a) Wähle ein Individuum a, das in W oder T vorkommt.
   (b) Falls $B(a) \notin A$, so füge $B(a)$ zu A hinzu.
   (c) Gehe zurück zum ersten Schritt des Algorithmus.
5. Ist $B \in A$, so verfahre wie folgt:
   (a) Ist $B = C(a)$ für eine atomare Klasse C, so gehe zurück zum ersten Schritt des Algorithmus.
   (b) Ist $B = \neg C(a)$ für eine atomare Klasse C, so gehe zurück zum ersten Schritt des Algorithmus.
   (c) Ist $B = (C \sqcap D)(a)$, so verfahre wie folgt:
      i.   Falls $C(a) \notin A$, so füge $C(a)$ zu A hinzu.
      ii. Falls $D(a) \notin A$, so füge außerdem $D(a)$ zu A hinzu.
      iii. Gehe zurück zum ersten Schritt des Algorithmus.
   (d) Ist $B = (C \sqcup D)(a)$, und sind weder $C(a)$ noch $D(a)$ in A, so verfahre wie folgt:
      i.   Füge $C(a)$ zu A hinzu.
      ii. Füge $\{D(a)\} \cup A$ zu T hinzu.
      iii. Gehe zurück zum ersten Schritt des Algorithmus.
   (e) Ist $B = (\exists R.C)(a)$, so verfahre wie folgt:
      i.   Füge $R(a, b)$ und $C(b)$ zu A hinzu, wobei b ein noch nicht in W oder T vorkommendes Individuum ist.
      ii. Gehe zurück zum ersten Schritt des Algorithmus.
   (f) Ist $B = (\forall R.C)(a)$, so verfahre wie folgt:
      i.   Wähle $R(a, b)$ aus A. Ist dies nicht möglich, so gehe zurück zum ersten Schritt des Algorithmus.
      ii. Füge $C(b)$ zu A hinzu.
      iii. Gehe zurück zum ersten Schritt des Algorithmus.

Abb. 6.3. Das naive Tableauverfahren

- Wir beginnen mit dem leeren Tableau $T_0 = \{\emptyset\}$.
- Im nächsten Schritt wählen wir $C(a) \in W$ und erhalten $T_1 = \{\{C(a)\}\}$.
- Wir wählen $\exists R.C \in W$ und erhalten $T_2 = \{\{C(a), (\exists R.C)(a)\}\}$.
- Nun wählen wir $(\exists R.C)(a)$ aus T_2, wählen a_1 als neues Individuum und erhalten $T_3 = \{\{C(a), (\exists R.C)(a), R(a, a_1), C(a_1)\}\}$.
- Wir wählen wieder $\exists R.C \in W$ und erhalten

$$T_4 = \{\{C(a), (\exists R.C)(a), R(a, a_1), C(a_1), (\exists R.C)(a_1)\}\}.$$

- Nach Wahl von $(\exists R.C)(a_1)$ wählen wir a_2 als neues Symbol und erhalten

$$T_5 = \{\{C(a), (\exists R.C)(a), R(a, a_1), C(a_1), (\exists R.C)(a_1), R(a_1, a_2), C(a_2)\}\}.$$

Es ist offensichtlich, dass wir auf diese Weise beliebig lange fortfahren können. Der Algorithmus terminiert in diesem Fall also nicht.[1]

⊙ Tableauverfahren mit Blocking

Wir haben eben gesehen, dass das naive Tableauverfahren für $\mathcal{ALC}$ nicht immer terminiert. Es ist jedoch möglich, das naive Verfahren mit einem sogenannten *Blocking* zu erweitern, wodurch eine Terminierung immer gewährleistet werden kann.

Um die Grundidee hinter Blocking zu verstehen, gehen wir noch einmal zu dem oben stehenden Beispiel zurück. Dabei werden nacheinander $C(a_1)$, dann $C(a_2)$ und so weiter mittels eines Existenzquantors erzeugt und zum selben Zweig des Tableaus hinzugefügt. Dabei können natürlich über das Individuum a_2 keine grundsätzlich anderen Informationen vorliegen als über das Individuum a_1. In diesem Sinne ist a_2 redundant und daher überflüssig. Wir formalisieren dies wie folgt. Die Auswahl von $(\exists R.C)(a) \in A$ in Schritt 5(e) des Algorithmus ist *blockiert*, falls es ein Individuum b gibt, so dass $\{C \mid C(a) \in A\} \subseteq \{C \mid C(b) \in A\}$. Wir modifizieren den Algorithmus in Abb. 6.3, indem wir Schritt 5(e) durch den in Abb. 6.4 gegebenen ersetzen. Verschaffen wir uns noch einmal einen Überblick über die Terminierungsbedingungen des Tableaualgorithmus mit Blocking:

- Die zugrundeliegende Wissensbasis ist genau dann unerfüllbar, wenn der Tableaualgorithmus mit Blocking durch Abschluss des Tableaus terminiert.

---

[1]Der Leser mag einwenden, dass $\exists R.C$ nicht in W vorkommen kann, da $\exists R.C$ nicht als Normalform einer $\mathcal{ALC}$-Aussage auftreten kann. Streng genommen ist dies richtig. Allerdings ist $\top \sqsubseteq \exists R.C$ eine $\mathcal{ALC}$-Aussage, die zu $\exists R.C$ äquivalent ist. Für das Beispiel haben wir die einfachere Formel gewählt, damit die Darstellung des Sachverhalts nicht unnötig kompliziert wird.

(e) Ist $B = (\exists R.C)(a)$ und ist die Wahl von $(\exists R.C)(a)$ nicht blockiert, so verfahre wie folgt:

   i.   Füge $R(a,b)$ und $C(b)$ zu A hinzu, wobei b ein noch nicht in W oder T vorkommendes Individuum ist.

   ii. Gehe zurück zum ersten Schritt des Algorithmus.

Abb. 6.4. Modifikation des naiven Tableaualgorithmus durch Blocking

— Die zugrundeliegende Wissensbasis ist genau dann erfüllbar, wenn der Tableaualgorithmus mit Blocking dadurch terminiert, dass keine ungeblockte Auswahl eine Veränderung des Tableaus verursacht.

⊗ **Zwei ausführliche Beispiele**

Wir geben zwei ausführliche Beispiele für die Anwendung des Tableauverfahrens mit Blocking:

Das erste Beispiel ist das von Abb. 5.11. Der Lesbarkeit halber verwenden wir folgende Abkürzungen:

P steht für **Professor**

E steht für **Person**

U steht für **Universitätsangehöriger**

D steht für **Doktorand**

Wie wir auf Seite 167 gesehen haben, lässt sich das Beispiel in Abb. 5.11 wie folgt in $\mathcal{ALC}$ ausdrücken: Aus

$$P \sqsubseteq (E \sqcap U) \sqcup (E \sqcap \neg D) \tag{1}$$

folgt als logische Konsequenz, dass

$$P \sqsubseteq E \tag{2}$$

ist.

Zunächst bringen wir die Wissensbasis in Negationsnormalform. Aus (1) ergibt sich

$$\neg P \sqcup ((E \sqcap U) \sqcup (E \sqcap \neg D)). \tag{3}$$

Wie auf Seite 176 ausgeführt, weisen wir die logische Konsequenz nach, indem wie die Unerfüllbarkeit der neuen Wissensbasis

$$W = \{\neg P \sqcup ((E \sqcap U) \sqcup (E \sqcap \neg D)), (P \sqcap \neg E)(a)\}$$

zeigen, wobei a ein neues Individuum ist, das wir hinzunehmen.

Nun können wir mit der Konstruktion des eigentlichen Tableaus beginnen. Zunächst haben wir nur einen Tableauzweig $A_0 = \emptyset$.

1. Wir wählen $(P \sqcap \neg E)(a)$ aus W und ersetzen A_0 durch $A_1 = \{(P \sqcap \neg E)(a)\}$.
2. Wir wählen $\neg P \sqcup ((E \sqcap U) \sqcup (E \sqcap \neg D))$ aus W und ersetzen A_1 durch

$$A_2 = A_1 \cup \{(\neg P \sqcup ((E \sqcap U) \sqcup (E \sqcap \neg D)))(a)\}.$$

3. Wir wählen

$$(\neg P \sqcup ((E \sqcap U) \sqcup (E \sqcap \neg D)))(a)$$

   aus A_2 und wenden die Regel für die Disjunktion an. Wir ersetzen also den Zweig A_2 durch die folgenden beiden Zweige:

$$A_{3,1} = A_2 \cup \{\neg P(a)\}$$
$$A_{3,2} = A_2 \cup \{((E \sqcap U) \sqcup (E \sqcap \neg D))(a)\}$$

4. Nun haben wir zwei Zweige zu betrachten. In $A_{3,1}$ wählen wir $(P \sqcap \neg E)(a)$ und wenden die Konjunktionsregel an. D.h. wir ersetzen $A_{3,1}$ durch

$$A_{4,1} = A_{3,1} \cup \{P(a), \neg E(a)\}.$$

   In $A_{3,2}$ wählen wir $((E \sqcap U) \sqcup (E \sqcap \neg D))(a)$ und wenden wieder die Disjunktionsregel an. Das heißt, wir ersetzen $A_{3,2}$ durch die folgenden beiden Zweige:

$$A_{4,2,1} = A_{3,2} \cup \{(E \sqcap U)(a)\}$$
$$A_{4,2,2} = A_{3,2} \cup \{(E \sqcap \neg D)(a)\}$$

5. Das aktuelle Tableau ist $\{A_{4,1}, A_{4,2,1}, A_{4,2,2}\}$, wir haben also drei Zweige zu betrachten. In Zweig $A_{4,1}$ finden wir sowohl $P(a)$ als auch $\neg P(a)$, also ist der Zweig $A_{4,1}$ abgeschlossen und braucht nicht weiter betrachtet zu werden. In Zweig $A_{4,2,1}$ wählen wir $(E \sqcap U)(a)$ und ersetzen $A_{4,2,1}$ durch

$$A_{5,2,1} = A_{4,2,1} \cup \{E(a), U(a)\}.$$

   In Zweig $A_{4,2,2}$ wählen wir $(\sqcap \neg D)(a)$ und ersetzen $A_{4,2,2}$ durch

$$A_{5,2,2} = A_{4,2,2} \cup \{E(a), \neg D(a)\}.$$

6. Das aktuelle Tableau ist $\{A_{4,1}, A_{5,2,1}, A_{5,2,2}\}$, wobei $A_{4,1}$ abgeschlossen ist. In $A_{5,2,1}$ wählen wir $(P \sqcap \neg E)(a)$ und ersetzen $A_{5,2,1}$ durch

$$A_{6,2,1} = A_{5,2,1} \cup \{P(a), \neg E(a)\}.$$

In $A_{5,2,2}$ wählen wir ebenfalls $(P \sqcap \neg E)(a)$ und ersetzen $A_{5,2,2}$ durch

$$A_{6,2,2} = A_{5,2,2} \cup \{P(a), \neg E(a)\}.$$

7. Die verbleibenden, noch nicht abgeschlossenen Zweige $A_{6,2,1}$ und $A_{6,2,2}$ enthalten beide sowohl $E(a)$ als auch $\neg E(a)$ und sind somit beide abgeschlossen. Das heißt, das ganze Tableau ist abgeschlossen.

Durch den Abschluss des Tableaus haben wir nachgewiesen, dass

$$\{\neg P \sqcup ((E \sqcap U) \sqcup (E \sqcap \neg D)), (P \sqcap \neg E)(a)\}$$

unerfüllbar ist, und damit, dass $P \sqsubseteq E$ eine logische Konsequenz aus

$$P \sqsubseteq (E \sqcap U) \sqcup (E \sqcap \neg D)$$

ist.

Das zweite Beispiel benötigt Blocking. Wir gehen aus von der Wissensbasis

$$\{\texttt{Frau} \sqsubseteq \exists\texttt{hatMutter}.\texttt{Frau}, \texttt{Vogel(Tweety)}\}$$

und wollen versuchen nachzuweisen, dass `Tweety` keine `Frau` ist, d.h., wir versuchen nachzuweisen, dass $\neg\texttt{Frau(Tweety)}$ eine logische Konsequenz aus der Wissensbasis ist. Wir werden sehen, dass wir dies *nicht* nachweisen können, d.h., wir zeigen, dass `Tweety` tatsächlich eine `Frau` sein könnte.

Zunächst führen wir wieder abkürzende Bezeichungen ein.

$$F \text{ steht für } \texttt{Frau}$$
$$h \text{ steht für } \texttt{hatMutter}$$
$$V \text{ steht für } \texttt{Vogel}$$
$$t \text{ steht für } \texttt{Tweety}$$

Wir bringen die Wissensbasis in Negationsnormalform und wollen nachweisen, dass

$$\{\neg F \sqcup \exists h.F, V(t), F(t)\}$$

unerfüllbar ist. Man beachte, dass $F(t)$ die Negationsnormalform von $\neg\neg F(t)$ ist.

Nun können wir mit der Konstruktion des eigentlichen Tableaus beginnen. Zu Beginn haben wir nur einen Tableauzweig $A_0 = \emptyset$.

1. Wir wählen $V(t)$ aus der Wissensbasis und ersetzen A_0 durch

$$A_1 = \{V(t)\}.$$

2. Wir wählen $F(t)$ aus der Wissensbasis und ersetzen A_1 durch

$$A_2 = \{V(t), F(t)\}.$$

3. Wir wählen $\neg F \sqcup \exists h.F$ aus der Wissensbasis und ersetzen A_2 durch

$$A_3 = \{V(t), F(t), (\neg F \sqcup \exists h.F)(t)\}.$$

4. Wir wählen $(\neg F \sqcup \exists h.F)(t)$ aus A_3 und ersetzen A_3 durch die beiden Zweige

$$A_{4,1} = \{V(t), F(t), (\neg F \sqcup \exists h.F)(t), \neg F(t)\} \text{ und}$$
$$A_{4,2} = \{V(t), F(t), (\neg F \sqcup \exists h.F)(t), (\exists h.F)(t)\}.$$

5. Der Zweig $A_{4,1}$ enhält sowohl $F(t)$ als auch $\neg F(t)$ und ist abgeschlossen. Wir wählen $(\exists h.F)(t)$ aus $A_{4,2}$ und ersetzen $A_{4,2}$ durch

$$A_{5,2} = \{V(t), F(t), (\neg F \sqcup \exists h.F)(t), (\exists h.F)(t), h(t, t_1), F(t_1)\},$$

wobei t_1 ein neues Individuum ist.

6. Für Zweig $A_{5,2}$ wählen wir $\neg F \sqcup \exists h.F$ aus der Wissensbasis und ersetzen $A_{5,2}$ durch

$$A_{6,2} = A_{5,2} \cup \{(\neg F \sqcup \exists h.F)(t_1)\}.$$

7. Wir wählen $(\neg F \sqcup \exists h.F)(t_1)$ und ersetzen $A_{7,2}$ durch die beiden Zweige

$$A_{8,2,1} = A_{7,2} \cup \{\neg F(t_1)\} \text{ und}$$
$$A_{8,2,2} = A_{7,2} \cup \{(\exists h.F)(t_1)\}.$$

8. Zweig $A_{8,2,1}$ ist abgeschlossen, da er sowohl $F(t_1)$ als auch $\neg F(t_1)$ enthält. Wir haben also nur noch den Zweig $A_{8,2,2}$ zu betrachten. Tatsächlich können wir das Tableau nicht fortführen, und zwar aus folgenden Gründen.

   − Die Auswahl von $(\exists h.F)(t_1)$ ist geblockt durch t. Sowohl t als auch t_1 fallen nämlich genau unter die Klassen F, $\neg F \sqcup \exists h.F$ und $\exists h.F$.

   − Jede andere Auswahl aus $A_{8,2,2}$ oder der Wissensbasis fügt keine neuen Elemente zum Tableau hinzu. Das ist leicht einzusehen, man muss nur alle Elemente der Wissensbasis und aus $A_{8,2,2}$ durchspielen.

Somit terminiert das Tableauverfahren an dieser Stelle. Da das resultierende Tableau nicht abgeschlossen ist, können wir folgern, dass ¬**Frau**(**Tweety**) *keine* logische Konsequenz aus der Wissensbasis

$$\{\texttt{Frau} \sqsubseteq \exists\texttt{hatMutter.Frau}, \texttt{Vogel(Tweety)}\}$$

ist.

❯ 6.3.2 Die KAON2-Algorithmen

Wie bereits erwähnt, basieren die meisten hochperformanten OWL-Beweiser auf dem Tableauverfahren mit Blocking, das wir in Abschnitt 6.3.1 vorgestellt haben. Wir werden nun den zur Zeit einzigen bekannten alternativen Ansatz vorstellen, der zu ähnlich effizienten Implementierungen führt. Insbesondere zeigt sich, dass dieses neue Verfahren für Wissensbasen mit großen ABoxen besonders geeignet ist. Die Algorithmen wurden im KAON2-System[2] umgesetzt.

Eine vollständige Beschreibung der KAON2-Algorithmen wäre jedoch selbst bei Beschränkung auf $\mathcal{ALC}$ in diesem Rahmen zu umfangreich. Wir werden uns also darauf beschränken, einen Überblick über den Aufbau der Algorithmen für $\mathcal{ALC}$ zu geben, um eine Intuition für deren Arbeitsweise zu vermitteln.

❯ Überblick über die Kernalgorithmen

Die Grundidee der KAON2-Algorithmen ist, OWL-Wissensbasen in eine syntaktisch einfache Form umzuwandeln, für die es bekannte und effiziente Algorithmen zum automatischen Beweisen gibt. Die Umwandlung geschieht in disjunktives Datalog, d.h. in Klauselform ohne Funktionssymbole (siehe Abschnitt A.3). Die verschiedenen Schritte in dieser Umwandlung sind in Abb. 6.5 dargestellt. Anschließend wird noch ein Datalog-Beweiser aufgerufen, der dann eine Antwort auf die gestellte Anfrage herleitet. Wir gehen im Folgenden auf die einzelnen Teilschritte im Detail ein.

❯ Reduktion der ABox

Wir haben schon erwähnt, dass die KAON2-Algorithmen für die Behandlung großer ABoxen besonders geeignet sind. Dies liegt vor allem daran, dass die sehr aufwändigen Teilalgorithmen zur Übersetzung in disjunktives Datalog im Wesentlichen nur auf der TBox operieren. Dazu muss allerdings zunächst einige Information aus der ABox in die TBox verlagert werden. Dies geschieht durch eine sogenannte extensionale Reduktion der ABox.

Dabei werden alle ABox-Aussagen der Form $C(a)$, wobei C eine nicht-atomare Klasse ist, durch eine TBox-Aussage $Q \equiv C$ sowie eine ABox-Aussage $Q(a)$ ersetzt. Dabei ist Q eine neue atomare Klasse. Im Grunde führen wir da-

---

[2]`http://kaon2.semanticweb.org/`

1. Reduzierung der ABox.
2. Naive Übersetzung der TBox in Klauselform
   (a) Transformation in Negationsnormalform
   (b) Transformation in flache Negationsnormalform
   (c) Übersetzung in die Prädikatenlogik erster Stufe
   (d) Transformation in Klauselform
3. Saturierung der übersetzten TBox
4. Reduktion der übersetzten TBox: Entfernen der Skolemfunktionen
5. Aufruf einer Datalog-Inferenzmaschine

Abb. 6.5. KAON2-Unteralgorithmen

bei einfach eine neue Bezeichnung für die nicht-atomare Klasse C ein. Nach diesen Ersetzungen erhalten wir eine größere TBox, und gleichzeitig besteht die ABox nur noch aus Aussagen der Form $D(a)$ und $R(a, b)$, wobei D eine atomare Klasse und R eine Rolle ist.

Wir geben ein einfaches Beispiel: Die ABox-Aussage

$$(\texttt{aktivLehrend} \sqcup \texttt{imRuhestand})(\texttt{RudiStuder})$$

wird transformiert in die beiden Aussagen

$$Q \equiv \texttt{aktivLehrend} \sqcup \texttt{imRuhestand},$$
$$Q(\texttt{RudiStuder}),$$

wobei Q ein neuer Klassenname ist, der nicht in der Wissensbasis vorkommt.

⊘ Naive Übersetzung der TBox in Klauselform

Der nächste Schritt der Transformation – die naive Übersetzung in Klauselform – besteht im Grunde aus einer Übersetzung der TBox in die Prädikatenlogik erster Stufe, wie auf Seite 168 beschrieben sowie aus einer anschließenden Transformation in Klauselform (siehe Abschnitt A.3). Aus Effizienzgründen wird das Verfahren dabei jedoch abgewandelt und eine *flache Negationsnormalform* erzeugt. Dies dient der Vermeidung hoher Schachtelungstiefen in den Ausdrücken.

Zunächst wird die TBox in Negationsnormalform umgewandelt, wie in Abschnitt 6.3.1 beschrieben. Jede TBox-Aussage A wird dann weiter transformiert. Enthält A nämlich einen Teilausdruck T von einer der Formen

$$L_1 \sqcap \cdots \sqcap L_n,$$
$$L_1 \sqcup \cdots \sqcup L_n,$$
$$\forall R.L,$$
$$\exists R.L,$$

wobei L und L_i atomare Klassen oder negierte atomare Klassen sind, dann wird in dieser TBox-Aussage T durch ein neues atomares Konzept Q ersetzt. Außerdem wird die Aussage $\neg Q \sqcup T$ zur TBox hinzugefügt. Dies geschieht rekursiv, bis alle Teilausdrücke ersetzt sind. Streng genommen müssen nicht wirklich *alle* Teilausdrücke ersetzt werden, wie z.B. aus folgendem Beispiel ersichtlich:

Wir betrachten die TBox

$$\forall R.(\forall S.(A \sqcup B \sqcup \neg C)).$$

Nach Umwandlung in flache Negationsnormalform ergeben sich z.B. die folgenden Aussagen:

$$\forall R.Q_1$$
$$\neg Q_1 \sqcup \forall S.Q_2$$
$$\neg Q_2 \sqcup A \sqcup B \sqcup \neg C$$

Man beachte, dass die letzte Zeile nicht weiter umgewandelt wird. Tatsächlich werden Ausdrücke der Form $L_1 \sqcap \cdots \sqcap L_n$, $L_1 \sqcup \cdots \sqcup L_n$ bei dieser Transformation nicht aufgespalten. Auch die vorletzte Zeile wird nicht weiter umgewandelt – das Auftreten eines Quantors in einer Disjunktion ohne weitere Schachtelungstiefe innerhalb des Quantors ist unproblematisch.

Die flache Negationsnormalform wird nun wie auf Seite 168 beschrieben in die Prädikatenlogik erster Stufe übersetzt und anschließend mit Standardverfahren in Klauselform transformiert (siehe Abschnitt A.3).

Wir geben ein Beispiel. Gegeben sei die folgende Wissensbasis:

$$\text{Mensch} \sqsubseteq \exists \text{hatMutter.Mensch}$$

$$\exists \text{hatMutter.}(\exists \text{hatMutter.Mensch}) \sqsubseteq \text{Enkelkind}$$

$$\text{Mensch}(\text{AnupriyaAnkolekar})$$

Übersetzt in Negationsnormalform ergibt dies

$$\neg \texttt{Mensch} \sqcup \exists \texttt{hatMutter.Mensch}$$
$$\forall \texttt{hatMutter.}(\forall \texttt{hatMutter.}\neg \texttt{Mensch}) \sqcup \texttt{Enkelkind}$$
$$\texttt{Mensch}(\texttt{AnupriyaAnkolekar}).$$

Transformation in flache Negationsnormalform ergibt

$$\neg \texttt{Mensch} \sqcup \exists \texttt{hatMutter.Mensch}$$
$$\forall \texttt{hatMutter.}Q \sqcup \texttt{Enkelkind}$$
$$\neg Q \sqcup \forall \texttt{hatMutter.}\neg \texttt{Mensch}$$
$$\texttt{Mensch}(\texttt{AnupriyaAnkolekar}).$$

Wir können dies nun mit der Abbildung π von Seite 168 in die Prädikatenlogik erster Stufe umwandeln und anschließend in Klauselform transformieren. Dies ist in Abschnitt A.3 im Detail ausgeführt worden. Als Endresultat ergibt sich die folgende Menge von Klauseln.

$$\neg \texttt{Mensch}(x) \vee \texttt{hatMutter}(x, f(x))$$
$$\neg \texttt{Mensch}(x) \vee \texttt{Mensch}(f(x))$$
$$\neg \texttt{hatMutter}(x, y) \vee Q(y) \vee \texttt{Enkelkind}(x)$$
$$\neg Q(x) \vee \neg \texttt{hatMutter}(x, y) \vee \neg \texttt{Mensch}(y)$$
$$\texttt{Mensch}(\texttt{AnupriyaAnkolekar})$$

Bei diesen Transformationen wurde die letzte Zeile natürlich nie verändert oder verwendet, da es sich um eine ABox-Aussage handelt.

⊘ Saturierung der übersetzten TBox

Nach der naiven Umwandlung in Klauselform enthält die Wissensbasis Funktionssymbole, die durch die Elimination der Existenzquantoren im Skolemisierungsschritt (siehe Abschnitt A.3) eingeführt wurden. Das Vorhandensein dieser Funktionssymbole macht eine direkte Anwendung bekannter Verfahren zur Inferenz mit Klauselformen unpraktikabel, und zwar aus zwei Gründen:

1. Effiziente Inferenzverfahren benötigen disjunktives Datalog, d.h. Klauselformen ohne Funktionssymbole.

2. Die Terminierung etablierter Inferenzalgorithmen kann nicht immer garantiert werden, wenn Funktionssymbole vorhanden sind.

Es stellt sich jedoch heraus, dass eine weitere Transformation in funktionsfreie Klauselform, d.h. in disjunktives Datalog, möglich ist. Dazu wird zunächst ein sogenannter Saturierungsschritt durchgeführt. Die Grundidee dabei ist, der vorliegenden Wissensbasis nach gewissen Regeln so lange logische Konsequenzen hinzuzufügen, bis dies nach diesen Regeln nicht weiter möglich ist.

Es würde zu weit führen, diese Regeln im Detail zu beschreiben. Es wird für diesen Überblick genügen zu sagen, dass die Regeln von der in Abb. 6.6 aufgeführten Form sind. Dabei bezeichnet $P_i(t)$ eine beliebige (und möglicherweise leere) Disjunktion der Form $\neg C_1(t) \vee \cdots \vee C_n(t)$. Mit $P_i(\bar{f}(x))$ bezeichnen wir eine beliebige (möglicherweise leere) Disjunktion der Form $P_1(f_1(x)) \vee \cdots \vee P_n(f_n(x))$. Das Symbol $\square$ steht dabei für einen Widerspruch in der Wissensbasis.

Es lässt sich nun Folgendes zeigen:

- Nach der naiven Übersetzung in Klauselform erhält man nur Klauseln, die in einer der Formen

$$P_1(x) \vee R(x, f(x)),$$
$$P_1(x) \vee P_2(\bar{f}(x)),$$
$$P_1(x) \vee \neg R(x, y) \vee P_2(y),$$
$$P_1(\bar{a}),$$
$$(\neg)R(a, b)$$

  vorliegen.
- Anwendung der Regeln aus Abb. 6.6 liefert wieder nur solche Klauseln.
- Wiederholte Anwendung der Regeln aus Abb. 6.6 führt dazu, dass nach endlich vielen Anwendungen keine neuen Klauseln mehr erzeugt werden können. Die Menge der so erzeugten Klauseln nennen wir *saturiert*.
- Enthält die saturierte Wissensbasis das Symbol $\square$, so ist sie unerfüllbar.

Die Beschreibung der Ableitungsregeln in Abb. 6.6 ist nicht ganz vollständig. Tatsächlich gelten weitere Einschränkungen für die Anwendbarkeit dieser Regeln, auf die wir hier aber nicht weiter eingehen können und die für die Vermittlung der Grundideen überflüssig sind.

Als Beispiel betrachten wir die Menge von Klauseln

$$\neg\texttt{Mensch}(x) \vee \texttt{hatMutter}(x, f(x))$$
$$\neg\texttt{Mensch}(x) \vee \texttt{Mensch}(f(x))$$
$$\neg\texttt{hatMutter}(x, y) \vee Q(y) \vee \texttt{Enkelkind}(x)$$
$$\neg Q(x) \vee \neg\texttt{hatMutter}(x, y) \vee \neg\texttt{Mensch}(y)$$

des vorigen Abschnitts. Saturierung (mit den vollständigen Regeln) ergibt die in Abb. 6.7 angegebene Klauselmenge.

$$\frac{P_1(x) \vee P_2(\bar{f}(x)) \vee \neg A(g(x)) \qquad A(y) \vee P_3(y)}{P_1(x) \vee P_2(\bar{f}(x)) \vee P_3(g(x))}$$

$$\frac{P_1(x) \vee \neg A(x) \qquad A(x) \vee P_2(x)}{P_1(x) \vee P_2(x)}$$

$$\frac{P_1(x) \vee P_2(f(x)) \vee \neg A(g(x)) \qquad A(g(x)) \vee P_3(\bar{h}(x)) \vee P_4(x)}{P_1(x) \vee P_2(\bar{f}(x)) \vee P_3(\bar{h}(x)) \vee P_4(x)}$$

$$\frac{P_1(x) \vee R(x, f(x)) \qquad \neg R(x,y) \vee P_2(x) \vee P_3(y)}{P_1(x) \vee P_2(x) \vee P_3(x)}$$

$$\frac{P_1(\hat{a}) \vee \neg A(b) \qquad A(x) \vee P_2(x)}{P_1(\hat{a}) \vee P_2(b)}$$

$$\frac{P_1(\hat{a}) \vee \neg A(b) \qquad A(b) \vee P_2(\hat{c})}{P_1(\hat{a}) \vee P_2(\hat{b})}$$

$$\frac{R(a,b) \qquad \neg R(x,y) \vee P_1(x) \vee P_2(y)}{P_1(a) \vee P_2(b)}$$

$$\frac{R(a,b) \qquad \neg R(a,b)}{\Box}$$

Diese Regeln der Form $\frac{A\quad B}{C}$ werden wie folgt gelesen: Sind A und B in der Wissensbasis, so füge auch C zur Wissensbasis hinzu. Man beachte, dass der in A rechts stehende Term und der in B links stehende Term jeweils sehr ähnlich sind. Die Anwendung einer Regel entspricht dem, dass man diese beiden Terme unter Nichtbeachtung der Negation durch eine geeignete Variablenbelegung gleich macht (d.h. *unifiziert*) und dann die beiden Formeln A und B zu einem neuen Term zusammenfügt, wobei man die unifizierten Terme weglässt und die Variablenbelegung beachtet. Zu jeder Regel gibt es noch eine weitere, bei der die ausgewählten Terme genau andersherum negiert sind. Diese Regeln haben wir der Einfachheit halber nicht aufgeführt.

Abb. 6.6. Saturierungsregeln für die KAON2-Algorithmen

$$\neg\texttt{Mensch}(x) \vee \texttt{hatMutter}(x, f(x))$$

$$\neg\texttt{Mensch}(x) \vee \texttt{Mensch}(f(x))$$

$$\neg\texttt{hatMutter}(x, y) \vee Q(y) \vee \texttt{Enkelkind}(x)$$

$$\neg Q(x) \vee \neg\texttt{hatMutter}(x, y) \vee \neg\texttt{Mensch}(y)$$

$$\neg Q(x) \vee \neg\texttt{Mensch}(x) \vee \neg\texttt{Mensch}(f(x))$$

$$Q(f(x)) \vee \neg\texttt{Mensch}(x) \vee \texttt{Enkelkind}(x)$$

$$\neg Q(x) \vee \neg\texttt{Mensch}(x)$$

$$\neg\texttt{Mensch}(x) \vee \neg\texttt{Mensch}(f(x)) \vee \texttt{Enkelkind}(x)$$

$$\neg\texttt{Mensch}(x) \vee \texttt{Enkelkind}(x)$$

Abb. 6.7. Beispiel einer saturierten Klauselmenge

⊚ Reduktion der übersetzten TBox: Entfernen der Skolemfunktionen

In diesem Schritt wandeln wir die übersetzte und saturierte TBox in disjunktives Datalog um. Dies geschieht in den folgenden Schritten.

1. Entferne alle Klauseln aus der Wissensbasis, die ein Funktionssymbol enthalten.
2. Füge die (einelementige) Klausel $H(a)$ für jedes in der Wissensbasis vorkommende Individuum a hinzu. Dabei ist H ein neues einstelliges Prädikatssymbol.
3. Jede Klausel wird wie folgt verändert: Für jede unsichere Variable[3] x, die in einer Klausel C vorkommt, füge $\neg H(x)$ der Klausel hinzu. Die Klausel $A(x)$ wird z.B. zu $A(x) \vee \neg H(x)$ transformiert.
4. Füge die ABox, transformiert in die Prädikatenlogik erster Stufe, in Form von einelementigen Klauseln hinzu. Die ABox-Aussage $A(b)$ wird z.B. als die unveränderte Klausel $A(b)$ hinzugefügt.

Als Ergebnis erhalten wir eine Wissensbasis in Klauselform ohne Funktionssymbole, d.h., sie liegt als disjunktives Datalog vor.

---

[3]Eine Variable, die in einer Klausel auftritt, heißt *unsicher*, wenn sie nur in positiven (d.h. nicht-negierten) Atomen der Klausel vorkommt.

Das Beispiel aus dem vorhergehenden Abschnitt fortführend, erhalten wir die folgende Klauselmenge.

$$\neg\texttt{hatMutter}(x, y) \lor Q(y) \lor \texttt{Enkelkind}(x)$$

$$\neg Q(x) \lor \neg\texttt{hatMutter}(x, y) \lor \neg\texttt{Mensch}(y)$$

$$\neg Q(x) \lor \neg\texttt{Mensch}(x)$$

$$\neg\texttt{Mensch}(x) \lor \texttt{Enkelkind}(x)$$

$$\texttt{Mensch}(\texttt{AnupriyaAnkolekar})$$

Strenggenommen müssten wir noch eine Klausel $H(\texttt{AnupriyaAnkolekar})$ hinzufügen, da H aber in keiner anderen Klausel vorkommt – was daran liegt, dass es in Schritt 3 keine unsicheren Variablen zu behandeln gibt – können wir dies auch weglassen.

Geschrieben als disjunktives Datalog ergibt sich:

$$Q(y) \lor \texttt{Enkelkind}(x) \leftarrow \texttt{hatMutter}(x, y) \tag{4}$$

$$\leftarrow Q(x), \texttt{hatMutter}(x, y), \texttt{Mensch}(y) \tag{5}$$

$$\leftarrow Q(x), \texttt{Mensch}(x) \tag{6}$$

$$\texttt{Enkelkind}(x) \leftarrow \texttt{Mensch}(x) \tag{7}$$

$$\texttt{Mensch}(\texttt{AnupriyaAnkolekar})$$

Versuchen wir, dieses Datalogprogramm besser zu verstehen. Regel (7) ist selbsterklärend: Jeder Mensch ist ein Enkelkind. Um die anderen Regeln zu erklären, betrachten wir erst die Klassse Q. Als sie eingeführt wurde, fügten wir die Aussage

$$\neg Q \sqcup \forall\texttt{hatMutter}.\neg\texttt{Mensch},$$

hinzu, was dasselbe ist wie

$$Q \sqsubseteq \neg\exists\texttt{hatMutter}.\texttt{Mensch}.$$

Unter die Klasse Q fallen also nur Individuen, die keine (Menschen als) Mütter haben. Damit werden die Regeln 5 und 6 einsichtig. Regel 6 besagt nämlich, dass nichts gleichzeitig ein Mensch sein und unter die Klasse Q fallen kann. Regel 5 besagt, dass nichts gleichzeitig unter Q fallen und eine Mutter haben kann, die ein Mensch ist. Regel 4 schließlich besagt: Wenn x eine Mutter y hat, dann ist x auch ein Enkelkind oder y fällt unter Q.

Der Zusammenhang zwischen der ursprünglichen $\mathcal{ALC}$-Wissensbasis K und dem resultierenden Datalogprogramm – das wir im Folgenden mit DD(K) bezeichnen – muss natürlich genau beschrieben und dann formal nachgewiesen werden. Der folgende Satz beschreibt die für uns wichtigen Zusammenhänge.

Satz 6.3.1 Seien K eine $\mathcal{ALC}$-Wissensbasis, C eine Klasse, A eine atomare   6.3.1
Klasse, R eine Rolle und a, b Individuen. Dann gelten die folgenden Aussagen:
1. K ist genau dann unerfüllbar, wenn $\mathrm{DD}(K)$ unerfüllbar ist.
2. $A(a)$ ist genau dann eine logische Konsequenz aus K, wenn $A(a)$ logische
   Konsequenz von $\mathrm{DD}(K)$ ist.
3. $R(a, b)$ ist genau dann eine logische Konsequenz aus K, wenn $R(a, b)$ logische Konsequenz von $\mathrm{DD}(K)$ ist.
4. $C(a)$ ist genau dann logische Konsequenz von K, wenn $Q(a)$ eine logische
   Konsequenz von $\mathrm{DD}(K \cup \{C \sqsubseteq Q\})$ ist. Dabei ist Q ein Bezeichner für
   eine neue atomare Klasse.

Ein Nachweis der Korrektheit von Satz 6.3.1 ist sehr aufwändig. Dies liegt
daran, dass viele Teilschritte der KAON2-Transformation keine Äquivalenz-
transformationen sind. Der interessierte Leser sei auf die weiterführende Literatur verwiesen.

⊗ Aufruf einer Datalog-Inferenzmaschine

Nach Übersetzung der Wissensbasis K in das disjunktive Datalogprogramm
$\mathrm{DD}(K)$ kann man effiziente Standardverfahren für Datalogbeweiser verwenden, um logische Schlussfolgerungen zu ziehen. Für die dabei zur Verwendung
kommenden Methoden sei auf die weiterführende Literatur verwiesen.

Wir möchten an dieser Stelle noch einmal darauf hinweisen, dass die eben
beschriebene Transformation nur auf der TBox ausgeführt wird. Das heißt,
weitere reduzierte ABox-Aussagen können nach der Transformation einfach
zur übersetzten Wissensbasis hinzugefügt werden. Nach Satz 6.3.1 ist dies
allerdings nur nützlich

– für den Nachweis der globalen Konsistenz der Wissensbasis,
– für Instanzüberprüfung für atomare Klassen und
– für die Erzeugung aller Klasseninstanzen für atomare Klassen.

Für nichtatomare Klassen sowie für andere Anfragen an die Wissensbasis,
wie auf Seite 176 aufgeführt, ist es erforderlich, die gesamte Transformation
erneut durchzuführen. Dies sieht man auch aus Punkt 4 von Satz 6.3.1.
In der Praxis zeigt sich jedoch, dass gerade das Erzeugen von Klasseninstanzen für atomare Klassen eine der wichtigsten Anwendungen für OWL ist.
Mit den KAON2-Algorithmen erhält man somit für diese Anfrageklasse einen
Vorteil gegenüber tableaubasierten Beweisern.

⊗ KAON2 und OWL DL

Wir haben einen Überblick über die KAON2-Algorithmen für $\mathcal{ALC}$ gegeben. Für $\mathcal{SHOIN}(\mathrm{D})$, bzw. für OWL DL, folgen die Algorithmen derselben

Grundidee. Allerdings müssen fast alle Teilalgorithmen substantiell modifiziert werden. Wir nennen kurz einige der zusätzlichen Schwierigkeiten, die überwunden werden müssen.

— Für die Behandlung von Zahlenrestriktionen und anderen Sprachelementen benötigt man ein Gleichheitsprädikat. Dadurch wird insbesondere der Saturierungsschritt des Algorithmus sehr viel aufwändiger.

— Das Auftreten von Zahlenrestriktionen hat auch zur Folge, dass nach dem Saturierungsschritt Klauseln mit Funktionssymbolen nicht einfach weggelassen werden können. Stattdessen können aber Terme der Form $f(a)$ durch neue Konstanten a_f simuliert werden.

— Die Behandlung von Datentypen ist ebenfalls mit hohem zusätzlichem Aufwand verbunden, aber im Rahmen der KAON2-Algorithmen möglich.

— Mit den zur Zeit bekannten Algorithmen kann $\mathcal{SHIQ}$(D) behandelt werden. Hinreichend skalierbare Algorithmen für abgeschlossene Klassen sind zur Zeit der Drucklegung dieses Buches noch nicht entwickelt.

❿ 6.3.3 Komplexität von Beschreibungslogiken

Wir schließen das Kapitel mit einigen kurzen Bemerkungen zur Komplexität von Beschreibungslogiken im ungünstigsten Fall. Tatsächlich sind Komplexitätsuntersuchungen ein zentraler Aspekt bei der Entwicklung von Beschreibungslogiken und dienen zur Gewährleistung vorteilhaften Skalierbarkeitsverhaltens.

Wie bei Datenbanken unterscheidet man bei Beschreibungslogiken zwischen Datenkomplexität und Gesamtkomplexität.

Unter *Datenkomplexität* versteht man die Komplexitätsstufe in Abhängigkeit von der Größe der reduzierten ABox. Für $\mathcal{ALC}$ und für $\mathcal{SHIQ}$(D) ist die Datenkomplexität für die Überprüfung von Erfüllbarkeit NP-vollständig. Instanzüberprüfung ist co-NP-vollständig.

Gesamtkomplexität bezeichnet die Komplexitätsstufe in Abhängigkeit von der Größe der gesamten Wissensbasis, d.h. von der TBox und von der ABox. Sowohl $\mathcal{ALC}$ also auch $\mathcal{SHIQ}$ sind ExpTime-vollständig bezüglich dieses Maßes. $\mathcal{SHOIN}$(D) – d.h. OWL DL – ist NExpTime-vollständig.

Offensichtlich sind die Komplexitätsstufen für diese ausdrucksstarken Beschreibungslogiken von eher geringem praktischem Interesse. Aus dem Blickwinkel der Komplexität im ungünstigsten Fall scheinen Aussichten auf skalierbare Implementierungen eher trübe. Es zeigt sich jedoch in der Praxis, dass für real auftretende Wissensbasen die bekannten Algorithmen zur Zeit weitgehend ausreichend sind.

6.4 Zusammenfassung

Im ersten Teil dieses Kapitels haben wir Beschreibungslogiken eingeführt und mit ihrer Hilfe die formale Semantik von OWL erklärt. Insbesondere haben wir die Semantik von OWL auf die Semantik der Prädikatenlogik erster Stufe zurückgeführt und diese Rückführung für $\mathcal{ALC}$ vollständig formal behandelt. Im zweiten Teil dieses Kapitels haben wir zwei Ansätze zum automatisierten Schlussfolgern mit OWL Ontologien besprochen und am Beispiel $\mathcal{ALC}$ ausgeführt: Das Tableauverfahren mit Blocking wurde vollständig beschrieben und die Ansätze der KAON2-Algorithmen wurden vermittelt. Wir haben außerdem Komplexitäten der Schlussfolgerungsprobleme angesprochen.

6.5 Aufgaben

Aufgabe 6.5.1 Übersetzen Sie die von Ihnen zu Aufgabe 5.4.1 erstellte Ontologie in DL-Syntax.

Aufgabe 6.5.2 Übersetzen Sie die von Ihnen zu Aufgabe 5.4.1 erstellte Ontologie in die Syntax der Prädikatenlogik.

Aufgabe 6.5.3 Übersetzen Sie die auf Seite 189 gegebene Wissensbasis

$$\texttt{Mensch} \sqsubseteq \exists\texttt{hatMutter.Mensch}$$
$$\exists\texttt{hatMutter.}(\exists\texttt{hatMutter.Mensch}) \sqsubseteq \texttt{Enkelkind}$$
$$\texttt{Mensch(AnupriyaAnkolekar)}$$

in RDFS-Syntax.

Aufgabe 6.5.4 Betrachten Sie Abb. 5.11. Weisen Sie die angegebene Inferenz mit Hilfe von Überlegungen zur extensionalen Semantik nach.

Aufgabe 6.5.5 Beweisen Sie mit Hilfe des Tableauverfahrens die Erfüllbarkeit oder Unerfüllbarkeit der folgenden Wissensbasis:

Pizza ⊓ PizzaBelag ⊑ ⊥	Nichts ist gleichzeitig Pizza und Pizzabelag.
∃ hatBelag.PizzaBelag ⊑ Pizza	Alles was einen Pizzabelag hat, ist eine Pizza.
PizzaBelag(käse)	Der Käse ist ein Pizzabelag.
PizzaBelag(aubergine)	Die Aubergine ist ein Pizzabelag.
hatBelag(aubergine,käse)	Die Aubergine wurde mit Käse belegt.

6.5.6   **Aufgabe 6.5.6** Beweisen Sie mit Hilfe des Tableauverfahrens die Erfüllbarkeit oder Unerfüllbarkeit der folgenden Wissensbasis:

Student ⊑ ∃ besucht.Vorlesung	Jeder Student besucht eine Vorlesung.
Vorlesung ⊑ ∃ besuchtVon.(Student ⊓ Fleißig)	In jeder Vorlesung ist ein fleißiger Student.
Student(holger)	Holger ist Student,
¬Fleißig(holger)	aber nicht fleißig.

6.6 Weiterführende Literatur

[HHPS04] ist das normative W3C-Dokument für die Semantik von OWL.

Das Papier [HPSvH03] diskutiert Designkriterien für OWL und beschreibt die Übersetzung zwischen OWL und Beschreibungslogiken.

Das Description Logic Handbook [BCM+07] ist eine umfassende Referenz für Beschreibungslogiken und beinhaltet auch eine Behandlung von Tableaualgorithmen.

Für eine Vertiefung der KAON2-Algorithmen sei auf die Dissertation von Boris Motik [Mot06] verwiesen.

Komplexitäten für verschiedene Beschreibungslogiken – inklusive Literaturangaben – lassen sich über http://www.cs.man.ac.uk/~ezolin/dl/ anfragen.

Kapitel 7

Anfragesprachen

7

7

7 Anfragesprachen

Bisher haben wir eine Reihe von Möglichkeiten kennengelernt, um Informationen auf eine maschinenlesbare Art und Weise zu spezifizieren. Schon in RDF ist es möglich, Informationen zu strukturieren und miteinander zu verknüpfen. In RDFS und OWL wurden weitere Ausdrucksmittel eingeführt, mit denen auch komplexere logische Zusammenhänge beschrieben werden können. Dokumente und Wissensbasen in diesen ausdrucksstarken Beschreibungssprachen können daher als Ausgangspunkt für logische Schlussfolgerungen dienen: Aus RDF(S)-Dokumenten können andere Dokumente logisch folgen (Kapitel 4) und OWL-Wissensbasen können neue OWL-Axiome implizieren (Kapitel 5 und 6).

Doch wie genau greift man in der Praxis auf die so spezifizierten Informationen zu? Im Prinzip können auch dazu logische Schlussfolgerungen verwendet werden. Man könnte z.B. abfragen, ob aus einer Wissensbasis folgt, dass das Buch „Semantic Web" im Springer-Verlag erschienen ist. Dazu würde man diese Frage als Tripel darstellen, z.B. in der folgenden Form:

```
<http://example.org/SemanticWeb>
  <http://example.org/VerlegtBei>    <http://springer.com/Verlag> .
```

Nun könnte ein RDF-System prüfen, ob dieser aus einem einzigen Tripel bestehende RDF-Graph aus dem gegebenen Dokument ableitbar ist. Auf diese Weise kann man eine Reihe von Anfragen formulieren, wobei die Bedeutung der Anfragen durch die formale Semantik von RDF und OWL klar spezifiziert ist.

In der Praxis ist allerdings oft weitaus mehr nötig. Einerseits kann man, besonders in schwachen Formalismen wie RDF, nur sehr einfache Fragen stellen. Wir werden in diesem Kapitel sehen, dass sowohl in RDF als auch in OWL viele interessante Anfragen nicht ausgedrückt werden können. Andererseits muss man in praktischen Anwendungen auch die Formatierung und Nachbearbeitung der Resultate genauer angeben können. Typischerweise sucht man z.B. in einer großen Wissensbasis nicht nach *allen* bekannten Instanzen einer bestimmten Klasse, sondern nur nach einer eingeschränkten Anzahl. Weiterhin ist es außerdem manchmal erwünscht, Ergebnisse aufgrund von Kriterien zu filtern, die im gewählten Formalismus überhaupt nicht existieren. So könnte man z.B. in einem RDF-Dokument nach allen Literalen in deutscher Sprache suchen (d.h. mit `xml:lang="de"`) – doch in RDF wird diese Sprachinformation nicht getrennt repräsentiert und kann deshalb auch nicht direkt angefragt werden.

In diesem Kapitel werden wir uns wichtige Anfragesprachen für RDF und OWL genau ansehen. Für RDF ist das vor allem SPARQL, während für OWL DL sogenannte *konjunktive Anfragen* als grundlegender Formalismus betrachtet werden.

7.1 SPARQL: Anfragesprache für RDF

SPARQL (Aussprache wie engl. *sparkl*) steht für *SPARQL Protocol and RDF Query Language* und ist ein noch recht neuer Standard für die Abfrage von in RDF spezifizierten Informationen und für die Darstellung der Resultate [PS, BB, Cla]. Tatsächlich ist SPARQL zur Zeit der Fertigstellung dieses Buches noch kein endgültiger Standard, sondern hat den Status einer *W3C Candidate Recommendation*. Das bedeutet, dass die entsprechende W3C-Arbeitsgruppe ein vorläufiges Endergebnis vorgelegt hat und nun Kommentare und Einwände entgegennimmt. Sollten keine schwerwiegenden Einwände aufkommen, dann kann SPARQL in Kürze in den Status eines normativen Standards (W3C Recommendation) übergehen.[1] Es ist davon auszugehen, dass sich für die Benutzung von SPARQL im Wesentlichen keine großen Änderungen mehr ergeben werden, aber einige Details muss man dennoch zurzeit unter Vorbehalt betrachten.

Im Kern basiert SPARQL auf einfachen RDF-Anfragen in Form von Graph-Mustern, ganz ähnlich wie im vorstehenden Beispiel. Darüber hinaus enthält SPARQL aber auch erweiterte Funktionen für die Konstruktion komplexerer Anfragemuster, für die Verwendung zusätzlicher Filterbedingungen und für die Formatierung der Ausgabe. Wir werden uns hier nur mit der SPARQL-Anfragesprache [PS] beschäftigen und das SPARQL-Protokoll [Cla] zur Übermittlung von Anfragen sowie die SPARQL-Kodierung von Ergebnissen in XML [BB] nicht näher betrachten.

❯ 7.1.1 Einfache SPARQL-Anfragen

SPARQL versteht sich selbst als Anfragesprache für (RDF-)Graphen, und dementsprechend werden einfache RDF-Graphen als grundlegendes Anfragemuster verwendet. Dabei wird im Grunde die Turtle-Syntax angewandt, um Anfragegraphen darzustellen. Allerdings führt SPARQL zusätzlich Anfragevariablen ein, die man dazu verwenden kann, bestimmte Elemente im Anfragegraphen als Ergebnis zu ermitteln. Weiterhin macht jede Anfrage auch

---

[1]Die endgültige Anerkennung einer Candidate Recommendation ist allerdings bei weitem kein rein formaler Schritt. SPARQL wurde bereits in früheren Versionen aufgrund erheblicher semantischer Mängel von diesem Status zurückgestuft und noch einmal ein Jahr überarbeitet.

Angaben über die Formatierung der Ergebnisse. Sehen wir uns zunächst folgendes Beispiel an:

```
PREFIX ex:  <http://example.org/>
SELECT ?titel ?autor
WHERE
  { ?buch      ex:VerlegtBei   <http://springer.com/Verlag> .
    ?buch      ex:Titel        ?titel .
    ?buch      ex:Autor        ?autor . }
```

Die Anfrage enthält drei wesentliche Bestandteile, gekennzeichnet durch die großgeschriebenen Schlüsselwörter PREFIX, SELECT und WHERE. Das Schlüsselwort PREFIX deklariert einfach einen Namensraum, ganz ähnlich wie @prefix in Turtle-Notation. Allerdings ist diesmal kein abschließender Punkt hinter der Deklaration nötig.

Das Schlüsselwort SELECT bestimmt allgemein das Ausgabeformat – wir werden später noch weitere mögliche Formate kennenlernen. Die Angaben nach SELECT beziehen sich auf den Rest der Anfrage: Es sind Bezeichner von Anfragevariablen, für die wir Rückgabewerte anfordern möchten. Demnach liefert die obige Anfrage alle ermittelten Werte für die Variablen ?titel und ?autor. Die eigentliche Anfrage wird durch das Schlüsselwort WHERE eingeleitet. Ihm folgt, eingeschlossen in geschweiften Klammern, ein *einfaches Graph-Muster*. In unserem Fall besteht dieses aus drei Tripeln in Turtle-Notation. Eine Besonderheit gegenüber Turtle ist allerdings, dass nicht nur URIs und QNames als Elemente in Tripeln auftreten, sondern auch *Variablenbezeichner* wie ?buch. Intuitiv repräsentieren diese Bezeichner Platzhalter, die erst durch die Anfrage mit konkreten Werten gefüllt werden. Wie wir sehen, kann man einzelne Variablen an mehreren Stellen verwenden, um auszudrücken, dass an diesen Stellen das gleiche Element auftreten muss.

Zusammenfassend kann man also sagen, dass die obige Anfrage nach allen Dingen sucht, die im Springer-Verlag erschienen sind und für die ein Titel sowie ein Autor bekannt sind. Für das Ergebnis werden dabei jeweils (Paare aus) Titel und Autor ausgewählt. Wir können diese Interpretation mit Hilfe eines gegebenen RDF-Dokuments praktisch nachvollziehen. Betrachten wir also folgendes RDF:

```
@prefix  ex: <http://example.org/> .
ex:SemanticWeb       ex:VerlegtBei       <http://springer.com/Verlag> ;
                     ex:Titel            "Semantic Web - Grundlagen" ;
                     ex:Autor            ex:Hitzler, ex:Krötzsch,
                                         ex:Rudolph, ex:Sure .
```

Für dieses Dokument würde unsere Beispielanfrage folgendes Ergebnis liefern:

titel	autor
"Semantic Web - Grundlagen"	http://example.org/Hitzler
"Semantic Web - Grundlagen"	http://example.org/Krötzsch
"Semantic Web - Grundlagen"	http://example.org/Rudolph
"Semantic Web - Grundlagen"	http://example.org/Sure

Wie wir sehen, erzeugt die Verwendung von SELECT im Ergebnis eine Tabelle. Um die Tabellenstruktur zu erhalten, müssen bestimmte Ergebnisse (hier: der Titel) mehrfach dargestellt werden. Außerdem kann man erkennen, dass im Ergebnis nur Werte für jene Variablen auftreten, welche explizit in der SELECT-Zeile genannt wurden. Die Variable ?buch dagegen ist zwar Bestandteil der Anfrage, wurde aber nicht für das Ergebnis ausgewählt. Wir werden uns die in SPARQL möglichen Ergebnisformate später genauer ansehen und auch alternative Ausgaben kennenlernen.

7.1.2 Einfache Graph-Muster: Tripel und Variablen

Im obigen Beispiel haben wir ein einfaches Graph-Muster verwendet, um die gesuchten Informationen zu beschreiben. Allgemein können einfache Muster beliebige RDF-Teilgraphen darstellen, die im gegebenen Datenbestand gesucht werden sollen. SPARQL macht dabei sehr schwache semantische Annahmen, die nur die einfache RDF-Folgerung in Betracht ziehen. Weder RDF(S) noch OWL werden direkt unterstützt. Damit spielen einfache Graph-Muster ohne besondere Semantik in SPARQL eine tragende Rolle.

Allgemein ist uns die Syntax von einfachen Graph-Mustern schon recht vertraut, da sie größtenteils der Turtle-Syntax für RDF entspricht. Auch die in Turtle verfügbaren Kurzschreibweisen mit Hilfe von Semikolon und Komma sowie die speziellen Darstellungen für leere Knoten und RDF-Collections sind allgemein anwendbar. Damit lassen sich bereits eine Reihe interessanter Anfragen formulieren. Es gibt allerdings noch einige Erweiterungen, die wir in diesem Abschnitt genauer betrachten.

Einerseits sind ganz offensichtlich Variablen ein wichtiger Bestandteil der meisten Anfragen. Diese speziellen Bezeichner erkennt man daran, dass sie mit dem Zeichen ? oder $ beginnen, gefolgt von einer Kette aus Ziffern, Buchstaben und einigen erlaubten Sonderzeichen wie dem Unterstrich. Das spezielle Symbol ? oder $ am Anfang von Variablenbezeichnern ist dabei kein Teil des Variablennamens, so dass z.B. die Bezeichner ?autor und $autor dieselbe Variable bezeichnen. Natürlich ist die Wahl der Variablennamen beliebig und ohne Einfluss auf das Resultat – trotzdem empfiehlt es sich selbsterklärende Namen zu wählen, also z.B. ?titel anstelle des (formal gleichwertigen) Namens ?_02ft.

Variablen können in Tripeln als Subjekt und Objekt, aber auch als Prädikat vorkommen. Die folgende Anfrage z.B. ermittelt alle bekannten Beziehungen zwischen den gegebenen URIs. Dabei verwenden wir als Abkürzung einen Basisnamensraum, ähnlich wie er in RDF/XML durch die Verwendung von xml:base angegeben wird.

```
BASE    <http://example.org/>
SELECT ?beziehung
WHERE   { <SemanticWeb>   ?beziehung   <http://springer.com/Verlag> . }
```

In unserem obigen Beispiel würde diese Anfrage eine Tabelle erzeugen, deren einziger Eintrag die URI http://example.org/VerlegtBei ist. Wie schon in Turtle können Leerzeichen und Zeilenumbrüche relativ frei verwendet werden, um die Lesbarkeit der Anfrage zu verbessern.

Abgesehen von Variablen hat SPARQL noch die Besonderheit, dass Literale als Subjekte von Tripeln vorkommen dürfen. Diese Möglichkeit wurde vor allem im Hinblick auf mögliche zukünftige Erweiterungen eingebaut. Für aktuelle RDF-Dokumente kann die einfache RDF-Folgerung niemals zur Ableitung eines solchen Tripels führen.

❿ 7.1.3 Leere Knoten in SPARQL

Auch in SPARQL verdienen leere Knoten eine besondere Betrachtung. Einerseits muss man klären, was genau leere Knoten in Graph-Mustern einer Anfrage bewirken. Andererseits stellt sich die Frage, ob leere Knoten Teil eines Ergebnisses sein können und wie sie in einem solchen Fall aufgefasst werden müssen.

Leere Knoten in Anfragen sind natürlich, wie auch in Turtle, als Subjekte und Objekte von Tripeln zulässig. Sie werden bei der Bearbeitung wie Variablen behandelt, d.h., sie können für die Beantwortung einer Anfrage durch beliebige Elemente im gegebenen RDF-Graphen ersetzt werden. Allerdings gehören diese Ersetzungen nicht zum Ergebnis der Anfrage und sie können auch nicht mittels SELECT ausgewählt werden. Innerhalb eines einfachen Graph-Musters kann ein leerer Knoten mittels seiner ID durchaus mehrfach verwendet werden, wie wir das auch für RDF-Graphen allgemein kennengelernt haben. Allerdings ist es in SPARQL verboten, eine einmal verwendete ID außerhalb des entsprechenden einfachen Graph-Musters wiederzuverwenden, was besonders bei der Zusammensetzung von komplexeren Graph-Mustern in den folgenden Abschnitten beachtet werden muss.

In SPARQL ist es andererseits auch möglich, dass leere Knoten als Teil eines Ergebnisses zurückgeliefert werden. Das bedeutet, dass Anfragevariablen durch leere Knoten instanziiert werden dürfen. Diese Situation folgt ganz banal aus der einfachen Semantik von SPARQL: Wie wir später sehen werden, ermittelt SPARQL Ergebnisse im Prinzip durch die Suche von Teilgraphen im gegebenen RDF-Dokument. Diese Graphen können natürlich auch leere Knoten enthalten und diese können im Ergebnis nur durch leere Knoten dargestellt werden.

Wie aber muss man leere Knoten in SPARQL-Ergebnissen interpretieren? Wichtig ist, dass sie lediglich die Existenz eines entsprechenden Knotens im Eingabegraphen zusichern. Sie geben dabei keinerlei Auskunft über die Identität dieses Knotens. Zum Zwecke der Rückgabe erhalten leere Knoten in Ergebnissen zwar IDs, aber diese IDs sind völlig unabhängig von den (lokalen) Bezeichnungen der leeren Knoten im Eingabegraphen. Es ist also purer Zufall, wenn ein Ergebnis für einen leeren Knoten eine ID verwendet, die auch in den gegebenen RDF-Daten oder in der gestellten Anfrage vorkommt.

Sollten allerdings mehrere leere Knoten innerhalb einer einzigen Ergebnismenge die gleiche ID verwenden, dann bedeutet dies, dass sie sich mit Sicherheit auf das gleiche Element beziehen. Dies könnte z.B. vorkommen, wenn ein für einen RDF-Container eingeführter Hilfsknoten mit mehreren Elementen in Beziehung steht. Die Zeilen eines Anfrageresultats sind in dieser Hinsicht also nicht unabhängig. Dies hat auch interessante Auswirkungen auf die Vergleichbarkeit von Ergebnissen. Betrachten wir z.B. folgende drei Ergebnistabellen:

subj	wert
_:a	"zum"
_:b	"Beispiel"

subj	wert
_:y	"zum"
_:g	"Beispiel"

subj	wert
_:z	"zum"
_:z	"Beispiel"

Die ersten beiden Ergebnisse sind völlig gleichwertig, da eine Umbenennung von leeren Knoten keine Bedeutung hat. Das letzte Resultat ist dagegen verschieden von den beiden vorhergehenden, da in beiden Zeilen derselbe leere Knoten vorkommt.

❭ 7.1.4 Komplexe Graph-Muster: Gruppen, Optionen und Alternativen

SPARQL erlaubt es, aus mehreren einfachen Graph-Mustern komplexere Muster zu erzeugen. Ein solches zusammengefasstes Muster wird allgemein als *gruppierendes Graph-Muster* bezeichnet. Gruppierende Muster ermöglichen es, bestimmte Bedingungen nur an einen Teil des gesamten Musters zu stellen. Auch ist es möglich, einige Teilmuster optional zu definieren oder mehrere alternative Muster zu beschreiben.

Für diese Anwendungen ist es in erster Linie nötig, einzelne einfache Graph-Muster voneinander trennen zu können. In SPARQL werden dazu geschweifte Klammern verwendet. Wir haben diese Syntax bereits in allen bisherigen Beispielanfragen unbemerkt verwendet: Tatsächlich haben wir alle einfachen Muster immer in geschweifte Klammern eingefasst und somit ein simples gruppierendes Graph-Muster erzeugt. Man kann solche einfachen Anfragen auch als Gruppe mehrerer einfacher Muster darstellen, aber das hat im Allgemeinen keinen Einfluss auf das Resultat. Die folgende Anfrage entspricht z.B. genau unserem vorangegangenen Beispiel, in dem nur die äußeren geschweiften Klammern auftraten:

```
PREFIX ex:   <http://example.org/>
SELECT ?titel ?autor
WHERE
  { { ?buch     ex:VerlegtBei  <http://springer.com/Verlag> .
      ?buch     ex:Titel       ?titel . }
    { }
      ?buch     ex:Autor       ?autor .
  }
```

Wir haben es hier mit einem gruppierenden Graph-Muster mit drei Elementen zu tun: zuerst ein weiteres gruppierendes Graph-Muster, welches ein einfaches Muster aus zwei Tripel enthält, anschließend ein *leeres* gruppierendes Graph-Muster und zuletzt ein einfaches Graph-Muster mit einem Tripel. Leere gruppierende Muster sind zulässig, aber wenig hilfreich – ihre einzige Funktion besteht in der Trennung mehrerer einfacher Muster.

Die Aufteilung von Mustern in einzelne Gruppen ist erst interessant, wenn man zusätzliche Ausdrucksmittel einbezieht. Eine erste Möglichkeit dafür ist die Angabe *optionaler Muster*. Solche Muster werden mit dem Schlüsselwort OPTIONAL gekennzeichnet. Sie müssen nicht unbedingt bei allen ermittelten Ergebnissen vorkommen, aber wenn sie gefunden werden, dann können sie zur Bindung von Variablen führen und damit das Ergebnis erweitern. Das folgende Muster realisiert z.B. eine Suche nach Büchern des Springer-Verlags, deren Titel ebenfalls angegeben wurden. Die Autoren des Buches werden gegebenenfalls ermittelt, aber nicht alle Ergebnisse müssen tatsächlich angegebene Autoren haben.

```
{ ?buch      ex:VerlegtBei   <http://springer.com/Verlag> .
  ?buch      ex:Titel        ?titel .
  OPTIONAL { ?buch    ex:Autor       ?autor . }
}
```

Wie wir sehen, bezieht sich OPTIONAL jeweils auf das darauf folgende gruppierende Graph-Muster. Allgemein muss auf OPTIONAL immer ein gruppierendes
Graph-Muster folgen und das Schlüsselwort bezieht sich immer genau auf dieses eine Muster. Eine Neuerung bei optionalen Mustern ist, dass Variablen
im Ergebnis unter Umständen nicht gebunden sind. In unserem Beispiel betrifft dies die Variable ?autor, die nur beim Auffinden des optionalen Teils
einen Wert erhält. Wenn eine Variable in einem Ergebnis nicht gebunden ist,
dann lässt man die entsprechende Tabellenspalte in der Darstellung einfach
frei. Man sollte sich klarmachen, dass dies nicht dasselbe ist, wie wenn ein
leerer Knoten im Ergebnis auftaucht: Ein leerer Knoten deutet auf vorhandene, nicht näher bestimmte Elemente hin, während eine ungebundene Variable
einfach das Fehlen jeglicher passender Elemente ausdrückt. Die obige Anfrage
ermittelt auch dann einen Wert für ?autor, wenn nur ein leerer Knoten die
bloße Existenz eines Autors anzeigt. Die Suche ermittelt also genau genommen nicht nur die namentlich bekannten Autoren. Wir werden später Filter
kennenlernen, mit denen man auch die Form eines Rückgabewertes noch genauer bestimmen kann.
Eine Anfrage kann ohne Weiteres mehrere optionale Muster enthalten, die unabhängig voneinander geprüft werden. Das folgende Beispiel zeigt ein solches
Muster mit einer denkbaren Ergebnistabelle, die einige mögliche Situationen
darstellt.

```
{ ?buch      ex:VerlegtBei   <http://springer.com/Verlag> .
  OPTIONAL { ?buch    ex:Titel       ?titel . }
  OPTIONAL { ?buch    ex:Autor       ?autor . }
}
```

buch	titel	autor
http://example.org/buch1	"Titel1"	http://example.org/autor1
http://example.org/buch2	"Titel2"	
http://example.org/buch3	"Titel3"	_:a
http://example.org/buch4		_:a
http://example.org/buch5		

Gruppierende Graph-Muster können aber nicht nur für die Darstellung optionaler Muster verwendet werden, sondern auch, um verschiedene *alternative*

Muster darzustellen. Dies geschieht mit Hilfe des Schlüsselwortes UNION, mit welchem zwei gruppierende Graph-Muster verknüpft werden können. Dieser Ausdruck entspricht in gewisser Weise einem logischen Oder: Jedes Ergebnis muss mit einem der angegebenen Muster übereinstimmen, darf aber durchaus auch auf beide passen (d.h., es ist kein ausschließendes Oder). Das folgende Beispiel zeigt ein Muster mit mehreren Alternativen:

```
{ ?buch      ex:VerlegtBei   <http://springer.com/Verlag> .
  { ?buch    ex:Autor        ?autor . } UNION
  { ?buch    ex:Verfasser    ?autor . }
}
```

Hier haben wir Alternativen verwendet, um verschiedene mögliche URIs für die Beschreibung eines Buchautors in Betracht zu ziehen. Wichtig bei alternativen Mustern ist, dass die einzelnen Teile im Prinzip unabhängig voneinander abgearbeitet werden. Das heißt, die Tatsache, dass beide der obigen Muster dieselbe Variable ?autor enthalten, ist keine zusätzliche Einschränkung. Die Ergebnisse entsprechen genau der Vereinigung aus den Ergebnissen zweier einzelner Anfragen, die jeweils eines der beiden alternativen Muster vorgeben, also mit Mustern der Form

```
{ ?buch      ex:VerlegtBei   <http://springer.com/Verlag> .
  { ?buch    ex:Autor        ?autor . }
}
```

und

```
{ ?buch      ex:VerlegtBei   <http://springer.com/Verlag> .
  { ?buch    ex:Verfasser    ?autor . }
}
```

Wie auch bei OPTIONAL kann man mehr als zwei Muster mit UNION verknüpfen, um die Ergebnisse mehrerer möglicher Muster zu vereinen. Wenn man OPTIONAL und UNION kombiniert, dann ist es allerdings von Bedeutung, wie die einzelnen Muster zusammengefasst werden. Betrachten wir dazu das folgende Muster:

```
{ ?buch     ex:VerlegtBei    <http://springer.com/Verlag> .
  { ?buch     ex:Autor          ?autor . } UNION
  { ?buch     ex:Verfasser      ?autor . } OPTIONAL
  { ?autor    ex:Nachname       ?name . }
}
```

Es gibt nun zwei mögliche Interpretationen. Zum einen könnte sich das Schlüsselwort OPTIONAL auf das gesamte vorhergehende Muster beziehen, so dass für jedes Ergebnis nach einem optionalen Nachnamen gesucht wird. Zum anderen könnte sich UNION auf das gesamte restliche Muster beziehen, so dass OPTIONAL lediglich ein Teil der zweiten Alternative ist und im ersten Fall nicht geprüft wird. Die erste Interpretation ist die korrekte Auswertung in SPARQL, so dass unser Beispiel auch wie folgt aufgeschrieben werden könnte:

```
{ ?buch     ex:VerlegtBei    <http://springer.com/Verlag> .
  { { ?buch     ex:Autor          ?autor . } UNION
    { ?buch     ex:Verfasser      ?autor . }
  } OPTIONAL { ?autor    ex:Nachname       ?name . }
}
```

Mit ein paar einfachen Regeln kann man dies auch in anderen Fällen leicht ermitteln. Zunächst können wir feststellen, dass sich sowohl UNION als auch OPTIONAL jeweils auf *zwei* Muster beziehen: ein vorhergehendes und ein folgendes. Bei OPTIONAL ist dies eventuell überraschend, aber das obige Beispiel sollte die Bedeutung auch des vorangehenden Musters illustrieren. Beide Schlüsselwörter sind also binäre Operatoren. Die folgenden beiden Regeln beschreiben eindeutig die notwendige Klammerung:

1. OPTIONAL bezieht sich immer auf genau ein rechts von ihm stehendes gruppierendes Graph-Muster.
2. OPTIONAL und UNION sind gleichwertig und *linksassoziativ*.

Gleichwertigkeit von Operatoren bedeutet, dass es keine zusätzlichen Vorrangregeln zwischen ihnen gibt, wie man sie z.B. bei Addition und Multiplikation annimmt. Linksassoziativität bedeutet, dass jeder Operator sich auf alle innerhalb seines gruppierenden Graph-Musters links von ihm stehenden Ausdrücke bezieht. Das heißt, die implizit eingeführte Gruppierung umfasst jeweils die gesamte zur Linken auftretende Kette von Operatoren und Mustern. Sehen wir uns folgendes Beispiel an:

```
{ {s1 p1 o1} OPTIONAL {s2 p2 o2} UNION {s3 p3 o3}
          OPTIONAL {s4 p4 o4} OPTIONAL {s5 p5 o5}
}
```

Die korrekte Klammerung dafür muss also lauten:

```
{ { { { {s1 p1 o1} OPTIONAL {s2 p2 o2}
      } UNION {s3 p3 o3}
    } OPTIONAL {s4 p4 o4}
  } OPTIONAL {s5 p5 o5}
}
```

Die erste Regel führt zur anfänglichen Klammerung der Muster mit Tripel
1 und 2. Linksassoziativität führt dazu, dass die letzten beiden optionalen
Muster sich jeweils auf den gesamten vorangehenden Ausdruck beziehen. Man
kann sich leicht überlegen, dass eine andere (rechtsassoziative) Klammerung
von OPTIONAL weit weniger natürlich wäre, da in diesem Fall optionale Muster
geschachtelt würden.

❷ 7.1.5 Anfragen mit Datenwerten

Wie wir wissen, gibt es in RDF eine Reihe verschiedener Datentypen, die
insbesondere aus XML Schema übernommen werden können. Die Anfrage
nach typisierten und untypisierten RDF-Literalen ist selbstverständlich auch
in SPARQL von besonderer Bedeutung. Dabei wird allerdings zwischen den
verschiedenen möglichen Formen von RDF-Literalen und den gewählten Datentypen unterschieden, so dass sich verschiedene besondere Situationen ergeben können. Das folgende RDF-Dokument wiederholt noch einmal einige
verschiedene Formen von Literalen, wie wir sie in Abschnitt 3.3.1 eingeführt
haben:

```
@prefix xsd: <http://www.w3.org/2001/XMLSchema#> .
@prefix ex:  <http://example.org/> .
ex:bsp1  ex:p  "test" .
ex:bsp2  ex:p  "test"^^xsd:string .
ex:bsp3  ex:p  "test"@de .
ex:bsp4  ex:p  "42"^^xsd:integer .
ex:bsp5  ex:p  "test"^^<http://example.org/Datentyp1>" .
```

Das Beispiel enthält ein ungetyptes Literal, ein Literal vom Typ `xsd:string`, ein ungetyptes Literal mit Sprachangabe `de`, ein Literal vom Typ `xsd:integer` (eine ganze Zahl) und zuletzt ein Literal mit einem speziellen nutzerdefinierten Datentyp (wie wir wissen erlaubt RDF die Einführung beliebiger zusätzlicher Datentypen, und RDF-Programme können auch unbekannte Typen generisch verarbeiten).

Sehen wir uns nun einige Beispielanfragen für diese Daten an. Betrachten wir zunächst das folgende Anfragemuster (wir nehmen an, dass `xsd:` und `ex:` mittels `PREFIX` definiert wurden):

```
{ ?subject  <http://example.org/p>  "test" . }
```

Welche Ergebnisse würde man bei dieser Anfrage erwarten? Die Daten für `ex:bsp1`, `ex:bsp2` und `ex:bsp3` sind alle in gewisser Weise für die obige Anfrage passend – zumindest aus Nutzersicht. Wie wir in Abschnitt 3.3.2 erklärt haben, unterscheidet RDF aber strikt zwischen getypten und ungetypten Literalen sowie zwischen Literalen mit und ohne Sprachangabe. Daher sind die Daten für die ersten drei Beispiele bezüglich der einfachen RDF-Semantik alle unterschiedlich, und die obige Anfrage passt wirklich nur auf die Daten von `ex:bsp1`. Dieses Phänomen kann durchaus verwirrend sein, da die verschiedenen Daten sehr ähnlich anmuten. Hinzu kommt, dass Sprachangaben in RDF/XML vererbt werden können, so dass unter Umständen bestimmte ungetypte Literale die allgemeine Sprachangabe des Dokumentes erben, ohne dass diese Sprachangabe unmittelbar bei der Beschreibung des eigentlichen Tripels auftaucht. Sprachangaben sind damit keine reine Zusatzinformation, sondern eine völlig alternative Darstellung, und auch bei der Abfrage muss dies beachtet werden. Um `ex:bsp2` und `ex:bsp3` zu finden, müsste man wieder Anfragen stellen, die deren genauer Darstellung in den Eingabedaten entsprechen.

Es gibt aber auch Fälle, in denen eine Abweichung von der genauen syntaktischen Angabe im RDF-Dokument dennoch zu Suchergebnissen führt. Dies verdeutlicht die folgende Anfrage:

```
{ ?subject  <http://example.org/p>  "042"^^xsd:integer . }
```

Diese Anfrage liefert normalerweise `bsp4`, wenngleich die Zahl hier eine führende Null aufweist. Jede SPARQL-Implementation, welche den Datentyp `xsd:integer` unterstützt, wird erkennen, dass die beiden lexikalischen Darstellungen gleichwertig sind. Dies ist allerdings nur bei bekannten Datenty-

pen möglich. Auch können Anwendungen Überschneidungen der Wertebereiche von Datentypen in Betracht ziehen, da z.B. bestimmte Dezimalzahlen (`xsd:decimal`) einen Wert darstellen, der ebenso durch ganze Zahlen
(`xsd:integer`) beschrieben werden kann. Bei unbekannten Datentypen wie
bei `ex:bsp5` wird dagegen die genaue angegebene Zeichenkette und die angegebene Datentyp-URI exakt mit den vorhandenen Daten verglichen. Nur bei
genauer Übereinstimmung wird ein Ergebnis gefunden.

Für einige häufige Datentypen stellt SPARQL syntaktische Abkürzungen
bereit. So werden einfach Zahlenangaben je nach Form als `xsd:integer`,
`xsd:decimal` (bei vorhandenen Nachkommastellen) oder aber als `xsd:double`
(Gleitkommazahl, bei Verwendung von Exponenten) interpretiert. Man kann
also auch die folgende Anfrage benutzen, um nach einer Zahl des entsprechenden Wertes zu suchen:

```
{ ?subject  <http://example.org/p>  42 . }
```

Abgesehen von numerischen Werten erlaubt SPARQL nur die Abkürzungen
`true` und `false` für die entsprechenden Werte des Datentyps `xsd:boolean`
(Wahrheitswerte).

❯ 7.1.6 Filter

Mit unseren bisherigen Kenntnissen von SPARQL können wir bereits nach
allen grundlegenden Mustern in RDF-Dokumenten suchen sowie optionale
oder alternative Bedingungen ausdrücken. Das reicht aber für praktische Anwendungen oft bei weitem nicht aus. So sucht man z.B. oft nicht nach einem
ganz bestimmtem Zahlenwert, sondern nach Werten in einem vorgegebenem
Bereich. Auch haben wir bisher keine Möglichkeit nach Literalen zu suchen,
in denen ein bestimmtes Wort vorkommt. Ein anderes Problem sind die oben
besprochenen Sprachangaben: Wie können wir einen Wert suchen, wenn wir
die angegebene Sprache nicht kennen? Diese und viele andere Anfragen werden in SPARQL durch sogenannte *Filterbedingungen* möglich.

Filter sind zusätzliche Bedingungen in einer Anfrage, welche die Menge der
Lösungen weiter einschränken. Im Gegensatz zu Graph-Mustern beziehen sich
Filter aber nicht strikt auf das RDF-Datenmodell, sondern können im Prinzip
jede maschinell überprüfbare Bedingung enthalten. Filterbedingungen können
dementsprechend auch sehr verschiedene Formen annehmen, die wir später
noch genauer betrachten werden. Sehen wir uns zunächst ein einfaches Beispiel an:

```
PREFIX ex: <http://example.org/>
SELECT ?buch WHERE
  { ?buch      ex:VerlegtBei  <http://springer.com/Verlag> .
    ?buch      ex:Preis       ?preis
    FILTER (?preis < 35)
  }
```

Diese Anfrage ermittelt alle bei Springer verlegten Bücher, deren Wert für die Eingeschaft `ex:Preis` kleiner ist als 35 (wir verwenden hier wieder die Kurzschreibung von numerischen Literalen aus Abschnitt 7.1.5). Wie wir sehen, wird eine Filterbedingung durch das Schlüsselwort `FILTER` eingeleitet. Darauf folgt die Filterfunktion: ein Ausdruck, typischerweise mit Parametern, der für jedes mögliche Resultat „wahr" oder „falsch" zurückliefert. In unserem Beispiel ist diese Funktion durch das Vergleichssymbol < und die umgebenden Klammern bestimmt. Wie wir sehen, können Parameter in Funktionen durch feste Werte oder durch SPARQL-Variablen gegeben werden.

Filterbedingungen beziehen sich immer auf das gesamte gruppierende Graph-Muster, in dem sie vorkommen. Es ist also egal, ob ein Filter am Anfang, in der Mitte oder am Ende eines Graph-Musters auftaucht. Die Unterteilung in einzelne Graph-Muster kann für die Anwendung von Filtern dagegen eine große Rolle spielen. Grundsätzlich können Filter in allen gruppierenden Graph-Mustern eingesetzt werden, auch in jenen, die Bestandteil von Optionen oder Alternativen sind.

SPARQL bietet Unterstützung für eine Vielzahl von Filterfunktionen. Diese Funktionen können normalerweise nicht in RDF ausgedrückt werden, so dass die RDF-Spezifikation auch nicht als Quelle für bestehende Filter geeignet ist. Als Filter geeignete Funktionen wurden allerdings bereits im Zusammenhang mit den XML-Anfragesprachen *XQuery* und *XPath* definiert [MMW], und SPARQL benutzt diese Spezifikation als Grundlage für viele Filter. Einige weitere Filterbedingungen werden dagegen von SPARQL neu eingeführt. Viele der definierten Funktionen können auch sinnvoll geschachtelt werden, um z.B. einen komplexen booleschen Ausdruck aus mehreren Bedingungen zu bilden oder um numerische Werte zunächst mit arithmetischen Operationen zu verknüpfen. Wir werden im Folgenden die wichtigsten Filteroperationen kurz darstellen – eine komplette Auflistung findet sich in den offiziellen SPARQL-Dokumenten [PS].

⟩ Vergleichsoperationen

In unserem ersten Beispiel haben wir bereits den Vergleichsoperator < verwendet. Analog gibt es in SPARQL auch die Operatoren = („gleich"), > („größer

als"), <= („kleiner/gleich"), >= („größer/gleich"), != („ungleich"). All diese
Operatoren sind für alle in SPARQL speziell unterstützen Datentypen definiert, so dass man z.B. auch Zeitangaben (xsd:dateTime) sinnvoll miteinander vergleichen kann. Die unterstützten Datentypen sind xsd:boolean,
xsd:string, xsd:dateTime sowie diverse numerische Datentypen und ungetypte RDF-Literale ohne Sprachangabe. Dabei wird jeweils eine „natürliche" Reihenfolge für Literale verwendet, z.B. alphabetische Reihenfolge bei
xsd:string. Alle anderen Elemente in RDF und Elemente verschiedener (in-
kompatibler) Typen sind mit den obigen Operatoren nicht vergleichbar. Einzige Ausnahme sind = und !=, die auch für alle anderen RDF-Elemente verfügbar sind. Allerdings erzeugen diese Operatoren einen Fehler, wenn zwei
lexikalisch ungleiche Werte mit einem unbekannten Datentyp eingegeben wurden, da in diesem Fall nicht mit Sicherheit festgestellt werden kann, ob beide
Angaben den gleichen Wert beschreiben oder nicht. Das heißt, der Filter
verhält sich anders als die Abfrage mittels Graph-Mustern, bei der Literale
unbekannter Datentypen einfach strikt syntaktisch verglichen werden.

⊗ Spezielle Operatoren

SPARQL selbst definiert eine Reihe hilfreicher weiterer Operatoren speziell
für den Zugriff auf RDF-spezifische Informationen. Zunächst sind das einige
unäre Operatoren, die bestimmte Bedingungen testen oder auf Teile eines
RDF-Literals zugreifen. Die folgende Tabelle gibt eine Übersicht.

BOUND(A)	true falls A eine gebundene Variable ist
isURI(A)	true falls A eine URI ist
isBLANK(A)	true falls A ein leerer Knoten ist
isLITERAL(A)	true falls A ein RDF-Literal ist
STR(A)	bildet RDF-Literale oder URIs auf eine entsprechende lexikalische Darstellung vom Typ xsd:string ab
LANG(A)	liefert den Sprachcode eines RDF-Literals als xsd:string oder einen leeren String, wenn keine Sprachangabe vorhanden ist
DATATYPE(A)	liefert die URI des Datentyps eines RDF-Literals und den Wert xsd:string bei ungetypten Literalen ohne Sprachangabe

Nun kann man z.B. nach allen Büchern suchen, für die eine Zeichenkette als
Wert der Eigenschaft „Autor" angegeben wurde:

```
PREFIX ex: <http://example.org/>
SELECT ?buch WHERE
  { ?buch    ex:VerlegtBei  <http://springer.com/Verlag> .
    OPTIONAL { ?buch  ex:Autor  ?autor . }
    FILTER ( DATATYPE(?autor) =
                      <http://www.w3.org/2001/XMLSchema#string> )
  }
```

Weiterhin sind folgende binäre Operatoren erwähnenswert:

sameTERM(A,B)	true, falls A und B dieselben RDF-Terme sind.
langMATCHES(A,B)	true, falls das Literal A eine Sprachangabe besitzt, die auf das Muster B passt
REGEX(A,B)	true, falls in der Zeichenkette A der reguläre Ausdruck B gefunden werden kann

In diesen Fällen sind noch einige Erklärungen nötig. Zunächst kann man sich fragen, was denn der Unterschied zwischen sameTERM und dem zuvor eingeführten Gleichheitszeichen = ist. Die Antwort ist, dass sameTERM einen direkten Term-Vergleich auf RDF-Ebene durchführt, bei dem die spezielle Semantik bestimmter Datentypen nicht berücksichtigt wird. Dadurch können auch ungleiche Literale unbekannter Datentypen verglichen werden.

Auch der Operator langMATCHES hat seine Berechtigung, da er über die Funktionalität eines einfachen Vergleichs mit dem Wert von LANG hinausgeht. Sprachangaben können nämlich eine hierarchische Form haben, wie z.B. DE-ch. Die Bedingung (LANG("Test"@DE-ch) = "DE" ist nicht erfüllt, wohl aber die Bedingung langMATCHES("Test"@DE-ch, "DE"). Das Muster in langMATCHES wird also auf allgemeinere Art ausgewertet. Außerdem kann das spezielle Muster "*" verwendet werden, um allgemein nach allen Literalen mit Sprachangaben zu filtern.

Die Funktion REGEX dient der Suche allgemeiner Muster in Zeichenketten. Dazu werden allgemein reguläre Ausdrücke verwendet, deren spezielle Syntax Teil der Spezifikation von Funktionen und Operatoren für XPath 1.0 und XQuery 2.0 sind [MMW]. Wir werden hier nicht im Detail auf diese Möglichkeit eingehen, aber es sollte bemerkt werden, dass es sich hierbei um eine sehr ausdrucksstarke allgemeine Mustersuche handelt.[2] Die nächste Anfrage ist ein Beispiel für eine Suche nach allen Dingen mit einem Titel, der mit „Semantic Web" beginnt:

---

[2]Eine allgemeine Suche nach regulären Ausdrücken ist zudem sehr schwer effizient implementierbar, da übliche von Datenbanken bekannte Indexierungstechniken nicht zur Optimierung anwendbar sind – es gibt gute Gründe, warum z.B. keine der großen Internet-Suchmaschinen eine Suche mit regulären Ausdrücken anbietet.

```
PREFIX ex: <http://example.org/>
SELECT ?buch WHERE
  { ?buch     ex:Title  ?titel .
    FILTER ( REGEX(?titel, "^Semantic Web") )
  }
```

> **Boolesche Operationen**

Es kann sinnvoll sein, mehrere Filterbedingungen zu verknüpfen oder eine Bedingung ins Gegenteil umzukehren. Dazu bietet SPARQL die Operatoren && (logisches Und), || (logisches Oder) und ! (logische Negation). Wie man leicht sieht, können Konjunktion und Disjunktion mit den uns bekannten Graph-Mustern auch bereits ohne zusätzliche Operatoren ausgedrückt werden, indem man einfach mehrere Filter in einem Graph-Muster verwendet (Konjunktion) oder indem man ein Graph-Muster in mehrere alternative Muster zerlegt, von denen jedes nur einen Teil eines Filters verwendet (Disjunktion). Negationen bieten dagegen echte zusätzliche Ausdrucksstärke.

> **Arithmetische Operationen**

Außerdem stehen in SPARQL einige grundlegende arithmetische Funktionen bereit, mit denen man numerische Werte kombinieren kann. Diese sind + (Addition), - (Subtraktion), * (Multiplikation) und / (Division).

● **7.1.7 Ausgabeformate**

In allen bisher behandelten Anfragen haben wir das Schlüsselwort SELECT verwendet und damit eine Ergebnistabelle mit den Belegungen der angegebenen Variablen erzeugt. In diesem Abschnitt lernen wir nun weitere mögliche Ausgabeformate kennen, nämlich CONSTRUCT, DESCRIBE und ASK.

Zur Verwendung von SELECT haben wir bereits eine ausreichende Menge an Beispielen gesehen. Die von SELECT ausgegebene tabellarische Darstellung eignet sich gut zur Anzeige und zur schrittweisen Weiterverarbeitung von Resultaten. In der Praxis werden solche Resultate entweder direkt über eine Programmierschnittstelle abgerufen oder mit Hilfe eines speziellen XML-Formates serialisiert und ausgegeben [BB]. Auf das Schlüsselwort SELECT muss immer eine Liste von Variablennamen folgen oder aber das Symbol *. Im letzteren Fall werden alle in der Anfrage vorkommenden Variablen ausgewählt.

Die tabellarische Darstellung von Ergebnissen ist besonders für die sequentielle Abarbeitung von Ergebnissen vorgesehen. Wenn dagegen Struktur und gegenseitige Beziehungen von Objekten in der Ergebnismenge wichtiger sind, dann wäre ein RDF-Dokument unter Umständen eine passendere Darstellung.

Ein anderes Problem ist die unerwünschte Vervielfältigung von Tabellenzeilen, welche durch die strikte Struktur erforderlich ist. Sehen wir uns dazu das folgende Dokument als Beispiel an:

```
@prefix ex: <http://example.org/> .
ex:Gabi   ex:email   "gabi@example.org" .
ex:Gabi   ex:email   "g_mueller@example.org" .
ex:Gabi   ex:tel     "123456789" .
ex:Gabi   ex:tel     "987654321" .
```

Die folgende SPARQL-Anfrage ermittelt alle Email-Adressen und Telefonnummern von Personen in diesem RDF-Dokument:

```
PREFIX ex: <http://example.org/>
SELECT *
WHERE { ?person  ex:email  ?email .
        ?person  ex:tel    ?telefon . }
```

Das Ergebnis dieser Anfrage ist folgende Tabelle:

person	email	telefon
http://example.org/Gabi	"gabi@example.org"	"123456789"
http://example.org/Gabi	"gabi@example.org"	"987654321"
http://example.org/Gabi	"g_mueller@example.org"	"123456789"
http://example.org/Gabi	"g_mueller@example.org"	"987654321"

Wie wir sehen, gibt es eine beträchtliche Redundanz in dieser Ergebnismenge. Dies liegt daran, dass die Bestimmung von ?email und ?telefon unabhängig ist, so dass alle Kombinationen von möglichen Antworten gültige Lösungen sind. In der Praxis kann eine solche Situation leicht mit wesentlich mehr relativ unabhängigen Variablen auftreten und nicht immer auf einfache Art und Weise verhindert werden. Offenbar ist die obige Ergebnismenge auch wenig geeignet, um einem Nutzer Gabis Kontaktdaten anzuzeigen.

In SPARQL gibt es deshalb die Möglichkeit, Ergebnisse in Form eines RDF-Dokumentes auszugeben, welches Ergebnisse in einer komplexen, aber eventuell passenderen Struktur serialisiert. Die Konstruktion eines solchen Ergebnisgraphen wird mit dem Schlüsselwort CONSTRUCT angefordert. Als Parameter wird diesmal eine *Schablone* für das zu erzeugende RDF-Dokument angegeben. Im obigen Beispiel könnte das wie folgt aussehen:

```
PREFIX ex: <http://example.org/>
CONSTRUCT { ?person  ex:mailbox  ?email .
            ?person  ex:telefon  ?telefon . }
WHERE { ?person  ex:email  ?email .
        ?person  ex:tel    ?telefon . }
```

Das etwas unspektakuläre Resultat dieser Anfrage wäre im Wesentlichen das gleiche Dokument, das wir als Grundlage für die Anfrage genommen haben, wobei wir mit Hilfe der Schablone die Bezeichner der Prädikate verändert haben. Mit CONSTRUCT lassen sich aber natürlich auch zahlreiche komplexere Formatierungen vornehmen. Das genaue Ergebnis einer CONSTRUCT-Anfrage kann man leicht aus einer entsprechenden Anfrage vom Typ SELECT * ermitteln, indem man nacheinander jede Ergebniszeile in die Schablone einsetzt und die so entstehenden Tripel in einem einzelnen RDF-Graphen ausgibt. Wenn URIs oder Literale mehrfach auftreten, dann beziehen sie sich im konstruierten RDF-Graphen natürlich auf dasselbe Element, so dass letztlich alle Ergebnisse miteinander in Beziehung stehen können. So entsteht aus vielen Variablenbelegungen ein einzelnes integriertes Resultat. Auf der anderen Seite ist dadurch eine sequentielle Abarbeitung der Einzelergebnisse nur noch schwer möglich.

Ein Sonderfall bei der Konstruktion von RDF-Ergebnisgraphen sind leere Knoten in der Schablone. Diese werden im Ergebnis nicht immer durch den gleichen leeren Knoten dargestellt, sondern für jede gefundene Variablenbelegung – also Tabellenzeile in SELECT – durch einen leeren Knoten mit einer neuen ID ersetzt. Wir können uns dies durch die folgende Anfrage veranschaulichen:

```
PREFIX ex: <http://example.org/>
CONSTRUCT { _id1  ex:email    ?email .
            _id1  ex:telefon  ?telefon .
            _id1  ex:person   ?person . }
WHERE { ?person  ex:email  ?email .
        ?person  ex:tel    ?telefon . }
```

Der Ergebnisgraph ähnelt in seiner Struktur der Tabelle, die wir mit SELECT erzeugt haben. Jede Tabellenzeile ist durch einen leeren Knoten repräsentiert, der mit den jeweiligen Einträgen der Tabelle in Beziehung steht. Das Resultat würde also folgende Tripel enthalten:

```
_e ex:email   "gabi@example.org" ;
   ex:telefon "123456789" ;              ex:person ex:Gabi .
_g ex:email   "gabi@example.org" ;
   ex:telefon "987654321" ;              ex:person ex:Gabi .
_a ex:email   "g_mueller@example.org" ;
   ex:telefon "123456789" ;              ex:person ex:Gabi .
_l ex:email   "g_mueller@example.org" ;
   ex:telefon "987654321" ;              ex:person ex:Gabi .
```

Eine andere interessante Eigenschaft von CONSTRUCT ist, dass auch konstante Werte in den Ergebnisgraphen eingefügt werden können. Man kann eine Anfrage sogar wie folgt gestalten:

```
PREFIX ex: <http://example.org/>
CONSTRUCT { ex:Anfrage   ex:hatLösungen  "Ja" . }
WHERE { ?person ex:email   ?email .
        ?person ex:tel   ?telefon . }
```

Diese Anfrage liefert einen konstanten RDF-Graphen mit einem Tripel zurück, falls die Anfrage Lösungen hat, und ansonsten ein leeres Dokument. Diese allgemeine Frage nach der Existenz einer Lösung kann man in SPARQL allerdings auch einfacher umsetzen. Anfragen mit dem Schlüsselwort ASK liefern lediglich „wahr" oder „falsch" zurück, abhängig davon, ob es eine Lösung für die Anfrage gibt. Das Schlüsselwort WHERE entfällt in diesem Fall:

```
PREFIX ex: <http://example.org/>
ASK { ?person ex:email   ?email .
      ?person ex:tel   ?telefon . }
```

Außer SELECT, CONSTRUCT und ASK stellt SPARQL noch eine vierte Form DESCRIBE für Anfrageergebnisse bereit. Diese ist dadurch motiviert, dass man in einem verteilten Web-Szenario oft nicht genau weiß, welche Eigenschaften überhaupt sinnvoll abgefragt werden sollten und welche in einem bestimmten Kontext relevant sind. Diese Entscheidung über die „Relevanz" bestimmter Daten ist natürlich anwendungsabhängig, und SPARQL macht demnach keine normativen Angaben über die genaue Zusammensetzung des Ergebnisses. Mit Hilfe der SPARQL-Anfrage kann allerdings die Menge der zu beschreibenden Ressourcen ausgewählt werden – welche weiteren Merkmale der Ressourcen

übertragen werden, bleibt dann der konkreten Implementation überlassen.
Eine Beispielanfrage könnte wie folgt aussehen:

```
PREFIX ex: <http://example.org/>
DESCRIBE <http://www.example.org/Gabi> ?person
WHERE { ?person ex:email  _a . }
```

Diese Anfrage fordert eine Beschreibung von allen möglichen Belegungen für
?person sowie für die fest vorgegebene URI http://www.example.org/Gabi
an. Auf gleiche Weise kann man eine Liste von Variablen verwenden oder auch
einfach mehrere festgelegte URIs abfragen (in diesem Fall kann der WHERE-Teil
auch völlig entfallen). Wenn die obige Anfrage an eine Anwendung zur Verwal-
tung von Personendaten gestellt würde, dann könnte man wohl als Antwort
einen RDF-Graphen erwarten, der die Kontaktinformationen aller ausgewählten Personen enthält und vielleicht auch Verweise auf andere Personen. Ein
Nutzer könnte diese Daten durch ein allgemeines Betrachtungsprogramm ansehen und eventuell neue Ressourcen auswählen, für die wiederum mittels
DESCRIBE zusätzliche Informationen angefordert werden können. Auf diese
Art kann man eine RDF-Datenbank browsen und durchsuchen, ohne im Vor-
feld genau über die Struktur der dort enthaltenen Informationen und die URIs
der verwendeten Prädikate Bescheid zu wissen.

❯ 7.1.8 Modifikatoren

Wir haben gesehen, wie man mit Hilfe verschiedener Anfragemuster und Filter die Gesamtmenge der Anfrageergebnisse möglichst genau eingrenzen kann.
Dennoch hat man es oft mit sehr großen Mengen zu tun, die man nicht sofort
vollständig verarbeiten kann. In dezentralisierten Webanwendungen ist dies
umso problematischer, da eine Anfrage an einen entfernten Webdienst eine
völlig unbekannte (und unbeschränkte) Menge von Lösungen liefern kann.
Daher bietet SPARQL sogenannte *Modifikatoren* (der Lösungssequenz) – *so-
lution sequence modifiers* –, um die genaue Form und Größe der Ergebnisliste
zu kontrollieren.

Eine wichtige Grundlage dafür ist die Möglichkeit, Ergebnisse nach verschiedenen Kriterien zu sortieren. Besonders wenn man nur einen Teil der Ergebnisse verarbeiten kann, möchte man oft vor allem die „ersten" Ergebnisse
gemäß einer sinnvollen Ordnung betrachten.

```
SELECT ?buch, ?preis
WHERE { ?buch <http://example.org/Preis> ?preis . }
ORDER BY ?preis
```

Hier sollen Bücher aufsteigend nach ihrem Preis sortiert werden. Die Sortierreihenfolge kann explizit vorgegeben werden, indem man den Bezeichner ?preis ersetzt durch DESC(?preis) (absteigende Ordnung) oder durch
ASC(?preis) (aufsteigende Ordnung, Voreinstellung). ORDER BY hat natürlich zunächst nur auf SELECT einen Einfluss, da CONSTRUCT, ASK und DESCRIBE
Resultate nicht mit einer Reihenfolge versehen.

Wir würden erwarten, dass im obigen Beispiel alle möglichen Belegungen für
?preis numerisch sind, so dass die Reihenfolge einfach der natürlichen Ordnung dieser Werte entspricht. Für numerische Werte und eine Reihe weiterer
unterstützter Arten von Literalen ist eine entsprechende Ordnung bereits über
den Operator <, wie in Abschnitt 7.1.6 beschrieben, definiert. URIs werden
in SPARQL geordnet, indem man ihre syntaktische Form als Zeichenkette
auffasst und dann wie xsd:string mit < vergleicht. Was aber soll geschehen,
wenn eine Anfrage Werte verschiedener Typen an eine Variable bindet? So
könnte z.B. einer der oben abgefragten Preise eine URI liefern, obgleich das
in diesem Fall wohl ein Fehler in der Datenbasis wäre. Um dieses Problem
zu lösen, spezifiziert SPARQL eine Ordnung zwischen verschiedenen Typen
von RDF-Elementen. Immer wenn Elemente unterschiedlicher Art verglichen
werden, wird die folgende Ordnung angewendet (kleinste Elemente zuerst):

1. Kein Wert (die Variable, nach der sortiert wird, ist nicht gebunden)
2. Leere Knoten
3. URIs
4. RDF-Literale

Es ist im Allgemeinen nicht von SPARQL definiert, wie Literale unterschiedlichen Typs verglichen werden müssen. Lediglich für den Fall, dass ein Literal
des Typs xsd:string den gleichen lexikalischen Wert hat wie ein ungetyptes
Literal, definiert SPARQL das ungetypte Literal als das kleinere. Die Ordnung zwischen zwei ungebundenen Variablen, zwei leeren Knoten oder zwei
Literalen unbekannten Typs ist ebenfalls nicht definiert und kann von der
Implementation festgelegt werden (z.B. wenn diese einige zusätzliche Datentypen unterstützt). Es ist allerdings möglich, nach mehr als einer Variablen
zu ordnen. In diesem Fall bestimmt die Reihenfolge der Angaben die Wichtigkeit: Nur wenn die erste ausgewählte Variable bei zwei Ergebniseinträgen
den gleichen Wert aufweist, wird die zweite zum Sortieren bestimmte Variable
verwendet usw. Man kann die Sortierreihenfolge für jede gewählte Variable

einzeln bestimmten, wie z.B. in SORT BY DESC(?preis) ?titel (absteigende Sortierung nach Preis und alphabetische Anordnung mehrerer Ergebnisse gleichen Preises).

Eine für alle Anfragesprachen essentielle Möglichkeit ist die Benutzung der Parameter LIMIT und OFFSET. Diese Schlüsselwörter erlauben es, einen Ausschnitt aus einer Ergebnismenge abzurufen, der höchstens die durch LIMIT angegebene Anzahl an Ergebnissen enthält und der mit dem Ergebnis an der durch OFFSET bestimmten Stelle beginnt.

```
SELECT * WHERE { ?s  ?p  ?o . }  SORT BY ?s  LIMIT 5  OFFSET 25
```

Diese Anfrage zeigt z.B. die nächsten 5 Resultate ab Resultat Nummer 25. Dies erlaubt es, Ergebnismengen ausschnittsweise abzurufen, so wie man es auch von den seitenweise angeordneten Ergebnissen vieler Suchmaschinen kennt. Die Frage, welches Resultat das 25. darstellt, ist aber natürlich von der Reihenfolge der Ergebnisse abhängig. Wenn die Anfrage keine solche Reihenfolge definiert, dann ist die Vorhersehbarkeit der Ergebnisse also nicht gegeben: Die Reihenfolge könnte sich von Anfrage zu Anfrage beliebig (implementationsabhängig) ändern, so dass kein verlässliches Abrufen mittels OFFSET und LIMIT möglich ist. Daher sollten Anfragen mit diesen Parametern immer auch mittels ORDER BY eine Reihenfolge definieren. Dies ist der Grund, warum ORDER BY auch für CONSTRUCT, ASK und DESCRIBE sinnvoll sein kann.

Eine letzte Möglichkeit, große Ergebnismengen handlicher zu machen, ist die weitestgehende Entfernung von Redundanz aus den Ergebnissen. Insbesondere sollten sich Ergebniszeilen nicht wiederholen. Dies wird durch das Schlüsselwort DISTINCT erreicht, welches nur direkt nach dem Schlüsselwort SELECT auftreten darf. Für alle anderen Ergebnisformate hat es tatsächlich auch wenig Sinn. Alle Ergebniszeilen, in denen alle ausgewählten Variablen an die gleichen RDF-Terme gebunden sind, werden zu einer einzigen Zeile zusammengefasst. Dies bedeutet nicht, dass alle Redundanz aus dem Ergebnis entfernt ist. So könnten sich z.B. zwei Zeilen lediglich durch die ID eines vorkommenden leeren Knotens unterschieden. Wie wir in Abschnitt 7.1.3 gesehen haben, sind Ergebnisse in diesem Fall nicht unbedingt gleichwertig und eine einfache Entfernung der ähnlichen Zeilen könnte das Ergebnis unzulässig verkleinern.

Wenn alle hier besprochenen Parameter kombiniert werden, dann muss auch die Reihenfolge ihrer Anwendung klar sein. SPARQL gibt deshalb folgende Verarbeitungsschritte für Anfrageergebnisse vor:

1. Sortieren der Ergebnisse gemäß der Angaben in ORDER BY.
2. Entfernung der nicht im Ergebnis ausgewählten Variablen (*Projektion*).
3. Entfernung von doppelten Ergebnissen.
4. Entfernung der von OFFSET angegebenen Anzahl von Ergebnissen, beginnend mit dem ersten.
5. Entfernung aller Ergebnisse bis auf die durch LIMIT angegebene Anzahl.

An dieser Reihenfolge kann man z.B. ablesen, dass Ergebnisse auch nach nicht ausgewählten Variablen sortiert werden können, während sich DISTINCT jeweils nur auf die ausgewählten Variablen bezieht. OFFSET und LIMIT wiederum beziehen sich immer auf die durch DISTINCT verkleinerte Ergebnismenge.

❯ 7.1.9   Semantik und Algebra von SPARQL

Bisher haben wir die Bedeutung einer SPARQL-Anfrage stets informell beschrieben. Dies ist zwar zum allgemeinen Verständnis hilfreich, genügt aber nicht als objektive Definition des korrekten Verhaltens einer SPARQL-Implementation. Für jeden Standard ist es natürlich von Bedeutung, die Anforderungen an eine mit diesem Standard konforme Implementierung genau zu definieren. Zu diesem Zweck enthält auch die SPARQL-Spezifikation die Definition einer formalen Semantik, die das Ergebnis jeder möglichen Anfrage idealerweise genau vorgeben sollte. In diesem Abschnitt werden wir diese Semantik näher kennenlernen.

Kern der SPARQL-Semantik ist die sogenannte *SPARQL-Algebra*, ein System aus klar definierten Rechenoperationen, mit denen man das Ergebnis einer Anfrage ausrechnen kann. In dieser Hinsicht ähnelt SPARQL der bei relationalen Datenbanken wichtigsten Anfragesprache SQL, welche auf der *relationalen Algebra* basiert. Wir werden bei SPARQL zum Teil ganz ähnliche Rechenoperationen kennenlernen. Andererseits ist die formale Semantik von SPARQL damit weniger nah mit den modelltheoretischen Semantiken von RDF und OWL verwandt. Abgesehen von der SPARQL-Algebra muss natürlich auch definiert werden, wie eine syntaktische SPARQL-Anfrage in einen Ausdruck in dieser Algebra umgewandelt wird, den man dann rechnerisch auflösen kann. Eine konkrete Implementation von SPARQL muss die entsprechenden Schritte natürlich nicht genau so ausführen, wie wir sie hier vorstellen, sondern lediglich bei allen Anfragen zum gleichen Endergebnis gelangen. Die folgende Definition bezieht sich nur auf die direkte Ermittlung der Anfrageergebnisse. Diese können anschließend mit Hilfe der in Abschnitt 7.1.7 eingeführten Formate auf verschiedene Arten augegeben werden; das dabei zugrundeliegende Anfrageergebnis ist aber immer dasselbe.

(>) **Übersetzung von Anfragen in SPARQL-Algebra**

Die SPARQL-Algebra basiert auf einer Reihe von „Rechenoperationen", welche die verschiedenen möglichen Ausdrucksmittel einer SPARQL-Anfrage repräsentieren. Unterschieden werden dabei Operatoren, die zur Beschreibung eines Graph-Musters dienen, von solchen, die Modifikatoren der Ergebnismenge ausdrücken. Die für uns relevanten Operatoren für Graph-Muster sind *BGP* (von „Basic Graph Pattern", einfaches Graph-Muster), *Join* (Konjunktionen), *LeftJoin* (optionale Bedingungen), *Filter* und *Union*. Im Prinzip liefert jeder dieser Operatoren das Ergebnis der durch ihn dargestellten Teilanfrage, also im Wesentlichen die Darstellung einer entsprechenden Ergebnistabelle. Durch Ausrechnen der verschachtelten Operatoren kann dann das Gesamtergebnis ermittelt werden.

Das Anfragemuster in einer gegebenen SPARQL-Anfrage wird nun schrittweise durch einen Ausdruck aus diesen Operatoren ersetzt. Betrachten wir dazu das folgende Beispielmuster:

```
{ ?buch    ex:Preis    ?preis .  FILTER (?preis < 15)
  OPTIONAL { ?buch    ex:Titel    ?titel . }
  { ?buch    ex:Autor    ex:Shakespeare . } UNION
  { ?buch    ex:Autor    ex:Marlowe . }
}
```

Als erstes werden alle Abkürzungen von Tripeln und URIs im Anfragegraphen aufgelöst. Dann werden alle einfachen Graph-Muster, d.h. Listen aus Tripeln, mit dem Operator *BGP* ausgedrückt, indem die Liste von Tripeln als einziges Argument von *BGP* eingesetzt wird.

```
{ BGP(?buch <http://example.org/Preis> ?preis.)
  FILTER (?preis < 15)
  OPTIONAL {BGP(?buch <http://example.org/Titel> ?titel.)}
  {BGP(?buch <http://example.org/Autor>
                    <http://example.org/Shakespeare>.)} UNION
  {BGP(?buch <http://example.org/Autor>
                    <http://example.org/Marlowe>.)}
}
```

Anschließend werden alle Vorkommen von UNION mit dem binären Operator *Union* ausgedrückt. Bei einer längeren Kette alternativer Muster werden diese paarweise entsprechend ihrer Klammerung bearbeitet (UNION ist linksassoziativ). UNION bezieht sich jeweils nur auf die direkt angrenzenden gruppierenden Graph-Muster. Disjunktionen (UNION) binden in SPARQL also stärker als Konjunktionen (Nebeneinanderstellung mehrerer Muster).

```
{ BGP(?buch <http://example.org/Preis> ?preis.)
  FILTER (?preis < 15)
  OPTIONAL {BGP(?buch <http://example.org/Titel> ?titel.)}
  Union({BGP(?buch <http://example.org/Autor>
                    <http://example.org/Shakespeare>.)},
        {BGP(?buch <http://example.org/Autor>
                    <http://example.org/Marlowe>.)})
}
```

Nun werden gruppierende Graph-Muster von innen her aufgelöst, d.h. beginnend mit der innersten Klammerung. Die dabei verwendeten Operatoren haben die folgende informelle Bedeutung:

$Join(M_1, M_2)$	Die Ergebnisse M_1 und M_2 werden konjunktiv verknüpft.
$LeftJoin(M_1, M_2, F)$	Das Ergebnis M_1 wird optional mit M_2 unter der Filterbedingung F verknüpft.
$Filter(F, M)$	Der Filterausdruck F wird auf das Ergebnis M angewandt.

Wir betrachten jeweils eines der innersten gruppierenden Graph-Muster M, d.h., alle eventuellen Untermuster wurden bereits abgearbeitet. Zunächst werden alle Filterbedingungen aus M entfernt und mit && konjunktiv verknüpft. Die so entstehende Gesamtfilterbedingung nennen wir GF. Jetzt enthält M nur noch eine Liste verschiedener Ausdrücke in SPARQL-Algebra, die wir der Reihe nach abarbeiten. Dabei bilden wir einen neuen Algebraausdruck G. Am Anfang ist dieser neue Ausdruck *leer* – dies wird durch den leeren SPARQL-Ausdruck Z dargestellt, der einfach keinerlei Bedingung und Variablenbindung ausdrückt. Jetzt werded für jeden abzuarbeitenden Unterausdruck UA die folgendes Schritte durchgeführt:

— Wenn UA von der Form OPTIONAL $Filter(F,A)$ ist,
   dann setze $G := LeftJoin(G, A, F)$.
— Andernfalls, wenn UA von der Form OPTIONAL A ist,
   dann setze $G := LeftJoin(G, A, true)$.
— Andernfalls setze $G := Join(G, A)$.

Auf diese Weise entsteht ein geschachtelter algebraischer Ausdruck G. Wenn der anfangs ermittelte Filterausdruck GF nicht leer ist, dann wird er nun zu G hinzugefügt: Setze $G := Filter(GF, G)$. Abschließend wird das abgearbeitete Muster M durch den so ermittelten Ausdruck G ersetzt. Auf diese Weise werden alle Teilmuster des Anfragegraphen umgewandelt.

In unserem Beispiel gibt es mehrere innerste Muster, die nur einen einzigen Ausdruck mit dem Operator BGP enthalten und keine Filterbedingungen haben. Diese Teile werden durch einzelne $Join$-Ausdrücke ersetzt, in denen jeweils der leere Ausdruck Z auftaucht.

```
( BGP(?buch <http://example.org/Preis> ?preis.)
  FILTER (?preis < 15)
  OPTIONAL Join(Z, BGP(?buch <http://example.org/Titel> ?titel.))
  Union(Join(Z, BGP(?buch <http://example.org/Autor>
                          <http://example.org/Shakespeare>.)),
        Join(Z, BGP(?buch <http://example.org/Autor>
                          <http://example.org/Marlowe>.)))
)
```

Jetzt muss nur noch das äußerste Muster ersetzt werden, welches eine Filterbedingung, einen optionalen Ausdruck und zwei weitere Ausdrücke (BGP und $Union$) enthält. Damit ist die Umwandlung abgeschlossen und wir erhalten folgenden Gesamtausdruck:

```
Filter((?preis < 15),
 Join(
  LeftJoin(
   Join(Z, BGP(?buch <http://example.org/Preis> ?preis.)),
   Join(Z, BGP(?buch <http://example.org/Titel> ?titel.))
  ), Union(Join(Z, BGP(?buch <http://example.org/Autor>
                          <http://example.org/Shakespeare>.)),
        Join(Z, BGP(?buch <http://example.org/Autor>
                          <http://example.org/Marlowe>.)))
 )
)
```

Zur Vereinfachung ist es zulässig, $Join$-Ausdrücke, in denen einer der Parameter der leere Ausdruck Z ist, durch den übrigen Parameter zu ersetzen. Das ist zulässig, weil Z das *neutrale Element* der $Join$-Operation ist (ähnlich wie

0 das neutrale Element der Addition ist). Mit etwas Übung kann man beliebige SPARQL-Anfragen leicht direkt in einen solchen Ausdruck überführen. Um die Anfrage zu lösen, muss dieser Ausdruck nun lediglich „ausgerechnet" werden.

⊚ Berechnungen mit der SPARQL-Algebra

Wir haben bereits erwähnt, dass jeder Operator der SPARQL-Algebra im Prinzip ein Anfrageergebnis liefert. Für eine formale Definition müssen wir zunächst klären, was genau ein solches Anfrageergebnis ist. Wir können uns Ergebnisse sehr gut als Ergebnistabellen vorstellen, die aus einzelnen Tabellenzeilen bestehen. Jede Tabellenzeile stellt eine Variablenzuweisung dar, wobei manche Variablen auch ungebunden sein dürfen (also keinen Wert zugewiesen bekommen). Daher wird eine Ergebniszeile formal durch eine *partielle Funktion* μ angegeben, die Variablen auf RDF-Terme abbildet. Ein solcher RDF-Term kann ein leerer Knoten, eine URI, oder ein RDF-Literal sein. Die Menge der durch μ auf irgendeinen Term abgebildeten Variablen wird als Domäne von μ bezeichnet und μ selbst nennen wir auch eine *Lösung* für eine gestellte Anfrage. Die Funktion μ ist partiell, weil sie nicht jeder Variablen einen Wert zuweisen muss.

Jede Ergebnistabelle beinhaltet beliebig viele solcher Zuweisungen in einer bestimmten Reihenfolge. Wir können das Ergebnis einer Anfrage also allgemein als Sequenz von Lösungen betrachten (und das werden wir in diesem Abschnitt immer meinen, wenn wir von einem „Ergebnis" sprechen).[3] Jeder Operator der SPARQL-Algebra ist also eine Funktion, die ein solches Ergebnis liefert. Die Parameter der Operatoren sind normalerweise ebenfalls Ergebnisse oder Filterausdrücke (außer im Fall von BGP). Der zuvor eingeführte leere Ausdruck Z steht für das Ergebnis, welches genau eine Lösung enthält, die keiner Variablen einen Wert zuweist. Aus den folgenden Definitionen wird klar werden, warum die leere Sequenz keine geeignete Lösung für Z wäre. Jetzt können wir für jeden Operator der SPARQL-Algebra eine formale Definition geben. Diese Definition muss sich natürlich auf ein bestimmtes RDF-Dokument beziehen, an das die Anfrage gestellt wurde. Wir werden den entsprechenden RDF-Graphen mit G bezeichnen.

Eine partielle Funktion μ ist genau dann eine Lösung für einen Ausdruck der Form „$BGP(\texttt{Liste von Tripeln})$", wenn die folgenden beiden Bedingungen erfüllt sind:

---

[3]In der SPARQL-Spezifikation werden Ergebnisse durch sogenannte Multimengen, also „ungeordnete Sequenzen", dargestellt, solange die Reihenfolge undefiniert ist. Wir vereinfachen unsere Präsentation, indem wir von Anfang an mit Sequenzen arbeiten, deren Reihenfolge nicht genauer spezfiziert ist.

1. Die Domäne von μ enthält genau die in den angegebenen Tripeln vorkommenden Variablen.
2. Es gibt eine Möglichkeit, die in den gegebenen Tripeln enthaltenen leeren Knoten so durch RDF-Terme zu ersetzen, dass der durch Anwendung von μ auf diese Tripel beschriebene RDF-Graph im angefragten Graph G vorkommt.

Mit anderen Worten: Eine Lösung μ für ein einfaches Graph-Muster muss die Variablen so belegen, dass sich das Muster in den angefragten Daten wiederfindet. Dabei werden leere Knoten in der Anfrage als Platzhalter interpretiert, die auch anderen RDF-Termen entsprechen können (daher die Ersetzung in der zweiten Bedingung). Die Sequenz (mit beliebiger Reihenfolge) aus allen so definierten Lösungen ist das von BGP ermittelte Ergebnis. Im speziellen Fall, dass überhaupt keine Tripel angegeben wurden, gibt es laut obiger Definition nur eine einzige Lösung, die keiner Variablen einen Wert zuweist. In diesem Fall liefert BGP also dasselbe Ergebnis wie Z.
Die Definition enthält genau genommen zwei Ersetzungsschritte: einen für leere Knoten und einen für Variablen. Die Reihenfolge dieser Ersetzungen ist wichtig, damit leere Knoten, die durch μ eingeführt werden, nicht erneut ersetzt werden können – sonst könnten beliebig viele zusätzliche Lösungen entstehen, bei denen Variablen nur an leere Knoten gebunden wären.
Nun können wir auch für alle anderen Operatoren Ergebnisse definieren. Wir werden dazu teilweise die sogenannte *Vereinigung von Lösungen* bilden müssen. Zwei Lösungen μ_1 und μ_2 heißen *kompatibel*, wenn jede durch beide Lösungen abgebildete Variable von μ_1 und μ_2 auf denselben Term abgebildet wird. Wenn μ_1 und μ_2 kompatibel sind, dann kann man ihre Vereinigung $\mu_1 \cup \mu_2$ wie folgt definieren:

$$\mu_1 \cup \mu_2(x) = \begin{cases} \mu_1(x) & \text{falls } x \text{ in der Domäne von } \mu_1 \text{ vorkommt} \\ \mu_2(x) & \text{falls } x \text{ in der Domäne von } \mu_2 \text{ vorkommt} \\ \text{undefiniert} & \text{in allen anderen Fällen} \end{cases}$$

Man kombiniert also sozusagen zwei kompatible Tabellenzeilen zu einer längeren Zeile. Für die nächsten Definitionen verwenden wir die Parameter Ψ, Ψ_1 und Ψ_2 für bereits berechnete Ergebnisse und den Parameter F für Filterausdrücke.

- $Filter(\Psi, F) = \{\mu \mid \mu \in \Psi \text{ und } \mu(F) \text{ ist ein Ausdruck mit Ergebnis } \texttt{true}\}$
- $Join(\Psi_1, \Psi_2) = \{\mu_1 \cup \mu_2 \mid \mu_1 \in \Psi_1, \mu_2 \in \Psi_2, \text{ und } \mu_1 \text{ kompatibel zu } \mu_2\}$
- $Union(\Psi_1, \Psi_2) = \{\mu_1 \mid \mu_1 \in \Psi_1 \text{ oder } \mu_2 \in \Psi_2\}$
- $LeftJoin(\Psi_1, \Psi_2, F) =$
  $\{\mu_1 \cup \mu_2 \mid \mu_1 \in \Psi_1, \mu_2 \in \Psi_2, \text{ und } \mu_1 \text{ kompatibel zu } \mu_2 \text{ und }$
  $\mu_1 \cup \mu_2(F) \text{ ist ein Ausdruck mit Ergebnis } \texttt{true}\} \cup$

$\{\mu_1 \mid \mu_1 \in \Psi_1$ und für alle $\mu_2 \in \Psi_2$ gilt:

entweder ist μ_1 nicht kompatibel zu μ_2 oder $\mu_1 \cup \mu_2(F)$ ist nicht $\mathtt{true}\}$

Damit haben wir alle hier betrachteten SPARQL-Operatoren für Graph-Muster definiert und können Ausdrücke in der SPARQL-Algebra entsprechend evaluieren. Nun lässt sich auch erkennen, dass das für Z definierte Ergebnis tatsächlich neutral bezüglich der Operation *Join* ist. Wenn wir stattdessen ein Ergebnis ohne jegliche Lösungen in *Join* verwenden, dann wird auch das Gesamtergebnis keinerlei Lösungen haben.

Um diese Auswertung von SPARQL-Ausdrücken zu veranschaulichen, sehen wir uns nun noch ein ausführliches Beispiel für die zuvor betrachtete Anfrage an. Dabei legen wir das folgende RDF-Dokument als Datenquelle zugrunde.

```
@prefix ex:  <http://example.org/> .
@prefix xsd: <http://www.w3.org/2001/XMLSchema#> .
ex:Hamlet          ex:Autor  ex:Shakespeare ;
                   ex:Preis  "10.50"^^xsd:decimal .
ex:Macbeth         ex:Autor  ex:Shakespeare .
ex:Tamburlaine     ex:Autor  ex:Marlowe ;
                   ex:Preis  "17"^^xsd:integer .
ex:DoctorFaustus   ex:Autor  ex:Marlowe ;
                   ex:Preis  "12"^^xsd:integer ;
                   ex:Titel  "The Tragical History of Doctor Faustus" .
ex:RomeoJulia      ex:Autor  ex:Brooke ;
                   ex:Preis  "9"^^xsd:integer ;
```

Entfernt man außerdem *Join*-Operationen mit Z aus unserer Beispielanfrage, dann gelangt man zu folgendem Ausdruck in SPARQL-Algebra, wobei wir die Zeilen zwecks späterer Verweise nummerieren:

```
(01) Filter((?preis < 15),
(02)  Join(
(03)   LeftJoin(
(04)    BGP(?buch <http://example.org/Preis> ?preis.),
(05)    BGP(?buch <http://example.org/Titel> ?titel.)
(06)   ), Union(BGP(?buch <http://example.org/Autor>
(07)                     <http://example.org/Shakespeare>.),
(08)           BGP(?buch <http://example.org/Autor>
(09)                     <http://example.org/Marlowe>.))))
```

Man kann diesen Ausdruck nun leicht von innen nach außen auswerten. Wir stellen die Ergebnisse in Abb. 7.1 jeweils als Tabelle dar, worin jede Zeile eine Lösung repräsentiert. Jede Tabelle beschreibt die Lösung eines Teilausdrucks, der durch eine Zeilennummer und einen Operatornamen eindeutig beschrieben wird. Wir verwenden in dieser Darstellung aus Platzgründen die Kurzschreibweisen mit den definierten Namensräumen. Intern arbeitet SPARQL natürlich mit vollständig ausgeschriebenen URIs. Die letzte Tabelle „*Filter* (01)" ist also das Endergebnis der Anfrage. Wir können auch gut erkennen, dass SPARQL verschiedene Arten numerischer XML-Typen in Kombination verwenden kann.

⊘ Operatoren für Modifikatoren

Für die komplette Darstellung der SPARQL-Fähigkeiten fehlt uns noch eine formale Semantik für Modifikatoren wie ORDER BY oder LIMIT. Die Übersetzung in SPARQL-Algebra ist in diesem Fall denkbar einfach: Modifikatoren können keine komplexen verschachtelten Strukturen aufweisen und müssen lediglich in der richtigen Reihenfolge auf das Anfrageergebnis angewendet werden. Wir erweitern also den bis dahin ermittelten Anfrageausdruck G unter Umständen mit weiteren Operatoren:

- $G := OrderBy(G, \text{Liste der Sortieranweisungen})$, wenn die Anfrage einen Angabe ORDER BY mit den entsprechenden Sortieranweisungen enthält.
- $G := Project(G, \text{Liste der Variablen})$, wenn die Anfrage als Ausgabeformat SELECT mit der gegebenen Liste ausgewählter Variablen verwendet.
- $G := Distinct(G)$, wenn die Anfrage DISTINCT enthält.
- $G := Slice(G, o, l)$, wenn die Anfrage Angaben „OFFSET o" und „LIMIT l" enthält. Wenn o nicht angegeben ist, wird o durch 0 ersetzt. Wenn l nicht angegeben wird, dann wird es durch die Anzahl der Ergebnisse in G abzüglich o ersetzt.

Diese Übersetzungen sind relativ einfach und haben eine offensichtliche Funktion: *OrderBy* sortiert die Ergebnisliste entsprechend der gegebenen Sortieranweisungen, *Distinct* eliminiert alle mehrfach auftretenden Lösungen in einem Ergebnis und *Slice* kombiniert OFFSET und LIMIT, um das Ergebnis auf einen entsprechenden Ausschnitt zurechtzuschneiden. Der Operator *Project* beschränkt alle Lösungen eines Ergebnisses auf die in SELECT ausgewählten Variablen, d.h. jede Lösung wird durch eine Lösung ersetzt, bei der alle nicht ausgewählten Variablen undefiniert bleiben. Die aufgeführten Umwandlungsschritte formalisieren auch nochmals die Reihenfolge der Modifikatoren, die wir bereits kennengelernt haben.

BGP (04)	
buch	preis
ex:Hamlet	"10.50"^^xsd:decimal
ex:Tamburlaine	"17"^^xsd:integer
ex:DoctorFaustus	"12"^^xsd:integer
ex:RomeoJulia	"9"^^xsd:integer

BGP (08)
buch
ex:Tamburlaine
ex:DoctorFaustus

BGP (05)	
buch	titel
ex:DoctorFaustus	"The Tragical History of Doctor Faustus"

BGP (06)
buch
ex:Macbeth
ex:Hamlet

LeftJoin (03)		
buch	preis	titel
ex:Hamlet	"10.50"^^xsd:decimal	
ex:Tamburlaine	"17"^^xsd:integer	
ex:DoctorFaustus	"12"^^xsd:integer	"The Tragical History of Doctor Faustus"
ex:RomeoJulia	"9"^^xsd:integer	

Union (06)
buch
ex:Hamlet
ex:Macbeth
ex:Tamburlaine
ex:DoctorFaustus

Join (02)		
buch	preis	titel
ex:Hamlet	"10.50"^^xsd:decimal	
ex:Tamburlaine	"17"^^xsd:integer	
ex:DoctorFaustus	"12"^^xsd:integer	"The Tragical History of Doctor Faustus"

Filter (01)		
buch	preis	titel
ex:Hamlet	"10.50"^^xsd:decimal	
ex:DoctorFaustus	"12"^^xsd:integer	"The Tragical History of Doctor Faustus"

Abb. 7.1. Teilergebnisse zur Berechnung einer SPARQL-Anfrage

❷ 7.1.10 Weitere Ausdrucksmittel in SPARQL

Die wichtigsten Ausdrucksmittel von SPARQL haben wir in den vorangegangenen Abschnitten im Detail behandelt. An dieser Stelle sollen noch kurz
einige weitere Ausdrucksmittel vorgestellt werden, die wir noch nicht näher
betrachtet haben.

— Benannte Graphen (*Named Graphs*): SPARQL sieht vor, dass ein Einga-
  bedatensatz in mehrere Teildokumente unterteilt werden kann. Diese einzelnen Teile werden dann durch URIs bezeichnet und sind deshalb als benannte (RDF-)Graphen bekannt. SPARQL bietet eine Reihe von Möglichkeiten mit benannten Graphen zu arbeiten und auch die URI-Bezeichner
  dieser Graphen in Anfragen zu verwenden.

— Ausgabeformat REDUCED: SPARQL definiert ein weiteres Ausgabeformat
  REDUCED, mit dem man teilweise „reduzierte" (von *einigen* Duplikaten be-
  freite) Ergebnisse erzeugen kann. Dieses Ausgabeformat ist als „gefährde-
  tes Merkmal" eingestuft und könnte im endgültigen Standard verschwin-
  den.

— Ergebnisse in XML: SPARQL definiert ein spezielles XML-Format für die
  Serialisierung von Ergebnissen, welches wir hier nicht behandelt haben
  [BB].

— Protokoll: SPARQL definiert auch ein Übertragungsprotokoll für Anfragen
  und Ergebnisse, welches die Kommunikation mit (webbasierten) Anfrage-
  diensten ermöglicht [Cla].

7.2 Konjunktive Anfragen für OWL DL   7.2

In diesem Abschnitt werden wir uns mit der Frage beschäftigen, wie man
auch für Ontologien in komplexen Ontologiesprachen wie OWL DL Anfragen formulieren könnte. SPARQL wurde bisher nur als Anfragesprache für
RDF-Graphen unter der einfachen RDF-Semantik konzipiert und unterstützt
weder die Semantik von RDFS noch die Semantik von OWL. So ist z.B. die
Suche nach Mustern in Graphen eine wesentliche Grundlage der SPARQL-
Semantik, während komplexe Ontologien keine einfachen Graphen, sondern
eine Vielzahl möglicher Interpretationen (Modelle) beschreiben. Bis zu einem gewissen Grad kann man aber auch in den Interpretationen von OWL-
Ontologien Graphen erkennen: Propertys werden in OWL DL durch binäre
Relationen zwischen Elementen der Interpretationsdomäne modelliert, und
diese Relationen kann man sich als Erreichbarkeitsrelation in einem Graphen
vorstellen. Ein (beschreibungslogisch dargestelltes) Axiom $R(a,b)$ würde z.B.
ausdrücken, dass die durch a und b bezeichneten Elemente durch einen „Pfeil"
mit der Beschriftung R verbunden sind. Damit kann jede Interpretation einer
OWL-DL-Ontologie als Graph angesehen werden, der aus Elementen der In-

terpretationsdomäne besteht, die über Relationen verbunden sind. Die OWL-Klassen, zu denen ein einzelnes Element gehört, kann man sich als Beschriftung der Knoten in diesem Graphen vorstellen. Kann man also SPARQL einfach auf OWL DL erweitern, indem man solche logisch dargestellten Graphen als Grundlage für eine Anfrage nimmt? Leider gibt es dabei zwei wesentliche Komplikationen:

1. Jede OWL-DL-Ontologie beschreibt nicht eine einzige, sondern viele mögliche Interpretationen. Es gibt also keinen einzelnen Graphen, den man einer Anfrage zugrunde legen könnte.
2. Eine Interpretation in OWL DL kann unendlich viele Elemente umfassen und damit einen unendlich großen Graphen beschreiben.

Beides führt zu gewissen Problemen und eine Erweiterung zu „SPARQL für OWL" ist zurzeit noch Gegenstand vieler Diskussionen. Es gibt aber auch für OWL DL bereits einen gut etablierten Anfrageformalismus, der höchstwahrscheinlich eine semantische Grundlage für die Umsetzung von SPARQL in OWL bilden wird. Diese sogenannten *konjunktiven Anfragen* werden wir in diesem Abschnitt näher kennenlernen und mit SPARQL vergleichen. Wir werden, schon aus Platzgründen, durchgehend mit der kurzen beschreibungslogischen Syntax von OWL DL arbeiten und anstelle von URIs einfache logische Konstanten benutzen. Außerdem werden wir zur Definition der Semantik wieder einige Grundlagen aus der Prädikatenlogik benötigen (siehe Anhang A).

❭ 7.2.1 Grenzen von OWL

Im Gegensatz zu RDF bietet OWL DL bereits umfangreiche Ausdrucksmittel als Teil der Sprache. Mit Hilfe von zusammengesetzten Konzepten kann man komplexe Strukturen beschreiben, konjunktiv oder disjunktiv verknüpfen und auch negieren. Die meisten OWL-DL-Systeme unterstützen die Ermittlung aller Instanzen, die in einer solchen Konzeptbeschreibung enthalten sind. Damit ergibt sich bereits eine große Ausdrucksmächtigkeit, die man auch für Anfragen nutzen kann. Würde eine Anfragesprache für OWL DL also nur der besseren Spezifikation von Ergebnisformaten und anderen technischen Eigenschaften dienen? Oder gibt es tatsächlich relevante Informationen, die man durch OWL DL nicht ermitteln kann?

Letzteres ist in der Tat der Fall und dafür gibt es im Wesentlichen zwei Gründe. Erstens kann ein einzelnes OWL-DL-Konzept natürlich immer nur Werte einer Variablen abfragen, so dass man quasi nur Ergebnistabellen mit genau einer Spalte erhalten würde. Zweitens ist jedes OWL-DL-Konzept im Prinzip eine Baumstruktur, bei der die abgefragte Variable die Wurzel darstellt. Das bedeutet, dass eine Abfrage zwar die Beziehungen eines abgefragten Elements zu anderen Elementen beschreiben kann, dass diese anderen Elemente im All-

gemeinen aber kaum Beziehungen untereinander haben. Gemeinsam schließen
diese beiden Punkte eine beträchtliche Menge interessanter Anfragen aus.
Sehen wir uns zum besseren Verständnis einige problematische Fragestellungen an. Betrachten wir dazu eine Wissensbasis mit den beiden Propertys
KindVon und wohntBei, durch die jeweils Paare von Personen verknüpft werden. Die folgenden Fragen können nicht durch Anfragen in Form einfacher
OWL-Konzepte beantwortet werden:

1. Ermittle alle Paare von Personen, die ein gemeinsames Elternteil haben.
2. Ermittle alle Personen, die bei einem ihrer Eltern wohnen.
3. Ermittle alle Paare von Personen, bei denen die eine Person ein (direkter
   oder indirekter) Nachkomme der anderen ist.

Die beiden ersten Anfragen könnte man sogar in SPARQL recht einfach beant-
worten, und wir werden im Folgenden auch für OWL DL eine entsprechende
Lösung kennenlernen. Das dritte Beispiel dagegen fragt im Prinzip die transitive Erweiterung der Relation KindVon ab, was weder in SPARQL noch in den
hier besprochenen konjunktiven Anfragen möglich ist. Es gibt aber durchaus
DL-Anfragesprachen, die auch diese Möglichkeit vorsehen [CEO07].
Trotz der fehlenden Unterstützung für die obigen Fragestellungen gibt es doch
einige recht ähnliche Anfragen, die man durchaus in OWL DL formulieren
könnte. Dies ist allgemein dann der Fall, wenn wir unbestimmte Elemente
durch konkrete Individuen ersetzen. So könnte man durchaus mit mehreren
Anfragen ermitteln, welche Personen ein Individuum Bob als Elternteil haben
und welche dieser Personen bei Bob wohnen. Dies kann durch Einzelabfragen
von Propertys oder allgemein auch mit Hilfe von Nominalen erreicht werden.

❯ 7.2.2 Einführung in konjunktive Anfragen

Im Gegensatz zu SPARQL handelt es sich bei konjunktiven Anfragen nicht
um eine offiziell spezifizierte Anfragesprache. Es existiert also keine normative
Syntax und viele der bei SPARQL ausgearbeiteten technischen Details entfallen. Auch die Semantik von konjunktiven Anfragen kann auf unterschiedliche
Weise beschrieben werden, aber es gibt dennoch einen allgemeinen Konsens
über die korrekte formale Interpretation. Die hier gegebene Definition ist also nicht die einzige, die man in der Literatur finden kann, aber sie ist im
Wesentlichen mit allen üblichen Definitionen kompatibel.
Genau wie in SPARQL spielen auch in konjunktiven Anfragen Variablen eine
große Rolle. Wir werden Variablen hier wie in der Prädikatenlogik mit kleinen
Buchstaben x, y, z, ... bezeichnen. Ein Beispiel für eine einfache konjunktive
Anfrage nach allen bei Springer erschienenen Büchern und deren Autoren
könnte wie folgt aussehen:

$$\texttt{Buch}(x) \wedge \texttt{VerlegtBei}(x, \texttt{Springer}) \wedge \texttt{Autor}(x, y)$$

Wie der Name schon sagt, ist eine konjunktive Anfrage in erster Linie eine Konjunktion aus mehreren Bedingungen. Einzelne Bedingungen sind dabei einfache beschreibungslogische Formeln ohne logische Operatoren oder die Negationen solcher Bedingungen. Diese grundlegenden Formeln werden als *Atome* der Anfrage bezeichnet und können eine der folgenden Formen haben:

- $C(e)$ oder $\neg C(e)$, wobei C ein Klassenname und e eine Variable oder der Name eines Individuums ist.
- $R(e, f)$ oder $\neg R(e, f)$, wobei R ein Propertyname und e und f jeweils Variablen oder Namen eines Individuums sind.

Wir können mit konjunktiven Anfragen also auch nach allen Büchern suchen, die *nicht* im Springer-Verlag erschienen sind:

$$\texttt{Buch}(x) \wedge \neg\texttt{VerlegtBei}(x, \texttt{Springer}) \wedge \texttt{Autor}(x, y)$$

Wenn man eine solche Anfrage stellt, dann sucht man für alle Variablen eine konkrete Belegung, also den Namen eines Individuums aus der Wissensbasis, das an der entsprechenden Stelle eingesetzt stehen könnte. Hierin steckt eine wichtige Einschränkung, denn es gibt in OWL DL viele Möglichkeiten, die Existenz eines Elementes zu fordern, ohne dass ein konkretes Individuum als Bezeichner dieses Elements existiert. Sehen wir uns z.B. die folgende beschreibungslogische Wissensbasis an:

$\texttt{Buch}(a)$ (a ist ein Buch)
$\texttt{Buch} \sqsubseteq \exists\texttt{Autor.}\top$ (jedes Buch hat einen Autor)

Für die Anfrage $\texttt{Buch}(x) \wedge \texttt{Autor}(x, y)$ impliziert diese Wissensbasis keine Lösung, weil es kein *bekanntes* Individuum gibt, das als Belegung von y dienen könnte. Wir wissen zwar, dass ein solcher Autor für das Buch a existiert, aber wir kennen keinen Bezeichner für diese Person, der als Lösung geliefert werden könnte. Variablen haben also nicht die gleiche Bedeutung wie in prädikatenlogischen Formeln, bei denen man immer alle möglichen Elemente einer Interpretationsdomäne in Betracht zieht. Um diese besondere Bedeutung von Variablen zu betonen, werden Variablen in konjunktiven Anfragen auch als *bestimmte Variablen* (*distinguished variables*) bezeichnet.

Ähnlich wie in SPARQL können wir auch hier Variablenbelegungen leicht durch Funktionen darstellen. Eine Variablenbelegung für eine konjunktive Anfrage ist eine Funktion μ, die jede in der gegebenen Anfrage vorkommende Variable auf den Namen eines Individuums abbildet. Eine Variablenbelegung μ ist eine *Lösung* für eine konjunktive Anfrage C bezüglich einer gegebenen OWL-Wissensbasis W, wenn die Anfage C nach Anwendung der Ersetzung μ aus W prädikatenlogisch folgt. In Symbolen können wir auch schreiben: $W \models \mu(C)$.

Diese Definition von Lösungen einer Anfrage berücksichtigt auch die Tatsache, dass jede Wissensbasis viele verschiedene mögliche Interpretationen zulässt. Schließlich folgt die Anfrageformel $\mu(C)$ nur dann aus W, wenn sie unter allen möglichen Modellen von W wahr ist, d.h., wenn sie aus jeder zulässigen Interpretation folgt.

❯ 7.2.3 Unbestimmte Variablen

Bestimmte Variablen sind für die Abfrage konkreter Instanzen von Nutzen, da man im Allgemeinen bei Anfragen wissen will, welches Individuum genau als Lösung einer Anfrage in Frage kommt. Andererseits gibt es auch viele Fälle, in denen man lediglich die Existenz eines beliebigen Elementes abfragen will, ohne eine genaue Belegung für dieses Element zu erfragen. Dies kann man in konjunktiven Anfragen dadurch ausdrücken, dass man bestimmte Variablen durch Existenzquantoren bindet, wie in folgendem Beispiel:

$$\exists x.\,(\mathtt{Autor}(x,y) \wedge \mathtt{Buch}(x))$$

Diese Anfrage sucht nach allen Autoren, die irgendein Buch geschrieben haben. Der Bezeichner des Buches wird dagegen nicht abgefragt. Eine Wissensbasis könnte z.B. das Axiom $\mathtt{Buchautor} \equiv \exists\mathtt{Autor}^-.\mathtt{Buch}$ enthalten, was mit Hilfe einer inversen Rolle eine Klasse für Autoren eines Buches beschreibt. Jedes Individuum in dieser Klasse wäre eine Lösung für die vorangegangene Anfrage, auch wenn die Identität des Buches nicht näher bestimmt ist.

Die Variable x im obigen Beispiel wird daher auch als *unbestimmte Variable* (*non-distinguished variable*) bezeichnet. Allgemein kann es in einer konjunktiven Anfrage also zwei Arten von Variablen geben, wobei nur eine Bestandteil von Lösungen dieser Anfrage ist.

❯ 7.2.4 Konjunktive Anfragen und SPARQL

Auf den ersten Blick unterscheiden sich konjunktive Anfragen deutlich von SPARQL-Anfragen. Während man in SPARQL ein Graph-Muster zur Anfrage verwendet, besteht eine konjunktive Anfrage aus einer logischen Konjunktion. Bei genauerer Betrachtung sind diese beiden Formulierungen aber gar nich so unterschiedlich: Ein Anfrageatom der Form $R(e,f)$ kann als ein Tripel „$e\ R\ f$" aufgefasst werden und die Konjunktion solcher Atome beschreibt ebenfalls eine Graph-Struktur. Optionale und alternative Muster sind in konjunktiven Anfragen nicht verfügbar, aber man kann leicht sehen, dass diese Erweiterung kein grundsätzliches Problem darstellt.

Problematischer ist da schon die in SPARQL mögliche Abfrage von Propertys. Während man in SPARQL Variablenbezeichner für Prädikate einsetzen kann, unterliegen konjunktive Anfragen den syntaktischen Einschränkugen der Prädikatenlogik, in der Variablen eine besondere Art von Termen darstellen und somit niemals an einer Prädikatenposition stehen können. SPARQL kennt diese Unterscheidung nicht und folgt in dieser Hinsicht also RDF und OWL Full. Andererseits kann man die Beschränkung konjunktiver Anfragen gegenüber SPARQL hier auch als natürliche Konsequenz der vorausgegangenen Einschränkung von OWL Full auf OWL DL verstehen.

Ein weiteres Problem ist die unterschiedliche Verwendung von Variablen in beiden Formalismen. In SPARQL werden Platzhalter in Anfragen durch Variablen oder durch leere Knoten dargestellt, während es in konjunktiven Anfragen bestimmte und unbestimmte Variablen gibt. Außerdem müssen in SPARQL nicht alle Variablen Teil der Lösung sein: Man kann mittels SELECT einige Variablen auswählen. Diese verschiedenen Typen von Variablen können durch zwei Fragestellungen charakterisiert werden:

— Anonyme Werte: Kann die Variable Werte annehmen, für die kein konkreter Bezeichner (URI oder Literal) bekannt ist?
— Ausgabe: Erscheint die Variable im Resultat der Anfrage?

Damit erhalten wir folgende Klassifikation:

	Anonyme Werte	Ausgabe
Bestimmte Variable	—	Ja
Unbestimmte Variable	Ja	—
Leerer Knoten	Ja	—
SPARQL-Variable	Ja	Ja
Nicht ausgewählte SPARQL-Variable	Ja	—

Somit verhalten sich unbestimmte Variablen, leere Knoten in SPARQL und SPARQL-Variablen, die nicht ausgewählt wurden, sehr ähnlich. Der wesentliche Unterschied besteht aber zwischen SPARQL-Variablen und bestimmten Variablen. Während SPARQL-Variablen unbekannte Individuen als leere Knoten zurückliefern können, sind bestimmte Variablen auf konkret bezeichnete Elemente beschränkt. Semantisch gesehen macht OWL DL aber keinen Unterschied zwischen leeren Knoten und irgendeiner anderen Art von Elementen, deren Existenz gegeben ist, ohne dass sie einen expliziten Bezeichner besitzen. Wenn man also die bestehende Semantik von SPARQL-Variablen einfach auf OWL DL ausdehnen würde, dann müsste man alle geschlussfolgerten Elemente als Ergebnis liefern – und das können bei OWL DL leicht unendlich viele (echt unterschiedliche) Elemente sein!

Dies ist einer der Gründe, warum SPARQL bisher nicht auf OWL DL erweitert wurde. Eine diskutierte Lösung ist, dass SPARQL für OWL leere Knoten, die explizit in der Wissensbasis vorkommen, wie Bezeichner behandeln sollte. Dann würden nur diese leeren Knoten zurückgeliefert, niemals aber die indirekt geschlussfolgerten. Dies entspricht nicht der strikten OWL-Semantik, aber es garantiert weitestgehende Kompatibilität mit SPARQL für RDF. Andererseits würden leere Knoten in einem Anfragemuster weiterhin wie unbestimmte Variablen behandelt, so dass leere Knoten in Anfrage und Ergebnis eine unterschiedliche Bedeutung hätten. Die Alternative wäre, Variablen grundsätzlich als bestimmte Variablen zu betrachten, also niemals leere Knoten als Ergebnis zu liefern. Damit würde SPARQL für OWL aber nicht mehr alle Ergebnisse liefern, die SPARQL jetzt bereits liefert, was in praktischen Anwendungen ein ernstes Problem darstellen könnte.

7.3 Zusammenfassung   7.3

Im ersten Teil dieses Kapitels haben wir ausführlich die in SPARQL definierte Anfragesprache für RDF besprochen. Wir haben dabei verschiedene Anfragebedingungen in From von Graph-Mustern und Filtern sowie Ausgabeformate und Modifikatoren kennengelernt. Die genaue Semantik dieser Ausdrucksmittel wurde mit Hilfe der SPARQL-Algebra beschrieben.

Im zweiten Teil haben wir uns konjunktive Anfragen für OWL DL näher angesehen und diesen Formalismus mit SPARQL verglichen.

7.4 Aufgaben   7.4

Aufgabe 7.4.1 Betrachten Sie das folgende RDF-Dokument mit Informationen   7.4.1
über einige Himmelskörper:

```
@prefix  ex: <http://example.org/> .
ex:Sonne     ex:radius    "1.392e6"^^xsd:double ;
             ex:satellit  ex:Merkur, ex:Venus, ex:Erde, ex:Mars .
ex:Merkur    ex:radius    "2439.7"^^xsd:double .
ex:Venus     ex:radius    "6051.9"^^xsd:double .
ex:Erde      ex:radius    "6372.8"^^xsd:double ;
             ex:satellit  ex:Mond .
ex:Mars      ex:radius    "3402.5"^^xsd:double ;
             ex:satellit  ex:Phobos, ex:Deimos .
ex:Mond      ex:name      "Mond@de", "Moon@en" ;
             ex:radius    "1737.1"^^xsd:double .
ex:Phobos    ex:name      "Phobos" .
ex:Deimos    ex:name      "Deimos" .
```

Geben Sie SPARQL-Anfragen an, welche die folgenden Ergebnisse in tabellarischer Darstellung liefern:

1. Objekte, die um die Sonne oder um einen Satelliten der Sonne kreisen.
2. Objekte mit einem Volumen von über 2×10^{10} (km^3) (Himmelskörper mit Radius können als kugelförmig angenommen werden, d.h. $V = \frac{4}{3}\pi r^3$) und, falls vorhanden, dem Objekt, dessen Satellit sie sind.
3. Objekte mit einem Satelliten, für den ein englischsprachiger Name gegeben ist, die außerdem Satellit eines Objektes von über 3000 (km) Durchmesser sind
4. Objekte mit zwei oder mehr Satelliten (nehmen Sie an, dass unterschiedliche URIs hier unterschiedliche Objekte bezeichnen)

7.4.2

Aufgabe 7.4.2 Übersetzen Sie die Anfragen aus Aufgabe 7.4.1 in Ausdrücke der SPARQL-Algebra. Dabei können Join-Operationen mit dem leeren Graphen Z sofort vereinfacht werden.

7.4.3

Aufgabe 7.4.3 Berechnen Sie die Ergebnisse der Ausdrücke aus Aufgabe 7.4.2 bezüglich der Wissensbasis aus Aufgabe 7.4.1. Berechnen Sie Teilergebnisse schrittweise wie in Abb. 7.1 dargestellt. Stimmen Ihre Ergebnisse mit den erwarteten Resultaten überein?

7.4.4

Aufgabe 7.4.4 Durch Kombination von Filtern mit optionalen Graph-Mustern kann man in SPARQL auch nach Elementen suchen, für die eine bestimmte Information *nicht* angegeben ist. Formulieren Sie eine Anfrage nach allen Himmelskörpern, die keinen Satelliten haben.

7.4.5

Aufgabe 7.4.5 Betrachten Sie folgende OWL-DL-Wissensbasis in DL-Syntax:

Mond $\sqsubseteq$ $\exists$satellit.Planet $\sqcap$ $\forall$satellit.Planet   Mond $\sqcap$ Planet $\sqsubseteq \bot$

Mond(Phobos)   Mond(Metis)   satellit(Phobos, Mars)

Formulieren Sie nun folgende konjunktive Anfragen:

— Welche Objekte sind keine Monde?
— Welche Monde sind Satelliten von welchen Planeten?
— Welche Objekte sind Satelliten von irgendetwas?

Welche Ergebnisse würden Sie bei diesen Anfragen jeweils erwarten?

7.4.6

Aufgabe 7.4.6 Beim Spiel *Sudoku* geht es darum, unvollständige Zahlengitter entsprechend bestimmter Regeln auszufüllen. Wir betrachten folgendes einfaches 4 × 4-Sudoku:

			3
			4
2			
3			

Ziel ist es, Zahlen von 1 bis 4 so in die Felder einzutragen, dass keine Zahl in einer Zeile, Spalte oder einem der vier 2×2-Teilfelder mehrfach vorkommt. Wir wollen nun SPARQL verwenden, um dieses Problem zu lösen, d.h., jede mögliche Lösung eines Sudokus soll einer durch SPARQL ermittelten Variablenbelegung entsprechen. Versuchen Sie dazu ein geeignetes RDF-Dokument und eine entsprechende SPARQL-Anfrage zu finden. Sollte dies zu anspruchsvoll erscheinen, dann (und nur dann) betrachten Sie noch die nachfolgenden Hinweise.

Da Variablen in SPARQL nur Werte annehmen können, die in einem RDF-Dokument vorkommen, benötigen wir zunächst ein Dokument für die Darstellung der möglichen Zahlenwerte, wie z.B. das folgende:

```
<http://example.org/Feld>   <http://example.org/erlaubt>
     "1"^^xsd:int, "2"^^xsd:int, "3"^^xsd:int, "4"^^xsd:int .
```

Weisen Sie nun jedem der 16 Felder einen Variablennamen zu und formulieren Sie dann die folgenden Bedingungen in Ihrer Anfrage:

— Jedes der Felder nimmt einen Wert an, der eine erlaubte Zahl ist.
— Die vorausgefüllten Felder haben den vorgegebenen Wert.
— Keine zwei unterschiedlichen Felder derselben Zeile sind gleich.
— Keine zwei unterschiedlichen Felder derselben Spalte sind gleich.
— Keine zwei unterschiedlichen Felder desselben Teilquadrats sind gleich.

Die letzten drei Punkte, wörtlich ausgeführt, führen zu wiederholten Bedingungen, die man weiter vereinfachen kann. Da es insgesamt nur wenige mögliche Werte gibt, kann man die Gleichheit und Ungleichheit zweier Werte auch mit Hilfe von weiteren Prädikaten direkt im RDF-Dokument beschreiben und so die Verwendung von Filtern gänzlich vermeiden. Auf ähnliche Weise kann man mit SPARQL beliebige Sudokus lösen (woraus man leicht ableiten kann, dass SPARQL mindestens so schwer wie Sudoku – also NP-hart – ist).

7.5 Weiterführende Literatur

Die wesentlichen Dokumente der SPARQL-Spezifikation sind

— „SPARQL Query Language for RDF" [PS], wo Anfragesyntax und -semantik definiert werden,

- „SPARQL Query Results XML Format" [BB], welches die Formatierung von (SELECT-)Anfragen in XML regelt und
- „SPARQL Protocol for RDF" [Cla], das die Kommunikation mit einem SPARQL-Anfragedienst beschreibt.

Die Semantik und Komplexität von SPARQL wird in [APG06] ausführlich diskutiert. Zusammenhänge zwischen SPARQL und der bei relationalen Datenbanken gebräuchlichen relationalen Algebra wurden in [Cyg] herausgearbeitet.

Die allgemeine Idee der konjunktiven Anfragen wurden für relationale Datenbanken schon 1977 in [CM77] betrachtet und spielt seither eine wichtige Rolle auf diesem Gebiet. Für Beschreibungslogiken (und damit OWL) wurden diese Anfragen seit Ende der 1990er Jahre genauer betrachtet [CGL98]. Viele aktuelle Systeme unterstützen konjunktive Anfragen aufgrund der hohen Berechnungskomplexität nur teilweise. KAON2 erlaubt z.B. nur Anfragen ohne unbestimmte Variablen und mit diversen Einschränkungen bei der Abfrage von Rollen [Mot06], ist allerdings auf diesem Gebiet zurzeit meist das leistungsfähigste System. *Pellet*[4] bietet dagegen die umfangreichste Unterstützung für konjunktive Anfragen, was allerdings oft eine weniger effiziente Abarbeitung mit sich bringt.

Die Berechenbarkeit und Komplexität allgemeiner konjunktiver Anfragen für ausdrucksstarke Beschreibungslogiken sind Gegenstand aktueller Forschung. Transitive Rollen stellen dabei eine besondere Herausforderung dar [GHLS07], und selbst bei einfachen Beschreibungslogiken kann sich die Beantwortung konjunktiver Anfragen äußerst komplex gestalten [Lut07, KRH07, CEO07]. Zum Zeitpunkt der Fertigstellung dieses Buches ist es noch nicht bekannt, ob konjunktive Anfragen für OWL DL entscheidbar sind oder nicht.

---

[4]http://www.mindswap.org/2003/pellet/

Anhang A
Prädikatenlogik – kurzgefasst

A

A

A Prädikatenlogik – kurzgefasst

Wir wiederholen in diesem Anhang kurz und knapp logische Grundlagen, die wir im Kapitel 6 benötigen. Wir werden dafür Syntax und Semantik der Prädikatenlogik erster Stufe vollständig einführen, wobei wir allerdings auf formale Nachweise und ausführliche Beispiele verzichten werden. Wir werden außerdem kurz auf Normalformen und Hornlogik als Grundlage der Logikprogrammierung eingehen.

Ausführliche deutschsprachige Lehrbücher zu den hier behandelten Themen sind z.B. [Sch00, Höl03, EFT01, Llo88].

A.1 Syntax

Ein *Alphabet* (V, K, F, P) einer *Sprache erster Stufe* besteht aus
— einer Menge V von *Variablen*, die abzählbar unendlich ist,
— einer Menge K von *Konstantensymbolen*,
— einer Menge F von *Funktionssymbolen*, wobei jedem $f \in F$ eine Stelligkeit stel$(f) \in \mathbb{N}$ zugeordnet wird,[1] sowie
— einer Menge P von *Prädikats-* oder *Relationssymbolen*, wobei jedem $p \in P$ ebenfalls eine Stelligkeit stel$(p) \in \mathbb{N}_0$ zugeordnet wird.

Terme sind induktiv definiert wie folgt:
— Jede Variable ist ein Term.
— Ist f ein Funktionssymbol mit stel$(f) = k$ und sind $t_1, \ldots, t_k$ Terme, dann ist auch $f(t_1, \ldots, t_k)$ ein Term.
— Nichts sonst ist ein Term.

(*Prädikatenlogische*) *Formeln* (*erster Stufe*) sind induktiv definiert wie folgt:
— Ist p ein Prädikatssymbol mit stel$(p) = k$ und sind $t_1, \ldots, t_k$ Terme, dann ist $p(t_1, \ldots, t_k)$ eine Formel. Formeln dieser Art heißen auch *atomare Formeln*.
— Ist F eine Formel, dann ist auch $\neg F$ eine Formel, genannt die *Negation* von F.
— Sind F und G Formeln, dann sind auch $F \wedge G$ und $F \vee G$ Formeln, genannt die *Konjunktion* bzw. die *Disjunktion* von F und G.
— Ist F eine Formel und x eine Variable, dann sind $(\exists x)F$ und $(\forall y)G$ Formeln. Das Symbol $\exists$ heißt *Existenzquantor*, das Symbol $\forall$ heißt *Allquantor*. In beiden Fällen heißt x die *durch den Quantor gebundene Variable*.

---

[1]Das Symbol $\mathbb{N}$ bezeichnet die natürlichen Zahlen. Die kleinste natürliche Zahl ist 1. Wir definieren $\mathbb{N}_0 = \mathbb{N} \cup \{0\}$.

– Nichts sonst ist eine Formel.

Wir verwenden folgende Abkürzungen:
- $F \to G$ steht für $\neg F \vee G$
- $F \leftrightarrow G$ steht für $(F \to G) \wedge (G \to F)$

Die Zeichen $\neg, \wedge, \vee, \to, \leftrightarrow$ heißen *Junktoren*. Präzedenzen zwischen den Junktoren und Quantoren regeln wir wie folgt: Die Negation $\neg$ bindet am stärksten. Alle anderen Junktoren binden am schwächsten. Zur Auflösung von Zweideutigkeiten werden Klammern verwendet. Ungebundene Variablen, d.h. solche, die nicht durch einen Quantor gebunden sind, heißen *frei*.

Die Menge aller prädikatenlogischen Formeln erster Stufe über (V, K, F, P) nennt man die *Sprache erster Stufe* über (V, K, F, P).

Eine *aussagenlogische Formel* ist eine prädikatenlogische Formel, in der keine Quantoren und nur Prädikate der Stelligkeit Null vorkommen.

Ein Beispiel für eine prädikatenlogische Formel erster Stufe ist

$$(\forall x)(\texttt{Pruefung}(x) \to (\forall y)(\texttt{hatPruefer}(x, y) \to \texttt{Professor}(y))).$$

Intuitiv besagt sie, dass alle Prüfer einer Prüfung Professoren sein müssen.

A.2 Semantik

Eine *Interpretation* (oder *Struktur*) $I = (D, \cdot^I)$ einer Sprache erster Stufe über (V, K, F, P) besteht aus einer Menge $D \neq \emptyset$, die *Grundbereich* genannt wird, sowie einer als Exponent notierten partiellen Abbildung $\cdot^I$, die
- jeder Variablen x im Definitionsbereich von $\cdot^I$ ein Element $a^I \in D$ zuordnet,
- jedem Konstantensymbol a im Definitionsbereich von $\cdot^I$ ein Element $x^I \in D$ zuordnet,
- jedem Funktionssymbol f mit Stelligkeit k im Definitionsbereich von $\cdot^I$ eine Funktion $f^I : D^k \to D$ zuordnet und
- jedem Prädikatssymbol p mit Stelligkeit k im Definitionsbereich von $\cdot^I$ eine Relation $p^I \subseteq D^k$ zuordnet.

Wenn wir im Folgenden Interpretationen von Formeln oder Formelmengen betrachten, dann nehmen wir stets an, dass die betrachteten Interpretationen für alle in den Formeln auftretenden Variablen, Konstanten-, Funktions- und Prädikatssymbole definiert sind.

Interpretationen müssen nicht immer die naheliegenden sein. Wenn wir das vorherige Beispiel

$$(\forall x)(\texttt{Pruefung}(x) \rightarrow (\forall y)(\texttt{hatPruefer}(x,y) \rightarrow \texttt{Professor}(y))).$$

betrachten, dann ist z.B. folgendes eine Interpretation:
— Der Grundbereich D sind die natürlichen Zahlen.
— Jeder Variablen wird $0 \in D$ zugeordnet.
— Jedem Konstantensymbol wird $0 \in D$ zugeordnet.
— Jedem Funktionssymbol wird die Identitätsfunktion $i : D \rightarrow D : n \mapsto n$ zugeordnet.
— Dem Prädikatssymbol **Pruefung** wird die Menge D zugeordnet.
— Dem Prädikatssymbol **hatPruefer** wird die Menge $\{(n,m) \mid n \leq m\}$ zugeordnet.
— Dem Prädikatssymbol **Professor** wird die Menge $\{n + n \mid n \in D\}$ zugeordnet.

Die Beispielformel sagt unter dieser Interpretation aus, dass für jede natürliche Zahl n gilt: Jede Zahl größer als n ist gerade. Dies ist natürlich keine korrekte Aussage – dennoch ist es eine Interpretation. *Korrekte* Aussagen heißen *Modelle*, wie wir sie im Folgenden definieren.

Jede Interpretation $I = (D, \cdot^I)$ kann wie folgt rekursiv auf die Menge aller Terme bzw. die Menge aller Formeln einer Sprache fortgesetzt werden: Ist t ein Term, dann definieren wir

— $t^I = x^I$, falls $t = x$ für eine Variable x ist,
— $t^I = a^I$, falls $t = a$ für eine Konstante a ist, und
— $t^I = f^I(t_1^I, \ldots, t_k^I)$, falls t die Form $t = f(t_1, \ldots, t_k)$ hat.

Damit wird jedem Term ein Element $t^I \in D$ zugeordnet.

Ist F eine Formel, dann definieren wir auf ähnliche Weise den Wahrheitswert $F^I \in \{0,1\}$ von F unter I wie folgt. Wir verwenden 0 für den Wahrheitswert *falsch* und 1 für den Wahrheitswert *wahr*. Ist I eine Interpretation, x eine Variable und $d \in D$, so bezeichnet $I[x \mapsto d]$ die Interpretation, die x auf d abbildet und ansonsten mit I auf $V \cup K \cup F \cup P$ übereinstimmt.

— Ist F eine atomare Formel von der Form $F = p(t_1, \ldots, t_k)$, dann ist $F^I = 1$ (d.h., F^I ist *wahr*) genau dann, wenn $(t_1^I, \ldots, t_k^I) \in p^I$ ist. Ansonsten ist $F^I = 0$ (d.h., F^I ist *falsch*).
— Ist F von der Form $F = \neg G$, dann ist $F^I = 1$ genau dann, wenn $G^I = 0$ ist. Ansonsten ist $F^I = 0$.
— Ist F von der Form $F = G \wedge H$, dann ist $F^I = 1$ genau dann, wenn $G^I = 1$ und $H^I = 1$ ist. Ansonsten ist $F^I = 0$.

- Ist F von der Form $F = G \vee H$, dann ist $F^I = 1$ genau dann, wenn $G^I = 1$ oder $H^I = 1$ ist. Ansonsten ist $F^I = 0$.
- Ist F von der Form $F = (\forall x)G$, dann ist $F^I = 1$ genau dann, wenn $G^{I[x \mapsto d]} = 1$ für alle $d \in D$ ist. Ansonsten ist $F^I = 0$.
- Ist F von der Form $F = (\exists x)G$, dann ist $F^I = 1$ genau dann, wenn $G^{I[x \mapsto d]} = 1$ für mindestens ein $d \in D$ ist. Ansonsten ist $F^I = 0$.

Ist F eine Formel, dann heißt eine Interpretation I ein *Modell* für F, wenn $F^I = 1$ ist. In diesem Fall schreiben wir $I \models F$. Zwei Formeln F und G heißen *äquivalent*, wenn sie genau dieselben Modelle besitzen. In diesem Fall schreiben wir $F \equiv G$. Eine Formel F heißt eine *Tautologie* (oder *allgemeingültig*), wenn jede Interpretation ein Modell für F ist. Sie heißt *erfüllbar*, wenn es mindestens ein Modell für sie gibt. Sie heißt *widersprüchlich* (oder *unerfüllbar*), wenn es kein Modell für sie gibt. Sie heißt *widerlegbar*, wenn sie keine Tautologie ist.

A.2.1   **Satz A.2.1** Es gelten folgende Äquivalenzen für beliebige Formeln F und G:

$$\neg\neg F \equiv F$$
$$\neg(F \vee G) \equiv \neg F \wedge \neg G$$
$$\neg(F \wedge G) \equiv \neg F \vee \neg G$$
$$(F \wedge G) \vee H \equiv (F \vee H) \wedge (G \vee H)$$
$$(F \vee G) \wedge H \equiv (F \wedge H) \vee (G \wedge H)$$
$$\neg(\forall x)F \equiv (\exists x)\neg F$$
$$\neg(\exists x)F \equiv (\forall x)\neg F$$
$$(\forall x)(\forall y)F \equiv (\forall y)(\forall x)F$$
$$(\exists x)(\exists y)F \equiv (\exists y)(\exists x)F$$
$$(\forall x)F \wedge (\forall x)G \equiv (\forall x)(F \wedge G)$$
$$(\exists x)F \vee (\exists x)G \equiv (\exists x)(F \vee G)$$

Außerdem gelten folgende Äquivalenzen, falls x in G nicht frei vorkommt:

$$(\forall x)F \wedge G \equiv (\forall x)(F \wedge G)$$
$$(\forall x)F \vee G \equiv (\forall x)(F \vee G)$$
$$(\exists x)F \wedge G \equiv (\exists x)(F \wedge G)$$
$$(\exists x)F \vee G \equiv (\exists x)(F \vee G)$$

Eine *Theorie* (oder *Wissensbasis*) ist eine Menge von Formeln. Ist T eine Theorie, dann heißt eine Interpretation I ein *Modell* für T, wenn $F^I = 1$ für alle $F \in T$ ist. In diesem Fall schreiben wir $I \models T$. Eine Theorie heißt *erfüllbar*, wenn sie ein Modell hat, sie heißt *widersprüchlich* (oder *unerfüllbar*), wenn sie kein Modell hat.

Ist T eine Theorie und F eine Formel, dann heißt F eine *logische Konsequenz* oder *logische Folgerung* von T, wenn jedes Modell von T auch ein Modell von F ist. In diesem Fall schreiben wir $T \models F$.

So ist z.B. $p(a)$ eine logische Konsequenz aus der Theorie

$$\{q(a), (\forall x)(p(x) \rightarrow q(x))\}.$$

Das folgende *Deduktionstheorem* ist eine der zentralen Eigenschaften der Prädikatenlogik.

Satz A.2.2   Ist $T = \{F_1, \ldots, F_n\}$ eine Theorie und F eine Formel, so gilt $T \models F$ genau dann, wenn $(F_1 \wedge \cdots \wedge F_n) \rightarrow F$ eine Tautologie ist.   **A.2.2**

Die Wichtigkeit von Satz A.2.2 liegt darin, dass er erlaubt, den Begriff der logischen Konsequenz auf die Allgemeingültigkeit einer Formel zurückzuführen. Automatisiertes Schlussfolgern oder Beweisen kann damit auf den Nachweis von Allgemeingültigkeit reduziert werden. Wie wir z.B. in Abschnitt 6.3 gesehen haben, ist es damit möglich, automatisiertes Schlussfolgern mit Hilfe von Algorithmen zu realisieren, die rein syntaktisch arbeiten. Dabei ist auch der folgende Satz hilfreich, der im Grunde nur eine Umformulierung von Satz A.2.2 ist.

Satz A.2.3   Ist $T = \{F_1, \ldots, F_n\}$ eine Theorie und F eine Formel, so gilt $T \models F$ genau dann, wenn $(F_1 \wedge \cdots \wedge F_n) \wedge \neg F$ unerfüllbar ist.   **A.2.3**

A.3 Normalformen   **A.3**

Wie wir z.B. in Satz A.2.1 gesehen haben, gibt es zu jeder Formel andere, die äquivalent sind. Für automatische Beweisverfahren ist es natürlich nützlich, Formeln zuerst in eine syntaktisch einfache Form – eine sogenannte Normalform – zu überführen.

❯ A.3.1 Negationsnormalform

Die Negationsnormalform ist dadurch charakterisiert, dass alle Negationssymbole direkt vor Prädikatssymbolen stehen. Mit Hilfe der folgenden Äquivalenzen aus Satz A.2.1 lässt sich das stets erreichen:

$$\neg\neg F \equiv F$$
$$\neg(F \vee G) \equiv \neg F \wedge \neg G$$
$$\neg(F \wedge G) \equiv \neg F \vee \neg G$$
$$\neg(\forall x)F \equiv (\exists x)\neg F$$
$$\neg(\exists x)F \equiv (\forall x)\neg F$$

Die Formel $\neg(\forall x)(p(x) \vee q(x))$ wird z.B. als $(\exists x)(\neg p(x) \wedge \neg q(x))$ in Negationsnormalform transformiert.

Als weiteres Beispiel betrachten wir die folgenden Formeln, die aus einem Beispiel von Seite 190 stammen:[2]

$$(\forall x)(\texttt{Mensch}(x) \rightarrow ((\exists y)(\texttt{hatMutter}(x,y) \wedge \texttt{Mensch}(y))))$$
$$(\forall x)(\neg(\forall y)(\texttt{hatMutter}(x,y) \rightarrow Q(y)) \rightarrow \texttt{Enkelkind}(x))$$
$$(\forall x)(Q(x) \rightarrow ((\forall y)(\texttt{hatMutter}(x,y) \rightarrow \neg\texttt{Mensch}(y))))$$

Zunächst ersetzen wir die Pfeile.

$$(\forall x)(\neg\texttt{Mensch}(x) \vee ((\exists y)(\texttt{hatMutter}(x,y) \wedge \texttt{Mensch}(y))))$$
$$(\forall x)(\neg\neg(\forall y)(\neg\texttt{hatMutter}(x,y) \vee Q(y)) \vee \texttt{Enkelkind}(x))$$
$$(\forall x)(\neg Q(x) \vee ((\forall y)(\neg\texttt{hatMutter}(x,y) \vee \neg\texttt{Mensch}(y))))$$

Die erste und die dritte Formel sind schon in Negationsnormalform. Bei der zweiten müssen wir lediglich noch die Doppelnegation entfernen.

$$(\forall x)(\neg\texttt{Mensch}(x) \vee ((\exists y)(\texttt{hatMutter}(x,y) \wedge \texttt{Mensch}(y))))$$
$$(\forall x)((\forall y)(\neg\texttt{hatMutter}(x,y) \vee Q(y)) \vee \texttt{Enkelkind}(x))$$
$$(\forall x)(\neg Q(x) \vee ((\forall y)(\neg\texttt{hatMutter}(x,y) \vee \neg\texttt{Mensch}(y))))$$

❯ A.3.2 Pränexnormalform

Die Pränexnormalform zeichnet sich dadurch aus, dass alle Quantoren vor der Formel stehen und die Formel zusätzlich in Negationsnormalform ist. Mit

---

[2]Es handelt sich um eine Übersetzung der dort als Beispiel behandelten $\mathcal{ALC}$-TBox in die Prädikatenlogik erster Stufe.

Hilfe der Formeln

$$(\forall x)F \wedge G \equiv (\forall x)(F \wedge G)$$
$$(\forall x)F \vee G \equiv (\forall x)(F \vee G)$$
$$(\exists x)F \wedge G \equiv (\exists x)(F \wedge G)$$
$$(\exists x)F \vee G \equiv (\exists x)(F \vee G),$$

die gelten falls x in G nicht frei vorkommt, lässt sich aus jeder Negations-normalform eine Pränexnormalform herstellen. Am einfachsten erreicht man dies, indem man alle Quantoren in der Reihenfolge, in der sie in der Formel vorkommen, vor die Formel schreibt. Man muss lediglich aufpassen, falls zwei Quantoren dieselbe Variable binden. In dem Fall muss man zuerst bei einem Auftreten die Variable im Bindungsbereich des Quantors umbenennen, d.h. durch eine noch nicht vorkommende Variable ersetzen.

Das Beispiel aus dem vorigen Abschnitt kann man wie folgt in Pränexnor-malform transformieren:

$$(\forall x)(\exists y)(\neg \mathtt{Mensch}(x) \vee (\mathtt{hatMutter}(x,y) \wedge \mathtt{Mensch}(y)))$$
$$(\forall x)(\forall y)(\neg \mathtt{hatMutter}(x,y) \vee Q(y) \vee \mathtt{Enkelkind}(x))$$
$$(\forall x)(\forall y)(\neg Q(x) \vee \neg \mathtt{hatMutter}(x,y) \vee \neg \mathtt{Mensch}(y))$$

❯ A.3.3 Skolemnormalform

Bei der Transformation in Skolemnormalform werden Existenzquantoren er-setzt. Dies geschieht durch wiederholte Anwendung der folgenden Regeln, wobei von einer Formel in Pränexnormalform ausgegangen wird:

1. Wähle den am weitesten links auftretenden Existenzquantor. Sei x die durch den Quantor gebundene Variable.
2. Steht links des gewählten Quantors *kein* Allquantor, so ersetze alle Auf-treten von x in der Formel durch eine neue Konstante – d.h., die neue Konstante darf bisher noch nicht in der Formel auftreten und jedesmal wird *dieselbe* Konstante eingesetzt.
3. Stehen links des gewählten Quantors n Allquantoren ($n \geq 1$), die die Va-riablen $x_1, \ldots, x_n$ binden, dann ersetze alle Auftreten von x in der Formel durch den Ausdruck $f(x_1, \ldots, x_n)$, wobei f ein neues Funktionssymbol ist.
4. Entferne den gewählten Quantor.

Die Formel $(\exists x)(\forall y)(\exists z)(p(x,y,z))$ ergibt etwa $(\forall y)(p(a,y,f(y)))$ in Skolem-normalform.

Mit *Skolemisierung* bezeichnet man die Entfernung der Existstenzquantoren nach dem angegebenen Verfahren. Die dabei neu eingeführten Konstanten-und Funktionssymbole heißen *Skolemkonstanten* bzw. *Skolemfunktionen*. Ist F eine Formel und G eine zugehörige Formel in Skolemnormalform, dann sind F und G im Allgemeinen nicht äquivalent. Allerdings ist F genau dann erfüllbar, wenn G erfüllbar ist.

Das Beispiel des vorigen Abschnitts fortführend müssen wir nur die erste Formel transformieren und erhalten

$$(\forall x)(\neg\texttt{Mensch}(x) \vee (\texttt{hatMutter}(x, f(x)) \wedge \texttt{Mensch}(f(x))))$$

$$(\forall x)(\forall y)(\neg\texttt{hatMutter}(x, y) \vee Q(y) \vee \texttt{Enkelkind}(x))$$

$$(\forall x)(\forall y)(\neg Q(x) \vee \neg\texttt{hatMutter}(x, y) \vee \neg\texttt{Mensch}(y)).$$

❯ A.3.4 Klauselform

Nach der Transformation in Skolemnormalform enthält eine Formel nur noch Allquantoren. Sie werden also in der Regel einfach weggelassen und alle Variablen werden als allquantifiziert verstanden. Um eine Klauselform zu erhalten, wird außerdem die verbleibende Formel als eine Konjunktion von Disjunktionen geschrieben. Dies geschieht durch wiederholte Anwendung der Distributivitätsgesetze

$$(F \wedge G) \vee H \equiv (F \vee H) \wedge (G \vee H)$$

$$(F \vee G) \wedge H \equiv (F \wedge H) \vee (G \wedge H).$$

Ist dann $D_1 \wedge D_2$ eine Konjunktion von Disjunktionen, so nennt man D_1 und D_2 *Klauseln*. Eine Formel in Klauselform ist somit die Menge der Klauseln, die bei der Transformation entstehen.

Das Beispiel aus dem vorigen Abschnitt weiterführend erhalten wir aus der ersten Formel

$$(\neg\texttt{Mensch}(x) \vee \texttt{hatMutter}(x, f(x))) \wedge (\neg\texttt{Mensch}(x) \vee \texttt{Mensch}(f(x))),$$

was zwei Klauseln ergibt. Die Menge aller Klauseln, die aus dem Beispiel entstehen, ist die folgende.

$$\neg\texttt{Mensch}(x) \vee \texttt{hatMutter}(x, f(x))$$

$$\neg\texttt{Mensch}(x) \vee \texttt{Mensch}(f(x))$$

$$\neg\texttt{hatMutter}(x, y) \vee Q(y) \vee \texttt{Enkelkind}(x)$$

$$\neg Q(x) \vee \neg\texttt{hatMutter}(x, y) \vee \neg\texttt{Mensch}(y).$$

Als *Hornklauseln* bezeichnet man Klauseln, die höchstens ein negiertes Atom enthalten. Im obigen Beispiel sind die ersten beiden Klauseln Hornklauseln. Klauseln lassen sich auch in anderer syntaktischer Form aufschreiben, nämlich mit Hilfe einer Implikation (die dann üblicherweise von rechts nach links, d.h. mit „←" geschrieben wird), wobei dann kein Negationssymbol mehr auftritt.

Die obigen Regeln werden dann zu

$$\text{hatMutter}(x, f(x)) \leftarrow \text{Mensch}(x)$$
$$\text{Mensch}(f(x)) \leftarrow \text{Mensch}(x)$$
$$Q(y), \text{Enkelkind}(x) \leftarrow \text{hatMutter}(x, y)$$
$$\leftarrow Q(x), \text{hatMutter}(x, y), \text{Mensch}(y).$$

In dieser Schreibweise treten auf der rechten Seite der Implikation nur Konjunktionen und auf der linken Seite nur Disjunktionen auf. Üblicherweise werden beide vereinfacht durch Kommata ersetzt. Eine (endliche) Menge von Formeln in dieser syntaktischen Form nennen wir ein *disjunktives Logikprogramm*. Man beachte außerdem die letzte Formel, bei der nichts links von der Implikation steht. Ihre Bedeutung wird klar durch die Formel, aus der sie erzeugt wurde. Solche Formeln nennt man aus historischen Gründen auch *Integritätsbedingungen*. Manche Formeln haben entsprechend eine leere rechte Seite – diese nennt man *Fakten*.

Enthält ein disjunktives Logikprogramm keine Funktionssymbole, so nennen wir es ein *disjunktives Datalogprogramm*. Logikprogramme ohne Disjunktion nennen wir *definite Logikprogramme*, sie entsprechen den oben genannten Hornklauseln. Nicht-disjunktive *Datalogprogramme* enthalten entsprechend weder Disjunktion noch Negation.

Satz A.3.1 Sei F_1 eine Formel, F_2 ihre Negationsnormalform, F_3 ihre Pränexnormalform, F_4 eine zugehörige Skolemnormalform und F_5 die entsprechende Formel in Klauselform. Dann gelten die folgenden Aussagen:
A.3.1

- $F_1 \equiv F_2 \equiv F_3$
- $F_4 \equiv F_5$
- F_1 (und damit F_2 und F_3) ist genau dann erfüllbar, wenn F_4 (und damit F_5) erfüllbar ist.
- Im Allgemeinen ist $F_1 \not\equiv F_5$.

A.4 Logikprogramme und Datalog

A.4

Für disjunktive Logikprogramme wird die modelltheoretische Semantik, die wir in Abschnitt A.2 vorgestellt haben, in der Regel modifiziert. Genauer betrachtet man sogenannte *Herbrandmodelle*, die wir nun kurz einführen werden.

❯ A.4.1 Herbrandmodelle und Minimale Modellsemantik

Sei eine Sprache erster Stufe gegeben, die mindestens ein Konstantensymbol enthält. Das *Herbranduniversum* über dieser Sprache ist die Menge aller

Terme, die keine Variablen enthalten. Solche Terme nennt man auch *grundinstanziert*. Eine *Herbrandinterpretation* ist eine Interpretation, deren Grundbereich das Herbranduniversum ist. Die *Herbrandbasis* einer Sprache ist die Menge aller atomaren Formeln in dieser Sprache, die keine Variablen enthalten. Solche Formeln nennt man auch *grundinstanziert*.

Ist I eine Teilmenge der Herbrandbasis, so lässt sich I eine Herbrandinterpretation J zuordnen, bei der $(t_1^J, \ldots, t_n^J) \in p^J$ genau dann gilt, wenn $p(t_1, \ldots, t_n) \in I$ ist. Umgekehrt läßt sich jeder Herbrandinterpretation J eine Teilmenge I der Herbrandbasis zuordnen, bei der $p(t_1, \ldots, t_n) \in I$ genau dann gilt, wenn $(t_1^J, \ldots, t_n^J) \in p^J$ ist. Diese Zuordnung ist umkehrbar eindeutig.[3] Man kann Herbrandinterpretationen also einfach mit Teilmengen der Herbrandbasis identifizieren.

Für disjunktive Logikprogramme betrachtet man nun häufig die sogenannte *Minimale Modellsemantik*, d.h., man beschränkt sich bei der Betrachtung logischer Schlußfolgerungen auf die minimalen Herbrandmodelle des Logikprogramms, wobei sich *minimal* auf Mengeninklusion bezieht. Außerdem beschränkt man sich darauf, grundinstanzierte Atome – d.h. Elemente der Herbrandbasis – schlusszufolgern. Das heißt, ein grundinstanziertes Atom A ist eine logische Konsequenz (im Sinne der Minimalen Modellsemantik) eines Logikprogrammes P, wenn A in jedem minimalen Herbrandmodell von P wahr ist.

Betrachten wir z.B. das (aussagenlogische) Programm, das aus den folgenden Klauseln besteht:

$$r \leftarrow p$$
$$r \leftarrow q$$
$$p \vee q \leftarrow$$

Dann hat dieses Programm genau die beiden minimalen Herbrandmodelle $\{p, r\}$ und $\{q, r\}$. Das heißt, r ist eine logische Konsequenz (im Sinne der Minimalen Modellsemantik) des Programms. Man beachte, dass $p \vee q$ *keine* logische Konsequenz im Sinne der Minimalen Modellsemantik ist, da nur grundinstanzierte Atome betrachtet werden.

Der Zusammenhang zwischen der klassischen in Abschnitt A.2 vorgestellten Semantik und der Minimalen Modellsemantik ist der folgende:

A.4.1   **Satz A.4.1** Sei P ein disjunktives Logikprogramm und A ein grundinstanziertes Atom. Dann ist A genau dann eine logische Konsequenz im Sinne der Minimalen Modellsemantik, wenn A auch eine logische Konsequenz im Sinne der klassischen Semantik der Prädikatenlogik erster Stufe ist.

---

[3]Sie ist bijektiv.

Bei Einschränkung auf grundinstanzierte Atome sind also beide Semantiken gleichwertig und wir brauchen sie im Folgenden nicht mehr explizit zu unterscheiden. Wir betrachten bis zum Ende dieses Abschnitts nur noch grundinstanzierte Atome als logische Schlussfolgerungen.

Warum nimmt man diese Einschränkung vor? Es zeigt sich, dass es sowohl für definite Logikprogramme als auch für disjunktives Datalog effiziente Algorithmen zur Berechnung von logischen Schlussfolgerungen gibt. Die Einschränkungen haben also direkte Auswirkungen auf die Praxis. Für definite Logikprogramme lässt sich außerdem zeigen, dass es statt mehrerer minimaler Herbrandmodelle immer *genau ein kleinstes* Herbrandmodell gibt, was sowohl theoretische Untersuchungen als auch Implementierungen vereinfacht.

Im Falle der definiten Logikprogramme hat man aus diesen Algorithmen sogar ganze Programmiersprachen entwickelt. Man modifiziert dafür die Algorithmen so, dass Anfragen der Form $q(x_1, \ldots, x_n)$ als Input möglich sind, wobei $x_1 \ldots, x_n$ Variablen sind. Das System antwortet dann mit Variablenbelegungen durch Elemente des Herbranduniversums als Output. Dieses Input-Output-Verhalten ist so mächtig, dass damit Programmieren möglich ist.[4] Die Programmiersprache *Prolog* etwa basiert auf diesem Verfahren.

❯ A.4.2 Die Geschlossene-Welt-Annahme

Im Kontext der Logikprogrammierung wird häufig eine modifizierte Semantik für Negation verwendet. Betrachten wir etwa das Logikprogramm

$$p \leftarrow q$$

$$r \leftarrow$$

so ist r die einzige logische Konsequenz aus dem Programm. In der Logikprogrammierung akzeptiert man in diesem Fall oft $\neg p$ und $\neg q$ ebenfalls als logische Konsequenzen des Programms. Dafür kann man verschiedene Gründe finden.

— Verwendet man die schon erwähnten effizienten Algorithmen, so liefern sie bei Anfrage nach p oder q das Ergebnis, dass diese *keine* logischen Konsequenzen aus dem Programm sind. Man interpretiert also *Negation als Fehlschlag* (eines Beweisversuches).

— Diese Lesart entspricht einer intuitiven Interpretation der Klauseln.

— Man kann davon ausgehen, dass das Logikprogramm alles relevante Wissen modelliert. Das heißt, wenn etwas keine logische Konsequenz aus dem

---

[4]Das resultierende Programmierparadigma ist *Turing-mächtig*, d.h., es lässt sich damit im Grunde alles programmieren, was man auch mit anderen Programmiersprachen machen kann.

Programm ist, dann sollte es als *falsch* betrachtet werden. Diese Betrachtungsweise nennt man die *Geschlossene-Welt-Annahme*.[5]

Die Geschlossene-Welt-Annahme bzw. die Negation als Fehlschlag führen natürlich zu Schlussfolgerungen, die im Sinne der klassischen Semantik der Prädikatenlogik erster Stufe im Allgemeinen nicht korrekt sind. In der Logikprogrammierung, die mittlerweile weit über die Betrachtung disjunktiver Logikprogramme hinausgeht, wird also im Allgemeinen nicht mehr mit der klassischen Semantik der Prädikatenlogik erster Stufe gearbeitet. Dennoch gibt es starke Zusammenhänge, wie etwa in Satz A.4.1 beschrieben.

A.5 Eigenschaften

Wir besprechen kurz einige Eigenschaften der Prädikatenlogik erster Stufe bzw. ihrer Fragmente, die für unsere Ausführungen relevant sind.

Die Prädikatenlogik erster Stufe ist *monoton*. Intuitiv heißt dies, dass eine größere Wissensbasis auch mehr logische Konsequenzen hat. Formal ausgedrückt: Sind S und T Theorien mit $S \subseteq T$, dann ist $\{F \mid S \models F\} \subseteq \{F \mid T \models F\}$. Monotonie ist eine sehr praktische Eigenschaft. Wenn wir z.B. wissen wollen, ob eine Aussage F aus einer Theorie T folgt, dann genügt es eine Teiltheorie von T zu finden, aus der F folgt. Aufgrund der Monotonie folgt F dann auch aus T, d.h., wir müssen für diese Schlussfolgerung nicht notwendigerweise die gesamte Theorie T berücksichtigen.
Negation als Fehlschlag bzw. die Geschlossene-Welt-Annahme sind in der Regel nichtmonoton, d.h., die genannte Monotonieeigenschaft ist nicht gültig. Schließt man in etwa $\neg p$ aus dem Programm

$$p \leftarrow q$$
$$r \leftarrow,$$

so muss man bei Hinzunahme des Fakts $p \leftarrow$ die Schlussfolgerung $\neg p$ zurücknehmen, weil nun p folgt. Nichtmonotonie spielt in der Theorie und Praxis der Logikprogrammierung eine zentrale Rolle. Dies liegt unter anderem daran, dass nichtmonotones Schlussfolgern dem menschlichen Denken in mancher Hinsicht näher kommt als die klassische Prädikatenlogik. Tatsächlich ist es so, dass wir Menschen im täglichen Leben unser Handeln oft von nichtmonotonem Schlussfolgern bestimmen lassen. Die Geschlossene-Welt-Annahme als Ursache der Nichtmonotonie ist außerdem aus dem Blickwinkel von Da-

---

[5]Englisch: *Closed World Assumption*, abgekürzt CWA

tenbanken manchmal sinnvoll: In der Regel geht man davon aus, dass eine Datenbank alle relevanten Daten enthält.

Die Prädikatenlogik erster Stufe ist außerdem *kompakt*. Dies bedeutet, dass eine Formel, die aus einer Theorie T folgt, immer auch schon aus einer endlichen Teiltheorie von T folgt.

Zunächst scheint Kompaktheit keine sehr praxisrelevante Eigenschaft zu sein, da die bei realen Anwendungen betrachteten Theorien doch zwangsläufig immer endlich sind. Es ist jedoch so, dass Kompaktheit zusammen mit Monotonie grundlegende theoretische Eigenschaften für die Entwicklung von automatischen Beweisverfahren sind. Sie sind also für den Nachweis von Eigenschaften – z.B. der Vollständikeit – von Algorithmen zur automatischen Inferenz von zentraler Bedeutung.

Ein wichtiges Designkriterium für viele der in diesem Buch behandelten Wissensrepräsentationssprachen ist *Entscheidbarkeit*: Eine Logik heißt *entscheidbar*, wenn es einen Algorithmus gibt, der für jede (endliche) Theorie und jede Formel in endlicher Zeit entscheidet, ob diese Formel eine logische Konsequenz der Theorie ist. Dabei betrachtet man in der Regel allerdings nicht alle Formeln, sondern nur Formeln einer bestimmten Sorte.

Disjunktives Datalog z.B. ist entscheidbar, wenn man nur nach grundinstanzierten Atomen fragt. Die in Kapitel 6 besprochenen Beschreibungslogiken sind entscheidbar, wenn man sich auf die auf Seite 176 aufgeführten typischen Anfragen beschränkt.

Definite Logikprogramme und die Prädikatenlogik erster Stufe sind nicht entscheidbar, d.h. *unentscheidbar*. Sie sind jedoch *semi-entscheidbar* in dem Sinne, dass eine logische Konsequenz $T \models F$ immer in endlicher Zeit nachgewiesen werden kann. Folgt F jedoch nicht aus T, so ist das nicht immer in endlicher Zeit beweisbar. Für semi-entscheidbare Logiken existieren immer Algorithmen, die korrekt und vollständig sind. Manche nichtmonotone Logiken sind nicht einmal semi-entscheidbar, sie sind für die Ausführungen in diesem Buch jedoch nicht relevant.

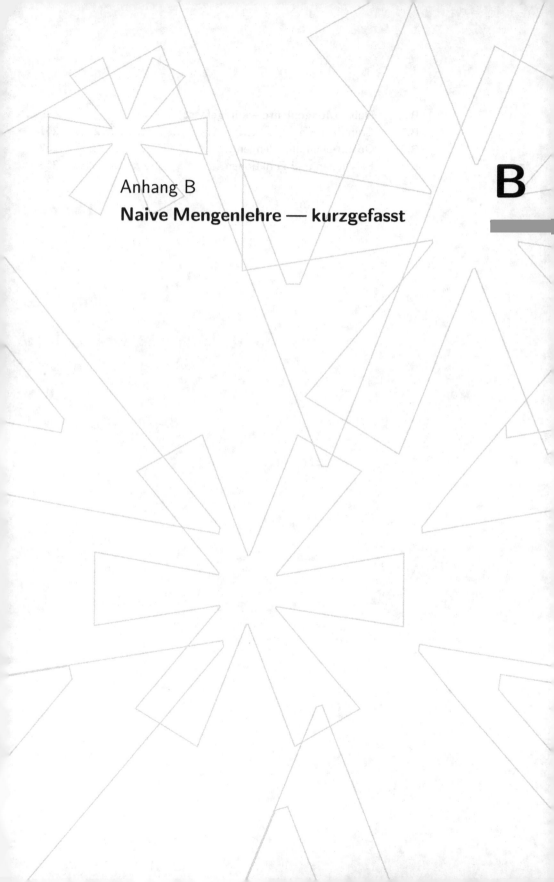

Anhang B

Naive Mengenlehre — kurzgefasst

B

B

B Naive Mengenlehre — kurzgefasst

Dieser Anhang dient dazu, in aller Kürze die in diesem Buch verwendete Notation sowie Grundbegriffe der Mengenlehre zu erläutern.

B.1 Grundbegriffe

Der Begriff der *Menge* als mathematischer Terminus wurde 1877 von Georg Cantor eingeführt, der sie als „eine Zusammenfassung von bestimmten wohl unterschiedenen Objekten der Anschauung oder des Denkens, welche die Elemente der Menge genannt werden, zu einem Ganzen" definiert hat.

Im Allgemeinen hat sich die Konvention eingebürgert, Mengen durch Großbuchstaben und deren Elemente durch Kleinbuchstaben zu kennzeichnen. Dass eine Entität e ein *Element* der Menge M ist, schreibt man $e \in M$ (die gegenteilige Aussage wird als $e \notin M$ notiert).

Dabei kann ein und dasselbe Element nicht mehrfach in einer Menge vorkommen, es kann nur enthalten sein oder nicht.

Es gibt diverse Möglichkeiten, eine Menge anzugeben: Man kann ihre Elemente aufzählen oder durch deren Eigenschaften charakterisieren. In beiden Fällen verwendet man geschweifte Klammern zur Darstellung. So lässt sich die Menge A der natürlichen Zahlen von 1 bis 10 angeben als

$$\{1, 2, 3, 4, 5, 6, 7, 8, 9, 10\}$$

oder auch als

$$\{n \mid n \in \mathbb{N}, 1 \leq n \leq 10\},$$

wobei im zweiten Fall die Menge $\mathbb{N}$ der natürlichen Zahlen als bekannt vorausgesetzt sei.

Eine Menge A ist eine *Teilmenge* der Menge B (Notation $A \subseteq B$), wenn jedes Element von A auch ein Element von B ist. Gibt es darüber hinaus sogar ein Element in B, welches nicht in A enthalten ist, nennt man A *echte Teilmenge* von B (Notation: $A \subset B$).

Zwei Mengen A und B gelten als gleich (geschrieben: $A = B$), wenn sie dieselben Elemente enthalten. Offensichtlich gilt also $A = B$ genau dann, wenn sowohl $A \subseteq B$ als auch $B \subseteq A$.

Man nennt A und B *disjunkt*, wenn es kein Element gibt, das in beiden Mengen enthalten ist.

Die *leere Menge* (Notation: $\emptyset$ oder auch $\{\}$) enthält keine Elemente. Weiterhin ist leicht zu sehen, dass sie Teilmenge jeder Menge ist.

Die *Kardinalität* einer Menge M (Notation: $\#M$ oder auch card(M)) beschreibt salopp gesagt die Anzahl ihrer Elemente. Dies gilt in dieser Form natürlich nur für endliche Mengen. Der Menge der natürlichen Zahlen beispielsweise lässt sich keine solche Anzahl zuweisen – trotzdem lässt sich deren Kardinalität (die übrigens genauso groß wie die Kardinalität der rationalen Zahlen, aber kleiner als die Kardinalität der reellen Zahlen ist) präzise beschreiben, was aber den Rahmen dieses Abrisses sprengen würde.

B.2 Operationen auf Mengen

Es gibt verschiedene Operationen, die wir mit gegebenen Mengen durchführen können, um wiederum Mengen zu erhalten:

— Die *Vereinigung* zweier Mengen A und B (Notation: $A \cup B$) enthält genau diejenigen Elemente, die in A oder in B (oder auch in beiden) enthalten sind.

— Der *Schnitt* oder die *Schnittmenge* von A und B (Notation: $A \cap B$) enthält alle Elemente, die sowohl in A als auch in B enthalten sind. Folglich sind zwei Mengen genau dann disjunkt, wenn ihr Schnitt leer ist (daher die übliche Notation $A \cap B = \emptyset$ für Disjunktheit).

— Die *Differenz* von A und B (Notation: $A \setminus B$ oder auch $A - B$) besteht aus den Elementen, die in A, jedoch nicht in B enthalten sind.

Diese drei Mengenoperationen liefern Mengen zurück, deren Elemente quasi vom gleichen „Typ" sind wie die Elemente der Ausgangsmengen. Für die folgenden beiden Operationen trifft dies nicht zu.

— Das *kartesische Produkt* oder auch *Kreuzprodukt* zweier Mengen A und B (Notation: $A \times B$) enthält alle Paare, deren erste Komponente ein Element aus A und deren zweite Komponente ein Element aus B ist, man kann also schreiben

$$A \times B = \{(a,b) \mid a \in A, b \in B\}.$$

Das Symbol für das kartesische Produkt ist auch insofern intuitiv, als die Kardinalität der Ergebnismenge dem Produkt der Ausgangskardinalitäten (Endlichkeit vorausgesetzt) entspricht.

— Die *Potenzmenge* einer Menge A (Notation: 2^A oder auch $\mathcal{P}(A)$) enthält alle Teilmengen von A als Elemente, also:

$$2^A = \{B \mid B \subseteq A\}.$$

Beispielsweise ist demnach

$$2^{\{a,b\}} = \{\emptyset, \{a\}, \{b\}, \{a,b\}\}.$$

Auch hier ist die Schreibung als Zweierpotenz naheliegend, weil für endliche Mengen A der Zusammenhang $\#(2^A) = 2^{\#A}$ gilt.

B.3 Relationen und Funktionen

Als *(binäre) Relation* zwischen zwei Mengen A und B bezeichnet man eine Teilmenge von deren kartesischem Produkt: $R \subseteq A \times B$. Für $a \in A$ und $b \in B$ schreibt man dann anstelle von $(a, b) \in R$ auch kürzer aRb.
Sind A und B dieselbe Menge, nennt man R eine Relation auf A.
Relationen auf einer Menge A können eine Reihe von interessanten Eigenschaften haben. Man nennt $R \subseteq A \times A$:
— *reflexiv*, falls für alle $a \in A$ gilt aRa,
— *symmetrisch*, falls für alle $a, b \in A$ aus aRb auch bRa folgt,
— *transitiv*, falls für alle $a, b, c \in A$ aus aRb und bRc auch aRc folgt.

Eine Relation zwischen A und B heißt *linkstotal*, wenn für jedes $a \in A$ sich (mindestens) ein $b \in B$ mit aRb findet. Sie heißt *rechtseindeutig* (oder *funktional*), wenn es für jedes $a \in A$ höchstens ein $b \in B$ mit aRb gibt. Bei einer linkstotalen und rechtseindeutigen Relation ist jedem $a \in A$ genau ein $b \in B$ zugeordnet, so dass man aufgrund der Eindeutigkeit anstelle b auch $R(a)$ schreiben kann. Eine solche Relation f (die dann meist mit einem kleinen Buchstaben bezeichnet wird) nennt man *Funktion* oder *Abbildung* von A nach B und schreibt $f : A \to B$ anstelle von $f \subseteq A \times B$. Überdies ist $f : a \mapsto b$ eine alternative Schreibweise für $f(a) = b$.

Anhand der hier gegebenen Informationen können Sie nun prüfen, ob der folgende Satz wahr oder falsch ist:
Für beliebige Mengen A und B ist $\subset \cap((2^A \times 2^A) \cup (2^{B \cup \emptyset} \times 2^B))$ eine transitive Relation.

Literatur

[APG06] M. Arenas, J. Perez und C. Gutierrez. Semantics and complexity of
SPARQL. In: I. Cruz, S. Decker, D. Allemang, C. Preist, D. Schwabe, P. Mika,
M. Uschold und L. Aroyo (Ed.) *Tagungsband der 5th International Semantic Web
Conference (ISWC2006)*. Springer, 2006.

[AvH04] G. Antoniou und F. van Harmelen (Ed.). *A Semantic Web Primer*.
Cooperative Information Systems. MIT Press, Cambridge, Massachusetts, 2004.

[BB] D. Beckett und J. Broekstra. SPARQL Query Results XML Format. W3C
Working Draft 14 June 2007. Verfügbar unter
http://www.w3.org/TR/rdf-sparql-XMLres/.

[BCM+07] F. Baader, D. Calvanese, D. McGuinness, D. Nardi und P. F.
Patel-Schneider (Ed.). *The Description Logic Handbook: Theory, Implementation,
and Applications*. Cambridge University Press, 2007.

[Bec04] D. Beckett. RDF/XML Syntax Specification (revised). W3C
Recommendation 10 February 2004, 2004. Verfügbar unter
http://www.w3.org/TR/rdf-syntax-grammar/.

[BG04] D. Brickley und R. V. Guha. RDF Vocabulary Description Language 1.0:
RDF Schema. W3C Recommendation 10 February 2004, 2004. Verfügbar unter
http://www.w3.org/TR/rdf-schema/.

[BHL] T. Bray, D. Hollander und A. Layman. Namespaces in XML. W3C
Recommendation 14th January 1999. Verfügbar unter
http://www.w3.org/TR/REC-xml-names.

[BHLT] T. Bray, D. Hollander, A. Layman und R. Tobin. Namespaces in XML.
W3C Recommendation 4th February 2004. Verfügbar unter
http://www.w3.org/TR/xml-names11.

[BLHL01] T. Berners-Lee, J. Hendler und O. Lassila. The semantic web.
Scientific American, S. 96–101, May 2001.

[BPM] P. V. Biron, K. Permanente und A. Malhotra. XML Schema Part 2:
Datatypes Second Edition. W3C Recommendation 28th October 2004. Verfügbar
unter http://www.w3.org/TR/xmlschema-2/.

[BPSM+] T. Bray, J. Paoli, C. M. Sperberg-McQueen, E. Maler, F. Yergeau und
J. Cowan. Extensible Markup Language (XML) 1.1. W3C Recommendation 4th
February 2004, edited in place 15th April 2004. Verfügbar unter
http://www.w3.org/TR/xml11.

[CEO07] D. Calvanese, T. Eiter und M. M. Ortiz. Answering regular path queries
in expressive description logics: An automata-theoretic approach. In: *Tagungsband
22nd AAAI Conference on Artificial Intelligence (AAAI-07)*, S. 391–396, 2007.

[CGL98] D. Calvanese, G. De Giacomo und M. Lenzerini. On the decidability of query containment under constraints. In: *Tagungsband 17th ACM SIGACT-SIGMOD-SIGART Symposium on Principles of Database Systems*, S. 149–158. ACM Press, 1998.

[Cla] K. G. Clark. SPARQL Protocol for RDF. W3C Candidate Recommendation 2 April 2006. Verfügbar unter http://www.w3.org/TR/rdf-sparql-protocoll/.

[CM77] A. K. Chandra und P. M. Merlin. Optimal implementation of conjunctive queries in relational data bases. In: J. E. Hopcroft, E. P. Friedman und M. A. Harrison (Ed.), *Tagungsband 9th annual ACM Symposium on Theory of Computing (STOC-77)*, S. 77–90. ACM Press, 1977.

[Cyg] R. Cyganiak. A relational algebra for SPARQL. HP Labs Technical Report HPL-2005-170. Verfügbar unter http://www.hpl.hp.com/techreports/2005/HPL-2005-170.html.

[EFT01] H.-D. Ebbinghaus, J. Flum und W. Thomas. *Einführung in die mathematische Logik*. Spektrum Akademischer Verlag, 2001.

[FW] D. C. Fallside und P. Walmsley. XML Schema Part 0: Primer Second Edition. W3C Recommendation 28th October 2004. Verfügbar unter http://www.w3.org/TR/xmlschema-0/.

[GB04] J. Grant und D. Beckett. RDF Test Cases. W3C Recommendation 10 February 2004, 2004. Verfügbar unter http://www.w3.org/TR/rdf-testcases/.

[Ger04] V. Geroimenko. *Dictionary of XML Technologies and the Semantic Web*. Springer, 2004.

[GHLS07] B. Glimm, I. Horrocks, C. Lutz und U. Sattler. Conjunctive query answering for the description logic $\mathcal{SHIQ}$. In: Manuela M. Veloso (Ed), *Tagungsband 21st Int. Joint Conf. on Artificial Intelligence (IJCAI-07)*, Hyderabad, Indien, 2007. Verfügbar unter http://www.ijcai.org/papers07/contents.php.

[Hay04] P. Hayes. RDF Semantics. W3C Recommendation 10 February 2004, 2004. Verfügbar unter http://www.w3.org/TR/rdf-mt/.

[HHPS04] P. Hayes, I. Horrocks und P. F. Patel-Schneider. OWL Web Ontology Language Semantics and Abstract Syntax. W3C Recommendation 10 February 2004, 2004. Verfügbar unter http://www.w3.org/TR/owl-semantics/.

[Höl03] S. Hölldobler. *Logik und Logikprogrammierung*. Synchron, 2 edition, 2003.

[HPSvH03] I. Horrocks, P. F. Patel-Schneider und F. van Harmelen. From $\mathcal{SHIQ}$ and RDF to OWL: The making of a web ontology language. *Journal of Web Semantics*, 1(1):7–26, 2003.

[KC04] G. Klyne und J. J. Carroll. Resource Description Framework (RDF): Concepts and Abstract Syntax. W3C Recommendation 10 February 2004, 2004. Verfügbar unter http://www.w3.org/TR/rdf-concepts/.

[KRH07] M. Krötzsch, S. Rudolph und P. Hitzler. Conjunctive queries for a tractable fragment of OWL 1.1. In: K. Aberer, K.-S. Choi und N. Noy (Ed.), *Tagungsband 6th Int. Semantic Web Conf. (ISWC'07)*. Springer, 2007.

[Llo88] J.W. Lloyd. *Foundations of Logic Programming*. Springer, 1988.

[LS99] O. Lassila und R. Swick. Resource Description Framework (RDF) Model and Syntax Specification. World Wide Web Consortium, 22 February 1999, 1999. Verfügbar unter http://www.w3.org/TR/REC-rdf-syntax/.

[Lut07] C. Lutz. Inverse roles make conjunctive queries hard. In: D. Calvanese, E. Franconi, V. Haarslev, D. Lembo, B. Motik, A.-Y. Turhan und S. Tessaris (Ed.), *Tagungsband 20th Description Logic Workshop (DL-07)*, Brixen-Bressanone, Italien, 2007. CEUR Electronic Workshop Proceedings, http://ceur-ws.org/.

[MM04] F. Manola und E. Miller. Resource Description Framework (RDF). Primer. W3C Recommendation 10 February 2004, 2004. Verfügbar unter http://www.w3.org/TR/rdf-primer/.

[MMW] J. Melton, A. Malhotra und N. Walsh. XQuery 1.0 and XPath 2.0 Functions and Operators. W3C Working Draft (work in progress), 4. April 2005. Verfügbar unter http://www.w3.org/TR/xpath-functions/.

[Mot06] B. Motik. *Reasoning in Description Logics using Resolution and Deductive Databases*. PhD thesis, Universität Karlsruhe (TH), Germany, 2006.

[MvH04] D. L. McGuinness und F. van Harmelen. OWL Web Ontology Language Overview. W3C Recommendation 10 February 2004, 2004. Verfügbar unter http://www.w3.org/TR/owl-features/.

[OWLa] OWL Webseite. http://www.w3.org/2004/OWL/.

[OWLb] OWL 1.1 Webseite. http://www.w3.org/Submission/2006/10/.

[PS] E. Prud'hommeaux und A. Seaborne. SPARQL Query Language for RDF. W3C Candidate Recommendation 14 June 2007. Verfügbar unter http://www.w3.org/TR/rdf-sparql-query/.

[RDF] RDF(S) Webseite. http://www.w3.org/RDF/.

[SAHS06] R. Studer, A. Ankolekar, P. Hitzler und Y. Sure. A Semantic Future for AI. *IEEE Intelligent Systems*, 21(4):8–9, 2006.

[SBLH06] N. Shadbolt, T. Berners-Lee und W. Hall. The semantic web revisited. *IEEE Intelligent Systems*, 21(3):96–101, 2006.

[Sch00] U. Schöning. *Logik für Informatiker*. Spektrum Akademischer Verlag, 5 edition, 2000.

[SD04] G. Schreiber und M. Dean. OWL Web Ontology Language Reference. W3C Recommendation 10 February 2004, 2004. Verfügbar unter `http://www.w3.org/TR/owl-ref/`.

[SHES05] Y. Sure, P. Hitzler, A. Eberhart und R. Studer. The Semantic Web in One Day. *IEEE Intelligent Systems*, 20(3):85–87, 2005.

[SMW04] M. K. Smith, D. L. McGuinness und C. Welty. OWL Web Ontology Language Guide. W3C Recommendation 10 February 2004, 2004. Verfügbar unter `http://www.w3.org/TR/owl-guide/`.

[SS04] S. Staab und R. Studer (Ed.). *Handbook on Ontologies*. International Handbooks on Information Systems. Springer Verlag, Heidelberg, 2004.

[TBMM] H. S. Thompson, D. Beech, M. Maloney und N. Mendelsohn. XML Schema Part 1: Structures Second Edition. W3C Recommendation 28th October 2004. Verfügbar unter `http://www.w3.org/TR/xmlschema-1/`.

[W3D] W3C Deutsch. `http://www.w3.org/2005/11/Translations/Lists/ListLang-de.html`.

[YBP+] F. Yergeau, T. Bray, J. Paoli, C. M. Sperberg-McQueen und E. Maler. Extensible Markup Language (XML) 1.0 (third edition). W3C Recommendation 4th February 2004. Verfügbar unter `http://www.w3.org/TR/REC-xml`.

Sachverzeichnis